**GENJIN刑事弁護シリーズ❸⓪**

# 勾留理由開示を
# 活かす

## 勾留理由開示の理論と実務

戸舘圭之[編集代表]
斎藤司・津金貴康・渕野貴生・水谷恭史・水野智幸[編著]

現代人文社

## はじめに

　本書は勾留理由開示の理論と実務について書かれた本である。勾留理由開示のみをテーマにした書籍はこれまでおそらくなかったと思われる。

　令和5年の司法統計によれば、勾留理由開示は、年間わずか524件しか実施されていない。同年の勾留状の発付件数は年間9万5,455件であり、勾留理由開示は勾留件数のわずか約0.5％しか実施されていない。このような利用が低調な勾留理由開示であるが、本来は、もっともっと活用されてもいいのではないか。憲法34条後段に根拠をもつ勾留理由開示が、これほどまでに利用されていないのはおかしいのではないか。それが本書をつらぬく問題意識である。

　本書は、勾留理由開示が、少なくとも現在より倍増、いや10倍程度（年間5,000件程度）になることを期待して勾留理由開示制度の意義について理論的、実践的な観点から明らかにし、さらには実務ですぐに使えるだけのノウハウを可能な限り詰め込んでいる。本書を読めば、勾留理由開示の何たるかがだいたいわかるし、普段の刑事弁護実践において勾留理由開示請求をしてみようかという気持ちがむくむくと芽生えてくるはずである。

　本書は、刑事弁護に関わる弁護士にまず手に取ってもらいたい。勾留理由開示について現時点で明らかにされている知見はすべてこの本に詰まっていると自負している。初めて勾留理由開示請求をしようと考えている弁護士にとって参考になるのはもちろん、刑事弁護の経験が豊富な弁護士にとっても刺激的な内容になっている。本書において展開された議論の中には従前の刑事弁護の支配的見解とは異なるところも多々ある。ぜひ異論、反論があれば意見を寄せていただきたい。

　また、勾留理由開示に興味をもった刑訴法研究者の方にもぜひ読んでいただきたい。勾留理由開示については制度の成り立ちに始まり、制度の趣旨、制度の運用、手続上の法解釈など本書においてもさまざまな問題提起をしているが理論的に未解明な論点はまだまだ山ほどある。ぜひ本書を手に取り、批判的に検討していただき理論面での研究を深化させていただきたい。

そして、日々、令状実務に関わる裁判官の方々にも本書をぜひ読んでいただきたい。勾留理由開示期日においては「アウェイな」立場に立たされる裁判官であるが、われわれ弁護士は勾留をはじめとする令状実務に日々奮闘されている裁判官との真摯な対話を切望している。立場の違い、見解の違いはあれど、勾留理由開示という手続において裁判官と弁護士、被疑者・被告人、そして検察官が何らかの形でコミュニケーションをとる必要性はたしかに存在する。裁判官からみたら、とうてい受け入れがたい主張も書かれているかもしれないが、議論のひとつの起爆剤として本書を活用していただきたい。

　本書は、勾留理由開示に強い関心を抱きながら日々弁護活動を実践していた私に斎藤司教授(龍谷大学)からお声がけいただいたことで出版化の話が持ち上がった。2020年のことである。共同執筆、編集のメンバーには、刑事弁護に熱心に取り組みながら若手弁護士向けにブログ等を通じて情報発信し勾留理由開示に関する私のSNSでのつぶやきに共感を示してくれていた津金貴康弁護士(京都弁護士会)、大阪で最先端の刑事弁護活動を実践し勾留理由開示にも熱心に取り組んでいる水谷恭史弁護士(大阪弁護士会)にお声がけをし、さらに私の学生時代(静岡大学)の刑事法ゼミの指導教官であった渕野貴生教授(立命館大学)、元裁判官の水野智幸教授(法政大学)にもご参加いただき複数回にわたる勾留理由開示研究会が開催された。研究会にはゲストとして、著名な刑事裁判官であった木谷明弁護士、元検察官の市川寛弁護士にも参加いただき貴重なお話を聞かせていただいた。

　かつて西嶋勝彦弁護士は、刑事手続における捜査の問題について研究者、実務家らと議論した座談会においてこのように述べている。

　「西嶋　これは私たちの反省のためにもこの機会にふれておきたいのですが、私たちが現行法上行使しうる弁護権なり被疑者の権利を十分に行使しえているか、を率直に反省すべきだと思いますね。どんなに新しい規定や権利を付与されても、同じような経過をたどったのではどうしようもない」(研究会「逮捕・取調・勾留・弁護」法律時報47

巻13号〔1975年〕78頁）

　西嶋弁護士は、私も弁護団の一員として関与している再審事件「袴田事件」の弁護団長として長年にわたり活躍されていたが2024年1月7日に亡くなられた（享年82歳）。本書をまとめるために勾留理由開示に関する文献を読み漁っていたところ上記の座談会の発言が目に留まった。現行法上、憲法に根拠を持つ制度でありながらほとんど利用されることのない勾留理由開示手続に思いをはせるとき、まさに「私たちが現行法上行使しうる弁護権なり被疑者の権利を十分に行使しえているか」が問われているのではないか。若き日の西嶋弁護士が述べた問題提起を我々は受け止めていかなければならない。

　本書において貴重な裁判官時代の経験を語っていただいた木谷明先生は、2024年11月21日に亡くなられた（享年86歳）。木谷先生は、私が勾留理由開示について御意見を伺いたいとメールを送ったところ、すぐに電話をかけていただき本書への協力についても快諾していただいた。本書の完成を見ることなく亡くなられてしまったことは編者一同痛恨の極みである。

　本書を西嶋勝彦先生、木谷明先生の御両名に捧げたい。

2025年2月26日

編者を代表して　戸舘圭之

［目次］

はじめに　2

## プロローグ

### 第1章　はじめての勾留理由開示　12

戸舘圭之

1　弁護士登録、はじめての当番弁護　／2　怒りの準抗告、そして、勾留理由開示請求へ　／3　勾留理由開示期日当日　／4　勾留理由開示期日が始まる　／5　勾留理由開示が終わって

### 第2章　勾留理由開示入門　29

戸舘圭之

1　勾留されたら勾留理由開示　／2　勾留理由開示請求はどうすればいいの？　／3　請求者をどうするか？　／4　いつ請求するのか？　／5　期日指定　／6　事前準備は特に不要　／7　勾留理由開示期日当日　／8　勾留理由開示が終わった後の対応

## 理論編

### 第1章　勾留理由開示総論　46

戸舘圭之

1　勾留理由開示とは　／2　勾留理由開示の現状　／3　これまでの勾留理由開示観とその問題　／4　勾留理由開示の積極的利用のすすめ　／5　勾留理由開示の活性化のために

## 第2章　勾留理由開示の理念　58

渕野貴生

1　課題　／2　従来の学説／　3　身体拘束理由の告知自体の人権性　／4　具体的な理由告知の前提条件としての厳格な勾留審査　／5　常時モニタリングの必要性　／6　結語

## 第3章　勾留理由開示制度と「捜査の秘密」
### ——昭和刑訴法制定過程の検討を踏まえて　77

斎藤司

1　はじめに　／2　勾留理由開示制度の制定過程その1——勾留に対する異議申立てと勾留理由の開示　／3　勾留理由開示制度の制定過程その2——「公判廷における勾留理由の開示」としての理由開示　／4　勾留理由開示制度の制定過程その3——現行勾留理由開示制度の趣旨　／5　捜査の秘密・捜査の密行性　／6　結びに代えて

## 実務編

## 第1章　勾留理由開示請求の活用方法　106

水谷恭史

1　被疑者取調べに対する黙秘の意義　／2　取調べへの黙秘と両立する勾留理由開示公判における積極的な主張　／3　故意・共謀を否認する意見陳述を行い、不起訴に至った事例　／4　黙秘する被疑者の勾留延長と勾留理由開示請求　／5　接見等禁止処分と勾留理由開示請求　／6　長時間の過酷な取調べの遮断　／7　勾留理由開示公判の調書は速やかに謄写申請すべきである

## 第2章　勾留理由開示を担当する裁判官は誰か？　116

戸舘圭之

　1　問題の所在　／2　勾留状を発付していない裁判官が勾留理由開示を担当することは許容されるのか？　／3　東京地方裁判所刑事第14部における機械的配点（事務分配）の適法性　／4　勾留状を発付した裁判官が勾留理由開示を担当することの意義　／5　弁護実践の課題


## 第3章　5日間の期間制限と大型連休、
## 　　　　年末年始の勾留理由開示の実施について　122

戸舘圭之

　1　問題の所在　／2　刑訴規則84条の趣旨と解釈　／3　裁判所見解の不当性　／4　年末年始に実施した実例もある


## 第4章　勾留理由開示の公開により生じる問題とその対策　125

津金貴康

　1　はじめに　／2　勾留されているという事実や、被疑事実が明るみに出てしまうこと　／3　勾留されているという事実や、被疑事実が明るみに出てしまうことへの対策　／4　少年の問題　／5　手錠・腰縄問題　／6　結論


## 第5章　勾留理由開示に回数制限はあるのか？　132

津金貴康

　1　判例　／2　判例に対する反論

## 第6章　勾留理由開示期日における
　　　　　裁判官の対応が不当だった場合　135

戸舘圭之

1　問題の所在　／2　忌避申立て　／3　抗告申立て　／
4　再度の勾留理由開示請求　／5　その他

## 第7章　勾留理由開示調書の閲覧・謄写権は認められるか　137

水谷恭史

1　被疑者勾留期間中の閲覧・謄写申請　／2　被疑者段階の閲覧・謄写申請を認める実務運用　／3　制約のない閲覧・謄写を認めるべきである

## インタビュー編

## 第1章　勾留理由開示制度は、なぜ機能不全に陥ったのか
　　　　　──木谷明元裁判官に聞く　144

1　60年前の東京地裁刑事第14部　／2　唯一、担当した勾留理由開示　／3　なぜ、勾留理由開示が事務的になったのか？　／4　できる限り制度を有効活用するべき　／5　裁判官の思考が固定化することへの危惧　／6　「できない」のではなく、「やりたくない」

## 第2章　裁判官にとっての勾留理由開示制度の運用実態
　　　　　──水野智幸元裁判官に聞く　172

1　勾留理由開示との関わり──自己紹介を兼ねて　／2　裁判官が感じる「アウェー」感　／3　議論を避ける刑事裁判官　／4　勾留審査で裁判官として気をつけていたこと　／5　勾留理由開示が当たり前

になると裁判官の意識は変わるか　／6　捜査の密行性をどう考えるか　／7　理由開示で裁判官に勾留判断を振り返ってもらう　／8　勾留決定する裁判官と理由開示をする裁判官が違うことをどう考えるか

## 第3章　捜査の現場から勾留理由開示制度を見る
### ──市川寛元検察官に聞く　186

1　勾留請求の現場　／2　検事には何を言っても無駄　／3　準抗告や勾留理由開示で捜査が遅れるのか？　／4　検察の証拠開示に対する恐怖感　／5　勾留請求における検察と警察の関係性

コラム①　勾留理由開示は「形骸化」しているのか？　43

コラム②　勾留理由開示「公判」なのか勾留理由開示「期日」なのか？　103

コラム③　勾留理由開示は手間がかかるのか？　準備は大変なのか？　141

コラム④　勾留理由開示の意見陳述はどうやるの？　208

むすびにかえて　210

巻末付録1　勾留理由開示の改正経過　212

巻末付録2　勾留理由開示を極めるためのブックガイド　216

巻末付録3　勾留理由開示調書（勾留理由開示調書①／勾留理由開示調書②）　219

巻末付録4　書式（書式①「勾留理由開示請求書」／書式②「期日請書・求釈明書」／書式③「入廷時の手錠・腰縄について配慮を求める申し入れ書」／書式④「依頼者向け説明文書」）　241

編著者・インタビュイー略歴　249

# プロローグ

はじめての刑事弁護。武器は、憲法と刑事訴訟法。基本に忠実に考えていけば、必ず勾留理由開示に思い当たるはずである。憲法、刑事訴訟法がデザインした刑事手続をどのように実現するか。それは弁護人であるあなたの手にかかっている。プロローグ編では、新人弁護士の我妻重光が初めて勾留理由開示に挑んでいくストーリー「はじめての勾留理由開示」と、はじめて弁護人として勾留理由開示を請求し、実際に裁判所で勾留理由開示期日を迎え、法廷でどのように振る舞えばいいのかなど基本的事項について懇切丁寧に解説した「勾留理由開示入門」を収録した。プロローグ編を読めば、今すぐにでも勾留理由開示をすることができるはずである。勾留理由開示は簡単である。リラックスして、カジュアルに勾留理由開示請求をしていただきたい。勾留理由開示の世界へようこそ！

第1章
# はじめての勾留理由開示

戸舘圭之（とだて・よしゆき　弁護士）


## 1　弁護士登録、はじめての当番弁護

　念願の弁護士バッジ（徽章）だ。

　新人弁護士の我妻重光は、弁護士会の窓口でへその緒が入っているような小さな木箱に入れられた弁護士バッジ（徽章）を手にして、これから始まる弁護士生活に思いをはせた。


　　「俺も、これで弁護士の仲間入りだ」


　重光は、子どものころ観た映画『それでもボクはやってない』[1]の影響で無実の人を救う刑事弁護士になりたいと夢見ていた。

　山の上にある地方の大学の法学部でのんびりと4年間過ごしたが、刑事弁護士になりたいという将来の夢をかなえるためゼミは刑事訴訟法ゼミを選択した。

　自己紹介で名前が「重光」であると紹介したとき、ゼミの指導教官から「あの偉大な団藤博士と同じ名前なんだね」と言われ、初めて、団藤重光という名前を知った。

　弁護士登録後、はじめての当番弁護待機日がやってきた。重光は、朝から一日中そわそわしていたところ、夕方、待機時間終了ギリギリに当番弁護センターから電話がかかってきた。


　　「よし、当番弁護出動だ！」

---

**1**　周防正行（監督・脚本）『それでもボクはやってない』（東宝、2007年）。

当番弁護の配点連絡票の罪名には「窃盗」と書いてあった。

　「窃盗ということは、万引きかな。それともスリとかかな。研修所で
　みっちり勉強した近接所持とか問題になる事件だったら面白いな。は
　は」

　重光は、罪名を眺めながら適当にあれこれ想像し、警察署へ向かった。
被疑者の名前は「三ケ月竜一」、年齢は「30歳」とのこと。

　接見室でアクリル板越しに名刺を見せ「弁護士の我妻重光です」と自己紹
介をしてから話を聞いてみることにする。

　「弁護士さん、早くここから出してください。私は、何もやってない
　んです。お願いします。早くここから出してください」

　「いきなりの否認事件かよ」と面喰いながらも、詳しく事情を聴いてみる
と、ドラッグストアで買い物をしてカゴに商品を入れていたら急に便意を
催してしまい店舗の外にトイレがあったことから商品をいれたカゴを店内
にそのままにしてトイレに行き用を足してトイレから出たところ万引き犯
と疑われて警備員に現行犯逮捕されてしまったとのことである。
　重光は、その話の通りなら窃盗行為はなさそうなのに何で逮捕されたの
か不思議に思っていたところ三ケ月さんは、「それが運の悪いことに、た
またまなんですが、ドラッグストアで販売している商品と同じ商品、チョ
コレート菓子なんですけどね、それも新品が、私のカバンにたまたま入っ
ていたんですよ」と答えた。
　どうやら、警備員は、そわそわ、もじもじしながらトイレに向かう三ケ
月さんの挙動を不審に思いトイレから出た三ケ月さんを問い質したところ
カバンの中に未開封のチョコレート菓子が入っていたことから店内の商品
を万引きしたに違いないと思ったそうだ。

第1章　はじめての勾留理由開示　　13

重光は、とにかく刑事弁護人として刑事訴訟法上、やれることはなんでもやらなければと思った。

　今朝逮捕されたばかりなので明日には検察庁に送致される。まずやるべきことは弁護人選任届を提出し、検察官に意見書を送付して勾留請求しないように交渉しなければと考えた。

　事務所に帰り大急ぎで三ケ月さんの妻に電話し、身元引受書をFAXで送ってもらい、意見書を起案した。

　翌朝、朝一番で検察庁に行き意見書を渡したうえで担当検察官との面談を求めた。

　今日は、土曜日なので休日当番の検察官が待機しているはずであるが、担当検察官はまだ決まっていないとのこと。

　午後にあらためて検察庁に電話をし、担当検察官と電話で話ができた。

　重光は、力を込めて語りかける。

　　「本件は、防犯カメラなど見てもらえればわかりますが、被疑者は、
　　万引き行為は一切しておりません。すぐに釈放してください」
　　「弁護人のおっしゃることはよくわかりましたが、本件は否認という
　　こともありますし、勾留請求はさせていただきます」

　重光は、すかさず反論しようと試みたが、勾留請求することはもうすでに決めていたかのような口ぶりで何を言っても、結論は変わりそうになかった。

　後から、先輩の元検察官の弁護士に聞いたところ、土日祝日などの休日の検察官は、当番で担当しているため、その事件の担当は、休日明けにあらためて担当検察官が決められるという事情もあり、「とりあえず勾留請求」しておくというが通常のようである。[2] なんとも、ふざけた話だと重光

---

**2**　本書188頁の市川寛インタビュー参照。

は思った。

　「検察官はそういうもんだ。仕方ない。つぎは裁判官だ」

　重光は、検察官に出した意見書を手直しして裁判官宛に勾留請求を却下するよう求める意見書を作成した。
　翌日、裁判所の令状部に意見書を提出し、裁判官面談を求めた。
　しばらくして裁判官から重光の携帯電話に電話がかかってきた。

　「東京地方裁判所刑事14部の裁判官の山下です。弁護人から裁判官と電話面談希望とおうかがいしてお電話をいたしました。意見書は拝見しておりますが、何かございますか」
　「弁護人の我妻です。意見書にも記載しましたが、被疑者はそもそも窃盗行為を行っておりません。これは証拠を見ていただければ、おそらくはっきりすることだと思います。また、その点は置いておくとしても、被疑者は定職もあり、身元も安定しており、被疑者の妻が身元引受人として今後の捜査機関への出頭等を約束しております。仮に、何らかの嫌疑があるとしても在宅捜査で十分であると思います」
　「弁護人のご意見は承りました。これから勾留質問で被疑者本人の話を聞いたうえで判断します」

　重光は少し期待が持てるかもと思ったが、それから1時間くらいして裁判所から電話がかかってきて10日間の勾留決定が出されてしまったことを伝えられる。

## 2　怒りの準抗告、そして、勾留理由開示請求へ

　重光は、どう見ても、こんなんで勾留されてしまうことに納得がいかなかった。

「刑事訴訟法上、できることは何でもやってやるぞ」

　重光は、まずは、勾留決定に対して準抗告を申し立て、同時に、勾留理由開示の請求もすることにした。

　勾留理由開示請求は、京都で実務修習をしていたときに指導担当弁護士が当番弁護士として行った接見に同行した際に、「否認事件やし、ほな、勾留理由開示請求もしとこかー」とわりとカジュアルに勾留理由開示請求をしていたのを見ていたことから、重光も弁護士登録をしたら勾留理由開示請求は必ずやってみようと決めていた。

　勾留理由開示請求書の書式は『刑事弁護ビギナーズ』付録のCD-ROMに入っている書式集から引っ張り出したが、書式といっても「勾留理由の開示を請求する」だけの紙きれ1枚であり、なんだ、勾留理由開示って請求するのはめちゃくちゃ簡単じゃないかと重光は思った。

　東京地裁10階にある刑事受付の窓口に行き年配のベテラン風の書記官の方に「勾留の裁判に対する準抗告と勾留理由開示請求です」と伝え申立書を手渡す。

　受付の書記官は慣れた手つきで申立書と請求書を一瞥して、勾留理由開示期日の候補日を記入するよう小さな紙片が手渡された。

　勾留理由開示は請求から5日以内に行わなければならない[3]ことから重光は予定を確認して（といっても、手帳はほとんど真っ白だったが）、候補日をいくつか記入して渡した。

　しばらくすると東京地裁刑事第14部の書記官から電話があり、勾留理由開示期日が3日後の午後4時から行われることに決まった。法廷は東京地裁401号法廷とのこと。あわせて書記官からは事前に求釈明事項があるのであれば求釈明書を提出するようにとのことであった。

　その日の夜、刑事部の書記官から電話があり、準抗告はあっさり棄却さ

---

**3**　刑訴規則84条は「勾留の理由の開示をすべき期日とその請求があつた日との間には、5日以上を置くことはできない。但し、やむを得ない事情があるときは、この限りでない」と規定するが、実務上、ゴールデンウィークや年末年始など長期間の休日中にかさなる勾留理由開示請求をした場合、「やむを得ない事情」がルーズに解釈されて5日以上置いた期日指定がなされることがしばしばある。この点については本書122頁参照。

16　プロローグ

れてしまった。

　重光は、準抗告の連絡を受けて警察署へ接見に向かった。


　「三ケ月さん、本日、10日間の勾留決定が出されてしまい準抗告も棄
　却されてしまいました」
　「はい、さっき聞きました。なんで僕はやってもいない犯罪で10日間
　も勾留されなければならないんですか。おかしくないですか」
　「私も、おかしいと思います。でも、諦めるのはまだ早いです。最高
　裁判所に特別抗告をすることもできますのでこれから準備をするとこ
　ろです。あと、勾留理由開示という手続があります」
　「コウリュウリユウカイジ？　なんですか、それ？」
　「勾留理由開示とは、三ケ月さんが警察に捕まって勾留されてしまっ
　ている理由を裁判官から公開の法廷で直接聞く手続です。これは憲法
　に定められている手続なんです。生身の人間を何日間も閉じ込めてお
　くなんて人権侵害のさいたるものじゃないですか。そういう重大な人
　権侵害をする場合、憲法や法律は厳格な要件を定めているんです。タ
　テマエとしては、裁判官はその厳格な法律の要件を充たしていると判
　断したから、今回、三ケ月さんは勾留されているということなんです。
　三ケ月さん、どうして裁判官がこんなめちゃくちゃな決定をしたのか
　理由を聞きたくないですか」
　「そう言われれば、なんで、僕がこんな目に遭わなきゃなんないのか、
　裁判官から、ちゃんと理由を説明してほしいなと思います」
　「だから、その理由を裁判官から直接聞きましょう。それが勾留理由
　開示という手続です」
　「そうなんですね。わかったような、わからないようなところもあり
　ますが。とにかく、早く出たいのでよろしくお願いします」


　接見が終わり事務所に戻った重光は、特別抗告の準備をしながら、明日
の勾留理由開示のことを考えていた。


第1章　はじめての勾留理由開示　17

「そういえば1人で法廷に行くのは初めてだよな。ちゃんと話せるかな。ちょっと緊張してきたぞ」

　重光は眠れなかったので本棚から平野龍一『刑事訴訟法』を取り出して勾留理由開示の個所をパラパラと眺めていたら「法廷において、裁判長は勾留の理由を告げなければならない（84条1項）。勾留の理由とは、広義のものをいう。60条1項各号のどれで勾留したのであるかを示すのでは足りないのは勿論、その事由を具体的に述べるだけでも十分でなく、その事由の存在を証明する証拠を示さなければならない」との記述を見つけて、<sup>[4]</sup>「そうか、平野博士もこんなこと言っているんだ。参考にしよう。メモメモ」とメモをして眠りについた。

## 3　勾留理由開示期日当日

　勾留理由開示期日当日、重光は朝からそわそわしていた。

　お昼ご飯を食べて、ちょっと早いが裁判所に向かう。

　地下にある書店で法律書を眺める。

　何か使えそうな書籍がないかなと思ったところ、ものすごい分厚い『令状実務詳解』なる書籍が平積みされていたので手に取ってみる。もう少し薄い本はないかと本棚を探したら別冊判例タイムズ『令状に関する理論と実務Ⅰ、Ⅱ』があった。パラパラ眺めてみたが、「こちらの方が使えそうかな」と重光は思った。1階にある刑事14部の窓口に行き、三ケ月さんとの接見を申し込む。接見指定書を受け取り地下にある警察が管理する同行室に向かう。

　接見室では三ケ月さんが不安そうな表情を浮かべて座っていた。

　重光は「三ケ月さん、体調はいかがですか？　よく眠れましたか？」と尋ねると「いや、なんか落ち着かなくて寝られませんよ。勾留理由開示って、どんな手続なのか昨日説明してもらいましたけど、心配だったので同じ部

---

**4**　平野龍一『刑事訴訟法（法律学全集）』（有斐閣、1957年）101頁。

屋の人や看守さんに聞いたんですけど、普通は勾留理由開示なんてやらないっていうじゃないですか」と不安げだ。

「心配になるのはごもっともだと思います。たしかに、勾留理由開示って、全国で年間400件から500件程度しか行われていないんですよ。でも、憲法が保障している手続だから、本当は、もっともっと活用されてもいいと私は思っています。三ケ月さんが不安に思ったり、緊張したりしているのと同じように裁判官も法廷でみんなが見ている前で勾留の理由を言わなければいけないのできっと緊張しているはずですよ。だから安心してください。私がついてますから大丈夫です」

重光は、「本当は、俺が一番緊張しているんだけど……」と思っていたが、それはあえて言わずに自信満々に振る舞った。

「わかりました。先生を信頼しています。よろしくお願いします」

接見を終えて、重光は4階にある401号法廷に向かう。
法廷の入り口にある開廷票を見る。

「あれ、今日の勾留理由開示の裁判官は、田中裁判官って書いてあるけど、勾留状を発付した裁判官は山下さんじゃなかったっけ。おかしいんじゃないのかな」

## 4　勾留理由開示期日が始まる

法廷に入ると、傍聴席には、一般の傍聴人が数名の他に司法修習生と思われる人たちが数名、六法とノートを片手に座っていた。狭い法廷の傍聴席は満員になっていた。
そこへ、手錠・腰縄で拘束された三ケ月さんが警察官に連れられてやってきた。

しばらく待っていると裁判官が法廷に現れた。

重光は、すかさず「すみません。田中裁判官でしょうか」と尋ねた。

「はい。本日の勾留理由開示を担当する裁判官の田中です」

「えーっと、いま手元にある勾留状を見ましたら勾留状を発付した裁判官は山下裁判官と書いてあります。勾留理由開示って、勾留の裁判をした理由を法廷で話してもらう手続きだと理解しておりましたが、そうであれば、勾留の裁判をした裁判官が、ここに来て勾留理由開示を行うべきではないのでしょうか」

「弁護人のおっしゃることはよくわかりますが、刑事訴訟法上、勾留理由開示は必ずしも勾留状を発付した裁判官が行わなくてもよいとされておりますので特に問題はないと考えます」

「もう少し敷衍して説明しますと、まず、憲法には、勾留理由開示を規定する憲法34条を含めて勾留理由開示の行う主体については何ら規定されていません。憲法に基づき定められたとされる刑事訴訟法上の勾留理由開示に関する各規定を見ても、刑事訴訟法207条1項所定の『勾留に関する処分』には、同法82条以下の勾留理由開示に関するものも含まれると解されているところ、その処分に関し権限を有する主体としては、『勾留の請求を受けた裁判官』であると規定されており、それは、勾留請求のあった国法上の裁判所に所属する裁判官と解されています。

　そして、勾留状を発付した裁判官とは別の裁判官が、一件記録を検討することにより、勾留状発付当時の勾留の理由を合理的に推しはかり、それを踏まえて勾留の理由を開示することは十分可能であること等からすると、事件を迅速かつ適切に処理するとの観点から裁判所内部の事務分配の結果として、実際に勾留状を発付した裁判官以外の裁判官が勾留理由を開示することに違法な点はないと考えます」

重光としては、裁判官が述べたことは、たしかに一理あるとは思った。ただ、しかし、それは勾留状を発付していない裁判官が勾留理由開示を担

当することが許容される場合もあるということにすぎず、東京地裁の事務
分配で機械的に配点をして勾留状を発付していない裁判官に担当させるこ
とは問題ではないかと思ったが、この問題については後でゆっくり考えよ
うと思った。裁判官が話し始めた。

　「それでは勾留理由開示の手続を始めます」
　「まず、被疑者は、そこの前に立ってください」

　三ケ月さんが立ち上がる。

　「お名前は何といいますか？」
　「三ケ月竜一です」
　「職業は？」
　「会社員です」
　「生年月日は？」
　「住所は？」
　「それでは、勾留の理由を開示いたします」
　「まず被疑事実の要旨を述べます」

と勾留状記載の被疑事実の要旨が読み上げられた。

　「一件記録によれば、被疑者が本件被疑事実を犯したと疑うに足りる
　相当な理由が認められます。
　　次に刑事訴訟法60条1項2号所定の罪証を隠滅すると疑うに足り
　る相当な理由について述べます。
　　本件は、被疑者がドラッグストア内で商品を万引きしたという窃盗
　の事案ですが、一件記録によって認められる本件事案の性質及び内容
　のほか客観証拠の収集状況、被疑者及び関係者の供述内容、被疑者が

---

**5**　この問題については本書116頁で検討している。

第1章　はじめての勾留理由開示　21

否認していることなどを踏まえれば、罪体及び重要な情状に関する事実について、被疑者が本件の関係者に働きかけるなどして罪証を隠滅すると疑うに足りる相当な理由が認められます。

　次に、刑事訴訟法60条1項3号所定の逃亡ないし逃亡すると疑うに足りる相当な理由について述べます。

　一件記録によれば、被疑者が単身であることなど被疑者の身上等を踏まえれば逃亡すると疑うに足りる相当な理由も認められます。

　以上です」

　重光は、裁判官が述べた「勾留理由」を聞ききながら、どこか既視感があった。

　「そうだ。昨日の準抗告棄却決定の理由とほとんど一緒だ！こんな理由じゃ、勾留理由開示の意味ないじゃん」

　重光は、すかさず、裁判官に向かって発言をした。

　「裁判官、ただいま勾留理由の開示をしていただきましたが、今の理由の説明では、不十分と考えます。まず、被疑事実について、裁判官は一件記録によって認められたとおっしゃりましたが、どのような証拠に基づいて被疑事実を認定したのか明らかにされなければ、その判断が正しいのかどうか判断できません。証拠を具体的に明らかにしてください」

　裁判官は重光の発言に対して、まったく表情を変えずに

　「裁判官としては、今述べた勾留理由の説明で十分と考えております。証拠の具体的内容を明らかにすることは、捜査の密行性に反し、捜査の秘密を侵すものですのでお答えできません」
　「いやいやいや、裁判官。全然十分じゃないでしょう。今裁判官が言っ

た勾留理由は、さきほど私がもらってきた準抗告棄却決定の理由付け
と、ほとんど一緒、そのまんまですよ。これでは、何のための勾留理
由開示なのかわからないじゃないですか。憲法がわざわざ勾留理由開
示を権利として保障している意義を没却すると思います。捜査の密行
性、捜査の秘密とおっしゃいましたが、それは、憲法上の権利である
勾留理由開示請求権を制約できる法的に正当な概念なんですか？」
「弁護人のおっしゃることはわかりますが、裁判官は、そのようには
考えておりません。見解の相違ですし、ここは、議論をする場ではあ
りません」
「裁判官、そのようにおっしゃいますが、ここは勾留理由開示という
手続の場です。勾留という裁判が行われた以上、憲法に基づき、公開
の法廷で理由が開示されなければなりません。私が、今ここでお話を
しているのは、勾留理由開示という場において開示されるべき理由が
開示されていないのではないかという問題提起です。

　裁判官が捜査の秘密、捜査の密行性とおっしゃることについては必
ずしも承服しかねるところはありますが、それを前提としたとしても、
一件記録中のどのような類型の証拠、たとえば客観的証拠なのか供述
証拠なのか、客観的証拠だとすれば、それは防犯カメラの映像のよう
な証拠があるのか、供述証拠なのだとすれば、それは被害者の供述な
のか、それ以外の第三者の目撃供述なのか、などいくつかの類型が考
えられるわけですが、どの類型にあたる証拠に基づいて判断をしたの
か、それくらいだったら説明しても、裁判官の言う捜査の秘密、捜査
の密行性を害することもないのではないですか」

　重光は、思いつく限りの理屈をあれこれ述べてみたところ、裁判官は、
しばし考え込んだ様子で、

「そうですね。まあ、その程度であれば述べてもいいかもしれません。
被疑事実については、目撃者である警備員の方の供述と現場で押収さ
れた被害品、その他店舗に設置された防犯カメラの映像などをもとに

第1章　はじめての勾留理由開示　23

判断しました」

「裁判官、三ケ月さんは、当該店舗で商品を盗んでいないのですが、店内の防犯カメラの映像には三ケ月さんが商品棚から被害品を取り出した瞬間は映っていたんですか」

「それ以上につきましては、まさに証拠の内容にわたりますのでお答えできません」

　重光は、裁判官の説明を聞いて、やはりおかしいなと思った。おそらく防犯カメラの映像には、三ケ月さんが商品棚からチョコレート菓子を取っている瞬間は映っていないのではないか。警備員の供述や三ケ月のカバンからチョコレート菓子が発見されたという事実関係から被疑事実を認めてしまっているのだなと思った。

「裁判官、続いて、罪証隠滅をすると疑うに足りる相当な理由についてですが、やはり一件記録だけでは、何をどのように罪証隠滅をするのか、さっぱりわかりません」

「この点につきましても、捜査の密行性、捜査の秘密の観点から、基本的に先ほどの私の説明で十分な理由を開示したと思っており、これ以上、お答えすることはできません。ただ、先ほどのお話もありますので、若干敷衍いたしますと、警備員その他被害店舗関係者への働きかけを通じて罪体及び重要な情状事実に関して、罪証隠滅をすると疑うに足りる相当な理由があると判断しました」

「裁判官は、そうおっしゃいますけど、三ケ月さんは、その警備員とはまったく面識もなく、店舗関係者も同様で、被害店舗付近には今後しばらくの間は近づかない旨誓約している以上、罪証隠滅の具体的危険性はないと思うのですが、何か、罪証隠滅の危険性を根拠づける事情が他にあるのでしょうか」

「その点につきましては、これ以上、詳細をご説明するとまさに証拠の内容にわたる話になりますので捜査の密行性の観点からお答えすることはできません」

24　プロローグ

「裁判官。やはり、それでは、抽象的な罪証隠滅の『おそれ』で勾留を認めるのと同じだと思いますが……。

かなり納得いっていませんが、次に、逃亡要件についておうかがいします。

裁判官は、さきほど、被疑者が単身であるなど被疑者の身上等をふまえれば逃亡すると疑うに足りる相当な理由も認められるとおっしゃいましたが、被疑者が単身であれば、どうして逃亡の危険があると言えるんですか？　単身だからといって、仕事もあって、身元も安定していれば逃亡はしないと考えるのが一般的ではないですか。それとも、三ケ月さんについては、逃亡の可能性、危険性を根拠づける何か特別な事情があるのですか？」

「その点につきましても、詳細をご説明するとまさに証拠の内容にわたる話になりますので捜査の密行性の観点からお答えすることはできません。

他に何もなければ意見陳述に移りたいと思います。

意見陳述は、被疑者と弁護人、どちらからされますか」

「まずは、弁護人の私から意見陳述をします。その後で被疑者である三ケ月さん本人からお話をしてもらいます」

「わかりました。それでは弁護人の意見陳述をお願いします。刑事訴訟規則85条の3の規定により10分間となっております」[6]

重光は、裁判官とやりとりしながら、あまりに紋切り型の回答に終始するので、だんだんとうんざりしてきたが、言うべきことはきちんと言っておこうと思い、立ち上がった。

「憲法34条は前段において『何人も、理由を直ちに告げられ、且つ、直ちに弁護人に依頼する権利を与へられなければ、抑留又は拘禁されない』と定め、さらに後段において『又、何人も、正当な理由がなけ

---

**6**　刑訴規則85条の3は、同85条の2と合わせて昭和25年改正により新たに規定された。

れば、拘禁されず、要求があれば、その理由は、直ちに本人及びその弁護人の出席する公開の法廷で示されなければならない』と公開法廷において『拘禁』の『理由』が示されることを権利として保障しています。刑事訴訟法は、これを受けて勾留理由開示という制度を設けております（刑訴法82条〜86条、刑訴規則81条〜86条の2）」

　まずは、憲法34条を朗読することから始めてみた。
　そして、勾留理由開示制度の意義、憲法が勾留理由開示を権利として保障している趣旨からは勾留の理由は、具体的に証拠に基づいて述べるべきであること、本日の裁判官の勾留理由は、開示すべき理由としては不十分であり、とうてい憲法の要請を満たした勾留理由開示とはいえないことを自分なりの言葉で語った。
　10分という時間は、短いようで長く、長いようで短い。
　重光は、特に原稿を用意してこなかったが、学生時代の刑事訴訟法の講義などを思い出しながら、わかりやすく語ろうと心掛けた。

　「以上によれば、ただいまの裁判官の述べた勾留理由を踏まえても、いや、踏まえればこそ、本件について、三ケ月さんを勾留する理由はまったくないものと言わざるをえません。裁判官は、速やかに勾留を取り消すべきであると思料いたします」

　続いて被疑者である三ケ月さんの意見陳述が行われた。

　「いま弁護士さんがおっしゃってくれましたが、私は、本当に万引きなどしていません。
　また、逃げも隠れもしません。約束します。
　裁判官の方の説明を聞きましたけど、私は、こんな曖昧な抽象的な理由で勾留されてしまったのかということがよくわかりました。
　仕事にも支障が生じていますし、一日も早く帰らせてください。お願いします」

「それでは勾留理由開示を終わります。弁護人は、勾留取消請求をされる場合は、別途、書面で提出してもらってもよろしいですか？　それとも口頭で勾留取消請求されますか？」

　重光としては、本日の勾留理由開示を踏まえて詳細に理由を書いた勾留取消を求めたいと思ったことから後で書面で提出することにした。

## 5　勾留理由開示が終わって

　重光のはじめての勾留理由開示は終わった。
　正直なところ無力感ばかりが残り、もっとうまい立ち回りができたのではないかと思うと、自分の不甲斐なさがなんとも残念に思えてきた。ただ、それでも、精一杯、憲法と刑事訴訟法の知識を総動員して裁判官に思いのたけをぶつけることができたことについては少なからず充実感もあった。
　法廷を出た裁判所の廊下には、傍聴席にいた人たちが何名かいてエレベーターで一緒になった。

「いやあ、今日の弁護士さん、がんばってたよね。普通、勾留理由開示って、暖簾に腕押しっていうか、裁判官がほとんどまともな理由を言わずにあまりにそっけない態度をとって終わるだけなんで面白くないんだよね。でも、今日の勾留理由開示は違ったね。弁護士さんの気合いを感じることができたね。緊張感のある良い手続だったよ」

と傍聴マニア風の青年が興奮しながら話をしていた。
　勾留理由開示期日の終了後、重光は、再び三ケ月さんと面会をした。

「我妻先生、今日は、本当にありがとうございました。先生が裁判官に対して毅然とした態度で立ち向かっている姿を見て、とても勇気づけられました。僕も、もう少し、頑張ってみようかと思います。引き

第1章　はじめての勾留理由開示　27

続きよろしくお願いいたします」

　勾留理由開示、なかなか良いものかもしれないな。
　三ケ月さんの早期の釈放、不起訴処分を目指して、明日から、また頑張
ろうと重光は思いを新たにした。

# 第2章
# 勾留理由開示入門

**戸舘圭之**（とだて・よしゆき　弁護士）

## 1　勾留されたら勾留理由開示

　勾留決定が出されてしまった場合、勾留状謄本交付請求（刑訴規則74条）を行うと同時に勾留の裁判に対する準抗告（刑訴法429条）を行う必要があるが、本書は、それと合わせて勾留理由開示請求（刑訴法82条）をすることを推奨している。

　理由はいたってシンプルである。

　勾留されたのだから、勾留の「理由」を知りたい。ただ、それだけの理由で勾留理由開示請求をすべき理由としては必要十分である。それは、あたかも登山家がなぜ山に登るのかと尋ねられて「そこに山があるからだ」と語るがごとく、弁護人はなぜ勾留理由開示を請求するのかと問われれば「そこに勾留状があるからだ」とだけ答えればよろしい。

　憲法34条後段が「何人も、正当な理由がなければ、拘禁されず、要求があれば、その理由は、直ちに本人及びその弁護人の出席する公開の法廷で示されなければならない」とされているのだから、勾留されてしまい、その理由を知りたいと思えば、迷わず勾留理由開示請求をするという、ただ、それだけのことである。

　また、現在の実務上、勾留状には、勾留の実質的な理由は一切記載されていない。本来、裁判に対して不服申立てをするにも理由がわからなければ申立てのしようがない。だからこそ、刑訴法は上訴が可能な「裁判には、理由を附しなければならない」（刑訴法44条1項）と定めているのである。その意味では、本来的には、勾留の裁判に対する準抗告を行う前提としても勾留理由開示手続において勾留の理由を開示する必要があるともいえるの

である。[1]勾留理由開示が勾留の理由を開示することそれ自体に意義があることについては本書渕野論文を参照されたい。

## 2　勾留理由開示請求はどうすればいいの？

　勾留理由開示の請求は、勾留理由開示請求書を1枚提出するだけでできる。

　本書では一応書式を付けてあるが書式というほどのものではなく、ただ「勾留の理由の開示を請求する」とだけ記載すれば完了である。もちろん手数料もかからない。無料である。

　東京地裁本庁の場合、勾留理由開示請求書は10階にある刑事受付に提出する。ちなみに、勾留取消請求は1階にある刑事14部に提出する取扱いになっているので注意が必要である。[2]勾留理由開示請求書を提出すると、期日候補日を尋ねる小さい用紙に弁護人が出廷可能な日時を書くよう求められる。

　このように勾留理由開示請求をするのに労力はほとんどかからない。A4用紙1枚を出すだけ、なんなら白紙に手書きで走り書きするだけでも簡単にできてしまう。

## 3　請求者をどうするか？

　通常は、弁護人が請求者となって勾留理由開示請求書を提出すれば問題ない。弁護人が複数選任されている場合も誰か1人が請求者となって勾留理由開示請求書を提出すれば足りる（主任弁護人が指定されている場合は主

---

1　かつては勾留裁判官が勾留理由をその場で被疑者に面前告知すべきではないかとの議論があり、実際に実践していた裁判官もいたようである。重吉孝一郎「合同報告　捜査に対する司法的抑制」全国裁判官懇話会編『あるべき裁判をもとめて　裁判官懇話会(2)』（判例時報社、1982年）391頁。

2　東京地方裁判所では、勾留に対する準抗告、勾留理由開示請求は10階にある刑事受付に提出し、勾留状謄本交付請求、勾留取消請求、第1回公判前の保釈請求は1階にある刑事14部（令状専門部）に提出する取扱いになっている。

30　　プロローグ

任弁護人が勾留理由開示請求をすることになろう)。

　勾留理由開示請求は、被疑者・被告人はもちろん、弁護人、法定代理人、保佐人、配偶者、直系の親族、兄弟姉妹その他利害関係人[3]も請求することが可能である(刑訴法82条1項、2項)。被疑者・被告人、弁護人以外の者が請求する場合は、それらの者と被疑者・被告人との関係を書面で具体的に明らかにしなければならない(刑訴規則81条2項)。

　被疑者・被告人、弁護人以外の者が請求する実質的な意義は、これらの者が請求した場合、これらの請求者も勾留理由開示期日において意見陳述をすることができるという点にある(刑訴法84条2項)。なお、被疑者・被告人と弁護人は、請求者にならなくても当然に意見陳述が可能である(刑訴法84条2項)。また、被疑者・被告人、弁護人以外の者が請求して、勾留理由開示が行われた場合、その開示を請求した者も、勾留の裁判に対して上訴(準抗告、抗告、特別抗告)をすることができる(刑訴法354条)。

　被疑者・被告人の親族などが意見陳述をしたい場合は、自ら請求者として勾留理由開示請求をする必要があるので、弁護人としては、請求者を親族等とする勾留理由開示請求書を作成し提出することになる。

　ちなみに、勾留理由開示請求は「請求をする者ごとに、各別の書面で、これをしなければならない」(刑訴規則81条1項)とされており連名での請求は認められておらず、請求権を有する者がそれぞれ勾留理由開示請求を行った場合は、早い者勝ちとなり最初に請求された請求権者による請求が受理され、それ以外の請求については却下されてしまう(刑訴法86条)ので注意が必要である。[4]

---

**3**　刑訴法82条1項の「その他利害関係人」の意義については、「被告人の勾留について直接かつ具体的な利害関係をもつ者、すなわち、被告人の勾留によって事実上又は法律上何らかの直接の影響を受ける者」と解されている。『増補　令状基本問題（下）』(判例時報社、1996年)132頁〔神垣英郎〕参照。

**4**　実務はこの通りであるが、刑訴規則81条1項が「請求をする者ごとに、各別の書面で、これをしなければならない。」と定めていることからすれば勾留理由開示請求書が複数提出可能であることが前提とされているようにも見えるが、刑訴法86条により競合した場合は最初の請求のみが有効でありそれ以外は却下されてしまうことから、手続の定め方として合理性があるのか極めて疑わしい。

第2章　勾留理由開示入門　　31

## 4　いつ請求するのか？

　勾留理由開示をいつ請求するべきかについては、若干の議論があるが、本書の立場の結論はいたってシンプルである。

　「勾留理由開示、いつやるの？」
　「今でしょ！」

　これにつきると言っていい。
　勾留理由開示について書かれている書籍、論稿の中には、勾留理由開示を請求するタイミングを重視する見解がある。勾留期間満了の直前に請求するのが効果的であるなどと述べるものもある。
　これらの見解は、勾留理由開示が実務上、1回限りしか許容されていないことを前提に1回しかない貴重な機会を無駄にしないためには、いつ請求するべきかを他の弁護活動との関係などを踏まえて慎重に検討しようという発想のもと、論じられており、刑事弁護人としては非常に真摯な態度であるとはいえる。
　しかし、誤解を恐れずにいえば、このような請求時期を慎重に検討するということ自体、勾留理由開示の請求を慎重にさせ、結果として、現在のような極めて抑制的な勾留理由開示請求件数を招来しているきらいがないではない。
　本書の立場は、「勾留されたらつべこべ言わずに勾留理由開示」であり、勾留理由開示請求をするにあたって、あれやこれや考えること自体、不毛であると考える以上、勾留理由開示請求は可及的速やかに行えばよいということになる（もちろん、だからといって、弁護人として戦略的に勾留理由開示手続の利用を考え周到に計画し準備したうえで勾留理由開示請求をする弁護実践を否定するつもりはまったくない）。

## 5 期日指定

刑訴規則84条は「勾留の理由の開示をすべき期日とその請求があつた日との間には、5日以上を置くことはできない。但し、やむを得ない事情があるときは、この限りでない」と定める。つまり請求初日は不算入であるとして、請求した日の翌日から5日以内に勾留理由開示期日が開かれなければならない。

この5日間以内の要請は、憲法34条後段が「何人も、正当な理由がなければ、拘禁されず、要求があれば、その理由は、直ちに本人及びその弁護人の出席する公開の法廷で示されなければならない」と「直ちに」開示することを求めていることに由来する。

したがって、この5日間は、憲法上の要求であると解される。憲法上の要求であることの意義は、勾留理由開示請求から勾留理由開示期日までの期間については憲法34条後段が規定する「直ちに」との要請が絶対的であり例外は許されないとの帰結を導きうる。その意味では、刑訴規則84条が例外的に「やむを得ない事情があるときは、この限りでない」と定めていること自体、違憲の疑いが生じうるし、仮に、合憲と考えるにしても、かかる例外規定は極めて限定的に解されなければならない。

村井敏邦教授も、「勾留理由開示の請求があった場合には、できるだけ速やかに開示をしなければならない。刑訴規八四条が『勾留の理由の開示をすべき期日とその請求があつた日との間には、五日以上を置くことはできない。』としているのは、その趣旨であり、この時間制限は基本的には絶対的条件である。したがって、同条但書にある『やむを得ない事情』とは、開示請求が複数競合して定められた期日内で開示することが物理的・人員的に到底不可能な場合のように、よほど例外的な場合に限られる」[5]と明快に述べている。

ところが、実務上、5日間の期間制限はかなりルーズに運用されてい

---

**5** 村井敏邦「刑訴法八十四条解説」小田中聡樹＝大出良知＝川崎英明編著『刑事弁護コンメンタール1 刑事訴訟法』(現代人文社、1998年) 77頁。

る。たとえば、大型連休や年末年始の直前に勾留請求をした場合、5日以内に実施されることはほとんどなく、連休後に期日指定がされることが横行している。

しかし、近年でも年末年始の閉庁期間に実施した実例（広島地方裁判所、2019年1月3日）[6] もあり、年末年始や大型連休といった毎年必ず予定されている休日、祝日であるにもかかわらず、勾留理由開示請求が当該連休の直前や連休中になされたら一律「やむを得ない事情」に当たるとして5日以上経過した連休明けに期日指定されるのは上記憲法上の要請に反すると言わざるをえない。

実質的にも、逮捕状発付、勾留状発付などといった令状事務は、大型連休中であろうと年末年始であろうと24時間365日体制で行われているのであるから、勾留理由開示という憲法上の要請に基づく手続を実施しないことは正当化できないはずである。

## 6　事前準備は特に不要

勾留理由開示期日を迎えるにあたって事前の準備は何をどれだけすればいいのか。

基本的には、特に準備は不要である。

何もしなくても、当日、法廷に行けばなんとかなる。なぜなら、勾留理由開示は勾留の理由を聞きに行くことがメインの手続だからである。

求釈明書の事前提出を求められることが多いが、求釈明は実際に期日において裁判官が勾留の理由を開示した場合に初めて不明瞭な点が明らかになり釈明を求める必要性が生じることから本来的には事前提出は不可能なはずである。もっとも、実務上、書記官が求釈明書の提出を求めてくることも多いので、その場合は、定型の求釈明書を事前にFAX送信しておけば足りる。

---

6　粟井良祐弁護士（広島弁護士会）によれば、広島地方裁判所で2019年1月3日に勾留理由開示期日を実施したとのことである。

たまに意見書も事前に用意をするようにと言ってくる裁判所もあるが、勾留理由開示における意見陳述は、裁判官による勾留理由開示を前提として、裁判官による勾留の理由が十分になされていたか、開示された勾留理由が勾留の要件を踏まえた適切なものであったのか、勾留理由を導いた事実関係が適切に認定されていたかどうか、などあくまでも勾留理由開示に対する意見である以上、事前に意見書を提出することは本来的に不可能である。

勾留理由開示期日における意見陳述は、意見書などのペーパーを用意しなくても、口頭で述べれば書記官による録音反訳、速記等によって調書化されるのであるから事後的にも意見書を提出する必要はない。


## 7　勾留理由開示期日当日

### （1）　勾留理由開示は自由な手続であること!!

勾留理由開示期日の基本的な流れは、

①人定質問
②裁判官による勾留の理由の開示
③求釈明
④意見陳述

である。

なお、黙秘権の告知は刑訴法上要求されていない。

基本的には、このような流れで手続は進み、弁護人が何もしないと30分もかかることなくあっという間に終わってしまう。

ここで覚えておきたいのは、勾留理由開示は、弁護人の振る舞い方次第でかなり自由にアレンジすることが可能な手続であるということである。

東京地裁の場合は、法廷に裁判官が入ってきた時点から弁護人の活躍するチャンスがあるし、手続において何か問題があると感じたことがあれ

ば、その場でただちに述べてしまってかまわない。たとえば、被疑者・被告人の手錠・腰縄を傍聴人に見せないような措置を求めたにもかかわらず、何らの配慮も行わない場合などは期日開始前から裁判官にその旨を意見し、裁判官の見解を問い質すなどしてもかまわない。

　法廷で裁判官が述べた勾留理由が不十分な場合は、その場で求釈明という形で問い質すことも可能であり、裁判官と議論をしてもかまわない。

　このような弁護人の発言に対して、裁判官によっては「意見陳述で述べてください」とか「意見陳述とみなして今から時間を計ります」などと言い出すこともあるが、それに対しては「意見陳述ではありません。意見陳述をするための前提としてお尋ねしているのです」などと切り返すことも可能である。

　とにかく勾留理由開示は、通常の公判以上に弁護人が自由にのびのびと振る舞える手続であることは意識しておくことが重要である。

## （2）　勾留状を発付していない裁判官が出てきた場合

　この点については別途論じているところではあるが(本書116頁参照)、勾留理由開示の趣旨に照らせば本来は勾留状を発付した裁判官が勾留理由の開示をすべきであることを手続の冒頭で述べ、勾留状を発付した裁判官がこの法廷に出てくるべきであることを要求することが考えられる。

　もっとも、裁判官は、刑訴法上、勾留理由開示は勾留状を発付した裁判官でなくても手続を実施することは許容されている旨を述べてそのまま続行することになるとは思われるが、勾留の理由開示なのだから勾留をした裁判官が理由を開示するのは当然であるということを冒頭で印象付ける意義は十分あると思われる。

## （3）　裁判官による勾留理由開示と求釈明

　裁判官による勾留理由の開示は、裁判官によってかなり異なる印象がある。

　「一件記録によれば」との理由付けのみで被疑者が罪を犯したと疑うに足りる相当な理由、罪証を隠滅すると疑うに足りる相当な理由、逃亡をする

36　プロローグ

と疑うに足りる相当な理由があると結論のみを述べて弁護人からの求釈明には一切答えない裁判官も残念ながら一定数いるのが現状である。

その一方で、かなり詳細に踏み込んだ内容の勾留理由の開示を行う裁判官もいる。[7] 本書219頁の高嶋諒裁判官による勾留理由開示は、証拠の類型を明らかにしたうえで具体的な事実が勾留の要件にどのように結びつくか、かなり踏み込んで精緻な理由を開示するだけではなく、一通りの理由開示が終わった後、さらに、被疑者本人が理解できるようにとの配慮から、先に述べた勾留理由を平易な言葉に噛み砕いて説明を行っており賞賛に値する。

筆者の経験上、現在の平均的な水準は、準抗告棄却決定の理由において記載されている程度の理由については大方の裁判官が述べている印象はある。

裁判官が開示した理由が不十分であった場合(現状では多くの場合、裁判官の開示する勾留理由は不十分である)、弁護人としては、求釈明を行い、裁判官に対してさらなる説明を求めることになる。

この求釈明は、明文上の根拠はなく、被疑者・被告人、弁護人の権利ではないと考える裁判官もいるかもしれないが、そうではない。裁判官による勾留理由の開示は、その後の意見陳述、さらには手続後の勾留取消請求や準抗告を行うための前提であり、そのためには、必要十分な勾留理由の開示が行われる必要がある。裁判官によって、いったん述べられた勾留理由が不十分であったり、不明瞭であったりした場合には、弁護人による求釈明を通じて、裁判官に対してさらなる開示を促す必要があり、この求釈明は、勾留理由開示手続に必然的に伴うものであり制度上当然に予定されているものと解すべきである。

求釈明のコツとしては、裁判官が口頭で述べた理由をなるべく正確にメモをし、求釈明にあたっては裁判官の述べた言葉をそのまま引用したうえでさらなる具体的な理由の開示を求めていくことが重要である。

---

**7** 大賀浩一「勾留理由開示公判後の勾留取消し」季刊刑事弁護6号(1996年)113頁は、求釈明を通じてかなり踏み込んだ勾留の理由の開示を受けて結果的に勾留取消決定に至った経緯についての担当弁護人による詳細なレポートである。

たとえば、裁判官が「一件記録に照らして」と述べたら、すかさず「裁判官は一件記録とおっしゃいましたが、その一件記録とは具体的にどのような証拠を指すのでしょうか？」などと問いかける。「被疑者の身上等に照らせば逃亡のおそれも認められる」と裁判官が述べたら「『被疑者の身上等』とおっしゃいましたが、被疑者のいかなる身上が逃亡要件との関係で逃亡の現実的可能性を根拠付けると判断したのか教えて下さい」などといった形で切り込んでいく。

　また、裁判官の開示した理由がそもそも不十分である場合には、求釈明をするとともに、なぜ不十分な理由の開示ではだめなのかを求釈明に付随する形で述べるのが効果的である。たとえば、「ただいま裁判官は、一応の理由らしきものを述べましたが、まったくもって不十分であると言わざるをえません。勾留理由開示手続は、裁判官が開示した理由を踏まえて弁護人、被疑者本人に意見陳述する機会を与えておりますが、意見を述べるためには当然のことながら十分な理由が開示されなければ意見を述べようがありません。裁判官、もっと詳細かつ具体的な理由を開示してください」などと求釈明の場面で述べるのである。

　このような求釈明を通じて、裁判官によっては、ある程度、詳細な理由を説明してくれることもあるが、多くの裁判官は「捜査の秘密」「捜査の密行性」などを理由に証拠の内容にわたる求釈明には答えられないなどと拒絶してくる場合も多い。本書の斎藤論文が立法経緯を含めて詳細に検討しているとおり「捜査の秘密」「捜査の密行性」なる概念は、少なくとも、被疑者・被告人の憲法上の権利を制約する根拠にはなりえないというべきであるし、そもそも、憲法も刑訴法も、勾留理由開示を被疑者・被告人の権利として保障している以上、勾留理由の開示に伴い証拠の内容が公開されることは制度上の当然の前提とされており、捜査の秘密、捜査の密行性が仮に一定の尊重すべき捜査側の利益であったとしても勾留理由開示の制度によって一定の譲歩は制度上当然に余儀なくされているというべきである。

　弁護人としては平野博士の「法廷において、裁判長は勾留の理由を告げなければならない（84条1項）。勾留の理由とは、広義のものをいう。60条1項各号のどれで勾留したのであるかを示すのでは足りないのは勿論、そ

の事由を具体的に述べるだけでも十分でなく、その事由の存在を証明する証拠を示さなければならない」（平野龍一『刑事訴訟法（法律学全集）』〔有斐閣、1957年〕101頁）ということを常に意識しておきたい。

なお、勾留理由開示において開示すべき「勾留理由」は、勾留状発付当時の勾留理由で足りるとするのが裁判実務の見解[8]であるが、弁護人としては、勾留理由開示制度が不当勾留からの救済という目的をもった制度である以上、勾留状発付当時の勾留理由だけではなく勾留理由開示時までの勾留理由も開示すべきであり、また、それにとどまらず接見等禁止決定の理由や勾留期間延長の理由まで、すべての理由を開示すべきという立場で主張していけばよい。[9]

## （4）　意見陳述について

勾留理由開示期日においては、弁護人、被疑者、請求人による意見陳述をすることができる（刑訴法84条2項）。

意見陳述の時間は、各10分間と制限されている（刑訴規則85条の3第1項）。[10]

期日において、弁護人、被疑者、請求人のどちらから意見陳述をするか裁判官から聞かれるが、適宜、事案に応じて適切な順番で行えばいい。

被疑者・被告人の意見陳述においては、そのまま10分間、意見を陳述してもらってもいいし（事前に用意した書面を読み上げることも可能である）、場合によっては弁護人が質問を発して、それに答えてもらうという質問方式による意見陳述も可能である。

なお、弁護人意見陳述に関して、裁判所から事前に意見書の提出を求められることがあるが、これは義務ではないし、むしろ事前に提出するべき

---

**8**　高杉昌希「116　勾留理由の開示において、開示すべき理由の範囲と程度」田中康郎監修『令状実務詳解［増補版］』（立花書房、2023年）642頁。

**9**　これらの論点については『増補　令状基本問題（下）』（判例時報社、1996年）119頁以下〔木谷明〕が非常に詳しく説得的である。

**10**　10分間の時間制限は、昭和25年刑訴規則改正で導入された。しかし、憲法上の権利である勾留理由開示の意見陳述に制限を加えることは、違憲の疑いがあり、法解釈としても訓示規定と解すべきである。武井康年＝森下弘（編著）『ハンドブック刑事弁護』（現代人文社、2005年）351頁参照。

ではない。なぜなら、勾留理由開示における意見は実際に期日において行われた裁判官による勾留理由の開示に対して意見するものである以上、勾留理由開示を経た後でなければ意見は述べられないはずだからである。

また、事後的に意見書の提出を求められることもあるが、それについても口頭で述べた意見を調書化するよう求めることができるので、必ずしも意見書を提出する必要はない。

なお、勾留理由開示調書の意見陳述の部分については、後の公判で証拠調請求することが可能である（刑訴法321条1項1号。裁判官面前調書として採用される）。

## （5）　忌避申立て

裁判官が、不十分な理由しか開示しない場合やそもそも勾留状を発付していない裁判官が勾留理由開示を行っている（結果的に不十分な理由しか開示しない）場合、弁護人や被疑者に対して強圧的な態度で訴訟指揮をするなど不当な対応を行ってきた場合（たとえば、求釈明をしている最中に「これ以上は意見陳述とみなしますので10分間の時間制限にかかります」などと突如言い出しストップウォッチで時間を計測しはじめる）などは、当該裁判官に対する忌避申立て（刑訴法21条）を行うことも検討する。

刑訴法21条は「不公平な裁判をする虞があるときは」忌避申立てをすることができる旨定めており、勾留理由開示も一種の裁判と考えれば忌避申立てを行うことも理論的に可能である。

もちろん、実務的には、勾留理由開示手続は「裁判」ではないとして忌避申立てをすることは許されないとの理解（福岡高決昭34・9・3下刑集1巻9号1933頁判時202号43頁）を前提にその場で申立ては却下されることがほとんどであるが、[11]忌避申立てを行うことにより、当該忌避申立て却下裁判に対して準抗告を申し立てることが可能であり他の裁判体の審判を仰ぐことが可能になる（もちろん最高裁に特別抗告も可能である）。

---

**11** 林欣寛「120　勾留理由開示手続と忌避」田中康郎監修『令状実務詳解［補訂版］』（立花書房、2023年）664頁、橋本悠子「98　勾留理由の開示と裁判官忌避申立ての可否」高麗邦彦＝芦澤政治編『令状に関する理論と実務Ⅰ』別冊判例タイムズ34号（2012年）218頁。

## （6） 警備法廷、退廷命令への対応

　デモ行進の参加者が公務執行妨害罪で逮捕、勾留されるケースなどいわゆる弾圧事件などの場合、勾留理由開示請求がなされることはしばしばあるが裁判所は、こういったケースの場合、ほとんど一律に警備法廷（警備員を多数動員、配置した特別の法廷）を使用する取扱いをすることが多い。

　しかし、これは裁判所の予断偏見の表れというほかなく、弁護人としては期日に先立って警備法廷が使用されていることについて厳重に抗議をすべきである。

## （7） 検察官の出席について

　勾留理由開示期日において、検察官も出席し、意見を述べることができるが（刑訴法84条2項）、義務ではない（刑訴法83条3項参照）。実際、検察官が出席しないで行われる勾留理由開示は多い。しかし、一件記録を収集し、捜査の状況をもっともよく把握しているのは検察官であるから、裁判官が勾留の理由を開示するにあたって検察官から事情を説明してもらった方がいい場合もありうる。必要に応じて、検察官に対して出頭要請をすることも検討してもよいと思われる。


# 8　勾留理由開示が終わった後の対応

　勾留理由開示期日が終わった後は、勾留取消請求を行うのが一般的である。期日において口頭で請求することも可能であるが、書面で請求することも多い。

　勾留期間延長前の場合は、勾留期間延長請求を阻止するにあたって勾留理由開示期日において現れた事情を用いて検察官、裁判官に対して意見を述べることになる。

　また、期日調書が作成されるので速やかに調書の閲覧、謄写請求をして

おきたい。[12]

　被疑者・被告人の意見陳述においては、そのまま10分間、意見を陳述してもらってもいいし（事前に用意した書面を読み上げることも可能である）、場合によっては弁護人が質問を発して、それに答えてもらうという質問方式による意見陳述も可能である。

　なお、弁護人意見陳述に関して、事後的に意見書の提出を求められることもあるが、それについても口頭で述べた意見を調書化するよう求めることができるので、必ずしも意見書を提出する必要はない。

---

**12** 勾留理由開示調書の閲覧、謄写請求については本書137頁の水谷論文を参照。

コラム①

## 勾留理由開示は「形骸化」しているのか？

　勾留理由開示は形骸化していると言われる。これは、ある意味では正しいが、ある意味では誤っているのではないかと筆者は勾留理由開示請求を長年にわたり積み重ねていくにつれて感じている。

　たしかに、ほとんどまともな勾留の理由を開示しないですませようとする裁判官が多くいるのは事実である。勾留理由開示が形骸化していると説く（嘆く）弁護士たちは、実際の経験に基づいてそのように語っているのであり、その意味では正しい評価ではある。

　しかし、筆者の体感では、10人に1人くらいの割合で素晴らしい勾留理由開示を行う裁判官に出会うことがあるのもまた事実である。それは東京地裁に限らず、その他の地域の裁判所でも憲法、刑訴法の趣旨に忠実に勾留の理由を開示しようと頑張っている裁判官はたしかにいるのである。全体からすれば少数かもしれないが「形骸化」していない「充実した」勾留理由開示を実践している裁判官がいることをぜひ知ってもらいたい。

　多くの弁護士はそもそも勾留理由開示請求をしないし、勾留理由開示請求をする弁護士もほとんどの場合、数回経験し、裁判官のあまりに酷い対応にやる気をなくしてしまっているのではないだろうか。その結果、勾留理由開示は、年間わずか400件から500件程度しか行われていない超レアな手続となってしまっているのが現状である。これほど数が少ないのだから、裁判官の中で勾留理由開示を実際に経験する機会が与えられる裁判官は極めて少数となるのもまた必然である。

　要するに、潜在的には、法の趣旨に則った勾留の理由の開示を行なう裁判官は一定数いるはずであるが、なにしろ勾留理由開示

が請求される絶対数が少ないことから必然的に弁護士がそのような裁判官に出会う機会は限られてきてしまい、その結果、多くの弁護士たちに「形骸化している勾留理由開示」というイメージが蔓延してしまっているのだと思われる。

　だからこそ、みんな諦めずに勾留理由開示請求をし続けてほしいと切に願っている。一度や二度挫折したくらいでへこたれないでほしい。10回目には素晴らしい裁判官に出会うかもしれないのだから。

戸舘圭之

# 理論編

勾留理由開示は憲法34条に由来する手続であり日本国憲法が制定されて初めて導入された制度である。そもそも勾留理由開示という制度は何のために作られたのか？　刑事弁護実践において勾留理由開示を活用、発展していくにあたり制度の歴史的、理論的バックボーンを研究しておくことは不可欠である。なぜなら、勾留理由開示の権利性、重要性について弁護人自身が理解し納得していなければ自信をもって勾留理由開示請求をすることはできないからである。理論編では勾留理由開示の理論的基礎を明らかにし、刑事弁護実践のための土台を提供することを試みている。

第 1 章
# 勾留理由開示総論

戸舘圭之（とだて・よしゆき　弁護士）

## 1　勾留理由開示とは

　勾留理由開示とは、公開の法廷において裁判官が、被疑者・被告人、弁護人、検察官に対して勾留の理由を開示する手続である。

　憲法34条は前段において、「何人も、理由を直ちに告げられ、且つ、直ちに弁護人に依頼する権利を与へられなければ、抑留又は拘禁されない」と定め、さらに後段において、「又、何人も、正当な理由がなければ、拘禁されず、要求があれば、その理由は、直ちに本人及びその弁護人の出席する公開の法廷で示されなければならない」と公開法廷において「拘禁」の「理由」が示されることを権利として保障している。

　刑事訴訟法は、これを受けて勾留理由開示という制度を設けている（刑訴法82条〜86条、刑訴規則81条〜86条の 2 ）。

　このように勾留理由開示は、憲法34条後段が保障している憲法上の権利に由来する制度として現行法上、存在している。


## 2　勾留理由開示の現状

　勾留理由開示の利用は極めて低調である。

　勾留理由開示の件数は、昭和24年は勾留人員が約 9 万4,000人に対して年間約521件（約0.5％）、昭和25年は年間約5,407件（約5.6％）に急増したが、昭和26年は年間1,842件、昭和27年は年間2,111件と減少し、近年は、年間500件前後を推移している。勾留状発布総数に対する勾留理由開示実施件数の割合は0.5％程度である。

表　勾留理由開示請求件数、実施件数

| 年度 | 請求件数<br>（被疑者＋被告人） | 実施件数<br>（被疑者＋被告人） | 勾留状<br>発付総数 | 実施件数割合<br>（％） |
|---|---|---|---|---|
| 令和5年 | 593件（470件＋123件） | 524件（425件＋99件） | 95,455件 | 0.549% |
| 令和4年 | 488件（401件＋87件） | 417件（354件＋63件） | 87,310件 | 0.478% |
| 令和3年 | 465件（370件＋95件） | 404件（328件＋76件） | 90,268件 | 0.448% |
| 令和2年 | 508件（426件＋82件） | 440件（375件＋65件） | 94,161件 | 0.467% |
| 令和1年 | 545件（478件＋67件） | 462件（416件＋46件） | 96,827件 | 0.478% |
| 平成30年 | 597件（520件＋77件） | 510件（454件＋56件） | 100,916件 | 0.506% |
| 平成29年 | 583件（484件＋99件） | 474件（409件＋65件） | 104,533件 | 0.453% |
| 平成28年 | 694件（593件＋101件） | 578件（511件＋67件） | 109,463件 | 0.528% |
| 平成27年 | 621件（541件＋80件） | 559件（490件＋69件） | 115,121件 | 0.486% |
| 平成26年 | 704件（619件＋85件） | 612件（545件＋67件） | 114,873件 | 0.533% |
| 平成25年 | 695件（605件＋90件） | 603件（533件＋70件） | 116,181件 | 0.519% |
| 平成24年 | 859件（772件＋87件） | 766件（698件＋68件） | 120,474件 | 0.636% |

※最高裁判所事務総局「司法統計年報〔刑事編〕」。


## 3　これまでの勾留理由開示観とその問題

　勾留理由開示は、制度発足当初から裁判所からは敵視され続けており、弁護人にとっては形骸化した手続としてその利用を忌避され続けて現在に至っているのが現状である。

### （1）　裁判官にとって——勾留理由開示の当惑

　日本国憲法が制定され勾留理由開示が制度化されてから数年間、裁判所の関心は、いかにして勾留理由開示を形骸化させるかにあったといっても過言ではない。裁判所サイドの論稿は勾留理由開示を「濫用」する被疑者・被告人、弁護人に「当惑」しながら法改正の必要性を訴えるものが目立っている。[1]

---

1　横井大三「勾留理由開示制度の當惑」ジュリスト39号（1953年）6頁。

## (2) 弁護人にとって——「暖簾に腕押し」の無意味な手続

　一方、弁護人にとっては、勾留理由開示は、勾留からの解放に直接つながることはなく、しかも現状では裁判官は勾留の理由をほとんど開示することがないので、「暖簾に腕押し」と形容することがぴったりの「やっても意味がない手続」と捉えられている。

　そのため、多くの弁護実務書等においては、勾留理由開示の意義は語られているものの、接見禁止等の裁判がなされている場合における公開法廷を利用した親族らとの面会代替機能を狙った勾留理由開示の利用や勾留理由開示期日での意見陳述を利用した被疑者・被告人供述の証拠化を狙った利用法[2]などといった便法的な利用法に活路を見出すことがしばしば説かれている。[3]

## (3) 勾留理由開示を過小評価しすぎていないか

　このように裁判所サイドと弁護士サイド双方から、それぞれ別の意味合いで不評である勾留理由開示であるが、そのような評価ははたして正当なのであろうか。

　村岡啓一は、憲法34条後段は、対審構造による当事者の攻撃・防御の機会を与えた勾留裁判官による事実審理を前提とするいわゆる予備審問的な手続を想定しているとの理解を前提に「現行の勾留理由開示公判の運用では、不当な身柄拘束からの救済には何の役にも立たず、被告者の視点から眺めた場合、単に公開の法廷であるが故に外部交通の側面が認められる点にのみ存在意義を見出さざるをえないのが実際である。勾留理由開示公判がほとんど開かれていないのは、このような制度的欠陥に由来しているの

---

**2**　大阪弁護側立証研究会編『実践！　弁護側立証』（成文堂、2017年）96頁「第3章　裁判所の活用」「［2］勾留理由開示を利用した初期供述の保全」は弁護側立証の観点から勾留理由開示における被疑者・被告人の供述の証拠化を詳説している。

**3**　堀田尚徳「勾留理由開示制度の現状」広島法科大学院論集18号（2022年）71頁は、「弁護人が、勾留理由開示制度について見出している意義のうち、勾留理由開示以外のものとして」7つの意義を挙げている。

である」と述べる。[4]

しかし、勾留理由開示が利用されていない理由は、制度的欠陥というよりも、むしろ、端的に、「弁護士が勾留理由開示請求をしないから」に尽きるのではないか。もちろん、多くの弁護士が勾留理由開示請求をしない理由が「やっても意味がない」という点にあることは否定しえないが、現実が理想的な制度運用になっていないからといって、そのことをもって「不当な身柄拘束からの救済には何の役にも立たず」と即断するのは誤りである。そこに制度がころがっている以上、たとえその制度が不十分なものであったとしても、そこに何らかの利用価値を見出して使ってみるのが弁護人としてのあるべき姿だと思う。

## 4　勾留理由開示の積極的利用のすすめ

### （1）　全件勾留理由開示請求の実践

私は、現状の「人質司法」と評される被疑者・被告人の身体拘束をめぐる状況を打開するひとつの手段として勾留理由開示の積極的活用を提唱している。個人的には、受任した刑事事件については、被疑者・被告人が勾留された場合、特段の支障がない限り、全件について勾留理由開示請求をしている。ちなみに、2022年の1年間で私が弁護人として担当した勾留理由開示件数は、15件である。

なぜ、私は、これほどまでに勾留理由開示にこだわるのか。

依頼者が逮捕、勾留された場合の弁護活動の基本的な考え方は、刑事訴訟法に定められた弁護人が取りうる手段は基本的にすべて行う、ということにつきると考えている。憲法、刑事訴訟法は、被疑者が、逮捕、勾留された場合にさまざまな対抗手段を与えている。それは主として身体拘束からの解放を目指すためであるが、弁護人に与えられた武器である。

私は、常日頃から疑問に思っていた。どうして、憲法が権利として保障

---

**4**　憲法的刑事手続研究会編『憲法的刑事手続』（日本評論社、1997年）306頁。

し、刑訴法に定められている手段なのに勾留理由開示がこれほど利用されていないのか、「裁判には、理由を附しなければならない」(刑訴法44条1項)とされているのに勾留状には勾留の理由が刑訴法60条1項各号該当性以外に記載がないのは何故なのか？と。

勾留理由開示という制度については現行刑訴法制定当初からの歴史的経緯があったことは承知しているが、私自身は、刑事弁護をするにあたっては、使える制度はなんでも使ってみるという発想から従前より、被疑者が勾留されれば、事件類型問わず、特段の支障のないかぎり、ほぼ全件準抗告申立てを行い、棄却された場合も、可能な限りほぼ全件で特別抗告を行うよう心掛けてきている(もちろん、あくまでそれは私が「理想」としている弁護活動であって、諸般の事情から準抗告、特別抗告を行わないことも当然ある)。

そのような自然な(素朴な、あるいは、単純な)発想から、勾留理由開示についても、特段の抵抗感もなく、勾留の裁判が出された場合には、「とりあえず」勾留理由開示請求するようになっていった。勾留理由開示を数多く担当すればするほど、私自身、勾留理由開示は、とりわけ捜査弁護においては必須の不可欠な弁護活動ではないかと確信するに至っている。その一方で、なぜ、これほどまで勾留理由開示の利用が刑事弁護を専門的に扱う弁護士の間にも浸透していないのか、という点についても向き合わなければならないと日々痛感している。

## (2)　全件勾留理由開示請求の実践的意義

### 〈「暖簾に腕押し」を超えて〉

勾留理由開示を経験したことのある弁護士は、わりと一様に裁判官がほとんどまともな勾留理由を開示しなかったことに憤り、「暖簾に腕押しだった」とか「徒労感だけが残る無駄な手続だった」といった感想を言うことが多いような気がする。私自身も、そのように感じることはたしかにある。

裁判官の中には、形式的な紋切り型の勾留理由を述べるのみで、弁護人の求釈明にもまったく答えず、弁護人が執拗に食い下がっても、「ご意見

として承ります」とか「見解の相違です」などと官僚的にコミュニケーションを遮断するような対応をする人もいたり、弁護人として、意見をいろいろ言っても、まったく響いている実感がなく、まさに「暖簾に腕押し」「糠に釘」状態だと感じてしまうことも多々ある。

しかし、それでも、私自身、数多くの勾留理由開示を各地の裁判所（東京地裁が圧倒的に多いが）で行うにつれて、勾留理由開示については、担当する裁判官の裁量が極めて大きく、裁判官の個性によって手続の在り方がかなり異なることに気づかされた。

さらには、弁護人の求釈明における振る舞いや、その後の意見陳述によって、弁護人のイニシアティブで勾留理由開示期日の法廷をいきいきとしたものに変えていけることも実感するに至った。

勾留理由開示は公判期日等の手続と比べても、かなり自由度の大きい手続である。裁判官の対応によっても、かなり異なるし、さらには、弁護人の法廷における振る舞い、言動によっても、法廷の雰囲気を変えることができる自由な手続である。

### 〈捜査弁護を可視化し、被疑者・被告人やその家族をエンパワーメントする〉

勾留理由開示を何度か経験してみるとわかるが、勾留理由開示をすると依頼者である被疑者・被告人やその家族から感謝されることがよくある。捜査段階における弁護活動というのは、被疑者や家族からは、弁護人が何を考え、どのような動きをしているのかが、なかなか表には出てこないことからわかりにくいところがあるかもしれない。

被疑者から見える弁護人の活動は、直接的には、接見時における接見室内での弁護人との会話しかなく、間接的にも、準抗告や各種意見書などを見ることを通じてしか弁護人の活動をうかがうことはできない。そのような中で弁護人が公開法廷でいきいきと裁判官と対峙し、被疑者・被告人の正当な権利の代弁者として勾留の裁判の不当性などを訴えることは被疑者・被告人や家族、関係者らを勇気づけることにもつながる。

これはまさに公開の法廷で勾留の理由を裁判官が開示し、弁護人が意見を述べることができる最大の利点であるといってよい。もっといえば、被疑者・被告人は、自ら意見陳述を行うことを通じて、刑事手続に主体的に

第1章　勾留理由開示総論　51

関与する機会が与えられる。その意味では、勾留理由開示は、捜査弁護を活性化するための必須の手続であるといっても過言ではない。[5]

〈早期釈放にとっても意味のある手続〉

勾留理由開示は、刑訴法の条文の並びにおいても勾留取消請求と関連付けられているところからも明らかなように、勾留理由開示を通じて勾留の理由のないことが明らかにされたならば、速やかに勾留を取り消し被疑者・被告人を釈放しなければならないという本来的意義も無視しえない。現状は形骸化しているといわれる勾留理由開示手続ではあるが、現実にも勾留理由開示を通じて勾留取消に結びついた事例はわりと多くみられるところである。また、勾留理由開示を行ったことによる勾留期間延長の請求が却下されるということも実務上しばしば経験するところである。[6]

最決平26・11・17（集刑315号183頁、判タ1409号123頁、判時2245号124頁）は、痴漢事件（条例違反）において勾留請求却下裁判に対する検察官による準抗告が認容されて勾留された裁判に対して弁護人が最高裁に特別抗告を申し立て認容された事件であるが、弁護人が特別抗告を行う前提として勾留理由開示請求を行い、勾留理由開示期日での原裁判所（受命裁判官）の態度（罪証隠滅を示す具体的事情を明らかにしない）を主張したことも踏まえて

---

**5** 高田昭正は勾留理由開示について「その趣旨は、身体拘束処分について被疑者の主体的な防御活動が行われる本来的なフォーラムとしての裁判所の手続を、被疑事件の刑事手続からは独立した形で保障すべきことをとくに確認したものといえる。言い換えれば、〈弁護人の援助を得て現実に身体拘束処分の違法・不当を争うことができる〉ということを、具体的な司法手続—〈弁護人の主体的関与を媒介するものとしての司法手続〉—を保障することによって確認したわけである。その手続として、刑事訴訟法は勾留理由開示の手続を定める（83-86）」（村井敏邦著『現代刑事訴訟法〔第2版〕』〔三省堂、1998年〕132頁高田昭正執筆部分）と説いている。

**6** 金岡繁裕は勾留延長の抑制に向けた検討において「一方で、弁護人も出来ることはある。一つは勾留理由開示の活用である。勾留理由開示公判では、一定の捜査状況について説明を受けることが可能であり（捜査の秘密を盾に釈明への回答を拒否しようとする裁判官は多い。しかし、人身の自由が原則であるなら、準抗告審が指摘するような抽象的な事情の、評価を根拠付ける事実関係について説明し、もって、勾留裁判の正当性を問えるように取り計らうことこそ、憲法に忠実な裁判所の姿勢と言うべきではないか。捜査の秘密を盾に釈明への回答を拒否することが、如何に一面的な姿勢であるかは、裁判所に考えて頂きたいところである。）、同結果を援用して勾留延長に対する準抗告を行うことは、若干、状況を改善させる効能がある。筆者の経験上も、このような過程を経て一定の捜査の進展を疎明することにより、10日の勾留延長を数日に押しとどめたことは一再ならずある」（金岡繁裕「被疑者の身体拘束—弁護の立場から」三井誠＝渡邉一弘＝岡慎一＝植村立郎編『刑事手続の新展開　上巻』〔成文堂、2017年〕367頁）と述べている。

52　理論編

最高裁が特別抗告を認容しており勾留理由開示が勾留からの解放のために効果的に用いられている[7]。

また、保釈請求にあたり、勾留理由開示を利用して被告人供述を内容とする裁判官面前調書を作成させることにより保釈のための被告人に優利な事情変更を証拠化するという手法も紹介されている[8]。

勾留理由開示は、一般には形骸化した無意味な手続と理解されているきらいがあるが、現実には、勾留からの解放という本来的な機能を果たしている実例も相当数あることは重ねて指摘しておきたい[9][10]。

## 5　勾留理由開示の活性化のために

### （1）　ただ理由を開示させるだけでも意味のある手続

本書の渕野論文が詳細に論じているところであるが、勾留理由開示は、公開の法廷で裁判官に勾留の理由を開示させるだけでも十分に意味のある手続であるということを強調しておきたい。これは仮に裁判官の開示した理由が不十分であったとしても、それ自体が公開の法廷で明らかにされることで公衆の批判にさらされうるという意味でも十分に意味のあることだと考えるべきである[11]。

---

**7**　この事件の弁護人による報告として池田良太「起訴前勾留に対する弁護人の特別抗告が認容された事例［事例報告①最一小決平26・11・17］」季刊刑事弁護83号（2015年）14頁参照。

**8**　古田宜行「勾留理由開示による事情変更の作出」愛知刑事弁護塾編『保釈を勝ち取る』（現代人文社、2021年）110頁。

**9**　大賀浩一「勾留理由開示公判後の勾留取消し」季刊刑事弁護6号（1996年）112頁は、勾留理由開示公判において裁判官が踏み込んだ内容の理由を開示した結果、勾留取消請求が認容された弁護実践が詳細に報告されている。

**10**　掛樋美佐保「Q&A刑事弁護　勾留理由開示請求」季刊刑事弁護54号（2008年）142頁は、「また、統計的なデータがあるわけではなく因果関係は不明ですが、勾留理由開示請求を行ったケースでは、不起訴の結果が得られる場合が比較的多いようにも思われます。これも、勾留理由開示公判において、弁護人が不適切な取調べの存在や、勾留の不当性を主張した結果であるとも考えられます」と説く。

**11**　「身体を拘束される者がその理由を明確に告知されるというのは当然のことであり、裁判官に勾留理由をきちんと告げさせるというのは、一人の人間を現実に拘束する上で不可欠の、初歩的な手続である。弁護人が勾留理由開示を請求せず、裁判官にこの初歩的手続を履践させていないとすれば、責任は大きい。その意味で、争いのないごく普通の事件においても、至極当然のこととして、勾留理由開示を請求していくべきである。裁判官は請求

## （2） 人質司法の打開

　勾留開示件数が現在の10倍から100倍に増えれば、勾留の実務は一変することが予想される。この件数増大による効果は、理想的には、勾留理由開示期日の充実化がいちおう期待されるが、一方で、裁判所側で大量処理方式を採用することにつながる可能性（危険性）もありうる。私自身は、仮に、後者であったとしても、現状よりははるかにましであり、人質司法を打破する重要な契機となりうると考えている。[12]

## （3） 「弁護の自制」からの脱却を

　現状の勾留理由開示の利用が低調なのは、弁護士業界に「やっても意味がない」論が蔓延しているためである。そのため、刑事弁護に熱心な弁護士層ですら忌避する手続となってしまっているように見受けられる。つまり、「費用対効果に見合わない」とか「被疑者が希望しない」「被疑者が公開法廷に出ることを嫌がっている」などといった理由をつけて勾留理由開示請求を特別な事情がない限り行っていないのが大多数の弁護人がとっている態度である。近時の刑事弁護の実務書の中には、勾留理由開示の形骸化した現状を前提に漫然と勾留理由開示請求をすることを戒める見解すら登場している。[13]

---

を受ければ、理由開示を拒むことはできない。したがって、弁護人から必ず勾留理由開示が請求されるようになれば、裁判所の事務量は膨大になる。そうなってはじめて、裁判所は勾留の裁判に慎重になる。現状を変えさせ、不必要な勾留、さらに理由なき勾留をさせないようにする一つの鍵はここにある」（大出良知＝高田昭正＝神山啓史＝坂根真也編『新版　刑事弁護』〔現代人文社、2009年〕24頁）。

**12** 鬼頭治雄は、2014年の時点で「日本の刑事司法においては、全体的に弁護人が本来活用すべき手段をとらないことが多いせいか、検察官が弁護人を与し易い相手と見て好き放題やり、裁判官も見劣りする弁護人よりそつなく振る舞う検察官のほうに肩入れをする傾向があるように感じます。勾留理由開示の手続が今の30倍に増えれば、色々なことがだいぶ変わるのではないかと思います」と述べている。鬼頭治雄「シリーズ『弁護人に問う』第3回〜なぜ勾留理由開示をしないのか」（2014年11月8日）〈https://www.kt-law.jp/wp/2268/c-essay/c-essay-keiji/（2024年12月24日最終閲覧）〉。

**13** 髙木小太郎は、「勾留理由開示請求では、具体的な勾留の理由を開示してくれることはほとんど期待できない。そのため、勾留理由開示請求を申し立てるのであれば、そのことを前提として、なぜ、勾留理由開示請求を申し立てるのかを考えて行う必要がある」「勾留理由開示請求をして、勾留の理由を明らかにさせることを期待することは相当ではありません」「漫然と勾留理由開示請求をして、そのうえで勾留に対する準抗告をするというのは、身体

しかし、悪しき刑事司法制度の現状を理由に弁護人が本来行うべき弁護活動を諦めてしまうというのは、過剰なまでの「弁護の自制」の問題として、おおいに反省されるべき問題ではないかと考えている。弁護の自制の問題は、保釈請求の場面や勾留の裁判に対する準抗告の場面でも問題になってきた根深い問題である。刑事弁護の考え方として、「効果が期待できない弁護手段は行うべきではないのか？」という点については、勾留裁判に対する準抗告や保釈だけでなく、再審などにも通じる問題であるが、現状の実務、判例を前提として「通用しない」主張でもあえてする必要性はあるのであり、弁護人が最初から諦めてしまっては何も始まらない。勾留理由開示の制度が形骸化しているのであれば、弁護人が積極的に活用していくことによって少しでも実りある手続となるように努力していくべきではないかと考える。

## （4）　勾留理由開示を生かすも殺すも弁護人次第

多くの弁護人が勾留理由開示請求をめったにしない理由のひとつに「依頼者が勾留理由開示を希望しない」あるいは「依頼者に勾留理由開示という制度があることを説明しても拒否された」など、要するに被疑者自身が希望しない、拒否する（だろうと弁護人が考えている）ということがもしかしたらあるのかもしれない。勾留理由開示は、公開の法廷で行われることから、公開の法廷で公衆の面前に晒されることを懸念して勾留理由開示を希望しない被疑者がいるかもしれない。

---

　拘束からの解放の時期を遅らせることになります」（服部啓一郎＝淺井健人＝深澤論史編『先を見通す捜査弁護術』〔第一法規、2018年〕204～206頁髙木小太郎執筆部分）と説く。わりと一般的な弁護士の考えとも思われるが、このような発想で勾留理由開示を考えると、勾留理由開示請求をすることに積極的な意義がない限り行うべきではないということになりかねない。現状の勾留理由開示請求が低調であることの原因は、このような弁護士の考え方が大きく影響しているのだろうと思われる。

**14** 松本芳希「裁判員裁判と保釈の運用について」ジュリスト1312号（2006年）128頁は、保釈率低下の文脈において、国選弁護人による保釈請求率が低いことが保釈率低下の一因ではないかということを示唆している。

**15** 「現在の実務で通用するか否かをことさらに問題にしがちな刑事法業界における議論の枠の狭さは異常である」（中川孝博「再審請求審のライト化に向けて」季刊刑事弁護91号〔2017年〕81頁注11）との指摘がまさに当てはまる。

このような懸念は一見するともっともな気もするし、依頼者たる被疑者の意向に従うという意味でも弁護人としては被疑者が希望しない以上、勾留理由開示を請求することはできないのもある意味当然である。

　しかしながら、「被疑者が希望しない」「被疑者が拒否する」ということの中身をよくよく考えてみると、それは弁護人の被疑者に対する説明次第ではないのかとこれまでの経験上実感している。筆者は、受任した事件について依頼者が勾留されてしまった場合、特段の事情のない限り、勾留理由開示を請求し、実際に勾留理由開示を行っているが、依頼者たる被疑者や家族から感謝されこそすれ苦情や勾留理由開示をしなければよかったなどといった感想が寄せられたことは一度もない（もちろん、弁護人である筆者に対する気遣いや遠慮などから本音が言えないという場合もあるかもしれないのである程度割り引いてみる必要はあるが）。一般に勾留理由開示という手続がどういうものか知っている被疑者はほとんどいないのが通常であり、そのような場合、勾留理由開示請求をすべきか否かの判断を被疑者や家族に委ねた場合、参考となる情報は弁護人から得るほかない。

　そこで、弁護人が勾留理由開示の意義、重要性を十分に説明して勾留理由開示を積極的に請求する意向を有していれば、多くの場合、被疑者や家族は勾留理由開示請求することに同意をするだろう。これに対して、弁護人自身が勾留理由開示の意義、効果について懐疑的であり、特別な目的がある場合以外は勾留理由開示請求をする必要はないと考えていれば、被疑者や家族もあえて勾留理由開示請求をしてほしいとは言わない。勾留理由開示の実施件数が低調な理由はここにあると思われる。

　つまり、多くの弁護人は、勾留理由開示が意味のない手続であり、やっても無駄、勾留からの解放（釈放）にただちに結びつかないと考えており、かかる認識は、現実の裁判所の勾留理由開示における冷淡な対応と相まって、強固な固定観念となって多くの弁護人に共有されてしまっているのではないか。

　しかし、本書は、このような弁護士業界に蔓延している勾留理由開示観を根底からひっくり返すことを目指している。勾留理由開示は勾留の理由を開示することそれ自体に意義のある手続であり、勾留理由開示は現行の

実務運用を前提としても十分な刑事弁護上の効果のある手続であり、やっても無駄ではなく、さらには、現行の停滞した実務を改善するための理論的基礎を確立し、積極的に勾留理由開示請求をすることの価値を明らかにしていきたい。そして、勾留されたら勾留状謄本請求、準抗告申立と同時に勾留理由開示請求をする、ということがスタンダードな刑事弁護実践となる日を夢見ている。

　歴史的にみれば、本書斎藤論文が明らかにしたように新刑訴法が制定される経過においても、その後、運用されていく経過においても紆余曲折があり、逮捕勾留権限を検察官主導から裁判所主導に変えていくことを主たる目的とした旧刑訴法から新刑訴法への移行作業が、現在まで続いていると考えることもできるのではないか。その意味では、勾留理由開示をはじめとする新刑訴法の制度を積極活用する刑事弁護実践は、旧刑訴法から新刑訴法への移行を完成させる歴史的な壮大な大事業とも言えるのではないかとすらいえる。

第 2 章
# 勾留理由開示の理念

**渕野貴生**（ふちの・たかお　立命館大学教授）


## 1　課題

　憲法34条後段は、「何人も、正当な理由がなければ、拘禁されず、要求
があれば、その理由は、直ちに本人及びその弁護人の出席する公開の法廷
で示されなければならない」と規定し、拘禁の理由を公開の法廷で告知さ
れる権利を憲法上の権利として、保障している。そして、刑訴法で設けら
れている勾留理由開示制度は、憲法34条後段を受けたものとの理解が広く
共有されている。しかし、同制度が、憲法34条に根拠付けられていること
の意義、換言すれば、同制度の趣旨や目的をどのように捉えるべきかにつ
いて、必ずしも意見の一致を見ていない。

　そもそも憲法34条後段は理由の告知だけでなく、不当な勾留からの救済
手段としての意味を含意するかという同条の趣旨理解の点において、すで
に見解が分かれている。それゆえ、具体的な勾留理由開示制度の解釈に
至ってはなおさら、求められる理由の具体性の程度如何、理由を告知すべ
き裁判官と勾留決定をした裁判官との異同の是非、告知すべき理由は勾留
決定時の理由か、勾留理由開示裁判時の理由かという時的基準などの点
で、区々に分かれている。そこで、本稿は、それぞれの解釈論が依って立
つ根拠を再確認したうえで、それぞれの解釈の当否について、拘禁の「理
由」を「公開の法廷」で「告知」されることが、なぜ憲法上の基本権であり、
基本権であるべきなのかという観点からあらためて考えてみたい。理由を
告げなければならない理由を探ることで、刑訴法で定められている勾留理
由開示制度、さらには、勾留制度そのものの在り方についても、どのよう
に解釈し、運用すべきなのか、その方向性が自ずから定まるように思われ
るからである。

## 2　従来の学説

### （1）　理由の密度

　勾留理由開示裁判において、どの程度詳しい理由が開示されるべきか、という点は、勾留理由開示制度をめぐる議論のなかで最も重要な論点といえよう。実務において勾留理由開示裁判の利用が低調である大きな理由の一つが、被告人側が期待する内容の理由が告知されないこと、すなわち、「労多くして報い少なし」の状態である点に存することは明らかであると思われる。

　この点については、まず、勾留理由開示制度は、英米法制におけるヘイビアス・コーパス（人身保護令状）制度に酷似した機能を有しているという理解に立ったうえで、勾留理由の存否について請求者の批判にさらし、不当な勾留からの解放に結び付けることを予定したものと解釈する立場がある。この立場に立つと、勾留の当否を実質的に再検討して勾留取消の判断を適切に行うために必要な資料が提供されなければならないという理解に結び付くから、告知すべき「理由」として、勾留の理由に当たる嫌疑の点および、勾留の必要性に当たる逃亡・罪証隠滅の危険性の点の両方について、理由と必要性を基礎付ける具体的な事実はもとより、それだけでなく具体的事実を基礎付ける証拠資料も示さなければならない、という解釈に行き着く[1]。さらには、勾留の根拠となった証拠資料を開示したうえで、どのような証拠によりどのような事実を認定して勾留理由があると判断したのか、その過程と根拠まで開示を求めるものもある[2]。

　一方、勾留理由開示は、あくまで拘禁の理由を公開の法廷で明らかにすること自体を要請するもので、不当な勾留からの救済そのものを目的とし

---

**1**　石川才顕『捜査における弁護の機能』（日本評論社、1993年）211頁以下、憲法的刑事手続研究会『憲法的刑事手続』（日本評論社、1997年）307頁〔村岡啓一〕、村井敏邦「被告人の勾留理由開示請求」村井敏邦＝後藤昭編『現代令状実務25講』（日本評論社、1993年）142頁、吉利宣「勾留理由開示手続—勾留湯開示制度序説Ⅳ」九州工業大学研究報告（人文・社会科学）48号（2000年）173頁以下。

**2**　大出良知＝高田昭正＝神山啓史＝坂根真也『新版　刑事弁護』（現代人文社、2009年）26頁。

たものではないと解する見解も有力である。ただし、この見解に立つ論者も、勾留理由開示制度をヘイビアス・コーパスとまったく無縁な制度と理解する立場は少数にとどまり、大多数は、ヘイビアス・コーパスに由来する[3]、あるいはヘイビアス・コーパスを背景にしたものと解し、それゆえ、間接的に、あるいは、究極においては不法拘禁からの救済を目指した[4]ものとする結論に落ち着いている。そして、勾留理由開示制度と不当な勾留からの救済との結びつきを保つ論者のなかには、告知すべき理由の程度についても、証拠資料まで示すべき[5]との結論を取るものも見られる。ただし、全体として見るとやはり、勾留理由開示制度と不当な勾留からの救済との結びつきは間接的なものにとどまると理解する論者は、不当な勾留からの救済を勾留理由開示制度の直接の目的と位置付ける論者に比べて、相対的には、告知すべきとする事実や証拠の詳しさについて一段階退いている印象は受ける。たとえば、罪証隠滅を助長するおそれがあることや捜査の秘密などを理由に挙げて、証拠資料まで示すことには消極的な姿勢を取る見解なども散見される[6]。しかし、このような立場に立つ論者であっても、証拠によって認定した具体的事実は告げるべきとされており[7]、不当な勾留からの救済に結び付かないような抽象的な理由告知は容認しない姿勢を堅持しているものが少なくない。

## （2）　開示理由の基準時

　次に、開示理由の詳しさと並んで、どの時点での理由を開示すべきか、ということも、勾留理由開示制度の趣旨と関連付けて盛んに議論されてきた。この点についても、勾留理由開示制度の目的に不当な勾留からの救済を含める立場からは、一般に、勾留状発付当時における理由だけでは足り

---

**3**　浦辺衛「勾留理由開示」熊谷弘＝松尾浩也＝田宮裕編『捜査法体系Ⅱ 勾留・保釈』（日本評論社、1972年）273頁以下。
**4**　木谷明「勾留理由開示」新関雅夫＝佐々木史朗ほか『増補　令状基本問題（下）』（一粒社、1997年）121頁以下。
**5**　木谷明・前掲注4論文125頁以下、田宮裕『刑事訴訟法［新版］』（有斐閣、1996年）89頁。
**6**　池田修ほか『条解　刑事訴訟法［第5版増補版］』（弘文堂、2024年）187頁以下。
**7**　堅山眞一「勾留理由開示」ジュリスト増刊『刑事訴訟法の争点』（有斐閣、1979年）79頁。

ず、勾留理由を開示する時点における理由を含むという解釈が導かれている[8]。また、この帰結は、不当な勾留からの救済という趣旨を勾留理由開示制度の直接の目的には含めず、間接的な目的にとどめる立場にあっても、多くの論者によって取られている[9]。

　たしかに、不当な勾留からの救済という目的を直接的であれ、間接的であれ、勾留理由開示制度の趣旨に取り込む場合には、勾留理由開示時点、すなわち、勾留されている現時点での勾留理由がわからなければ、それに対する反論を行って勾留取消に結び付けることができないから、勾留理由開示時の理由を開示すべきという主張に至るのは自然の成り行きと言えよう。

## (3)　手続保障

　さらに、被疑者・被告人側の意見陳述および手続公開の趣旨についても、不当な勾留からの救済という目的と結び付けて根拠付けられる傾向が強いといえる。たとえば、勾留の理由または必要が存しないことが公開の法廷（公衆の目前）で明らかになれば、勾留を取り消さねばならなくなることを予想しているものだから、開示理由につき質問は当然許されなければならないし、被疑者・被告人及び弁護人が意見を述べる場合も、法廷は公開されていなければならない[10]、という主張を代表例として挙げることができる。また、関係人に意見を陳述させることは、元来どれほど存在理由があったか疑われかねない憲法上の制度に刑訴法が肉付けしたものであり、勾留理由の開示以上にヘイビアス・コーパスに近い機能をそこに期待するのであるから、関係人に意見を述べる機会を与えない勾留理由開示制

---

**8**　浦辺衛・前掲注3論文275頁以下、石川才顕・前掲注1書214頁、大出良知ほか・前掲注2書26頁、松岡正章「判批（東京高決昭和57年8月17日）」判例評論324号（1986年）221頁、光藤景皎『刑事訴訟法 I』（成文堂、2007年）77頁以下、村井敏邦・前掲注1論文140頁、吉利用宣・前掲注1論文169頁。

**9**　河上和雄ほか『大コンメンタール刑事訴訟法　第2巻 ［第2版］』（青林書院、2010年）139頁〔川上拓一〕、木谷明・前掲注4論文123頁以下、田宮裕・前掲注5書89頁。逆に、勾留当時の理由に限られると解するものとして、熊谷弘ほか「勾留理由開示の実務上の諸問題(1)」判例タイムズ184号（1966年）69頁〔櫛渕理〕、堅山眞一・前掲注7論文78頁、池田修ほか・前掲注6書187頁。

**10**　光藤景皎「法令違反の訴訟指揮」法律時報32巻11号（1960年）125頁。

度は屍に等しいし、意見の陳述は公開の法廷で行われてこそ正しい機能を営むという主張も、同様の例といえる。[11]

## （4） 学説の特徴——違法勾留からの救済への接続志向

　以上に見てきたように、勾留理由開示制度に関して展開されてきた従来の議論のほとんどが、直接的であるか間接的であるかはともかくとして、違法・不当な勾留からの救済を勾留理由開示制度の目的に取り込み、その理解から演繹的に、告知されるべき理由の詳しさや、どの時点での理由を告知すべきかといった解釈論を導き出してきた。しかしながら、勾留理由開示制度は、少なくとも表面上は、違法勾留からの救済を制度内在化していないと言わざるをえない。そのため、従来の議論は、勾留理由開示を行う手続的規定や勾留理由開示制度の外延に存在する制度との関係性を解釈することで、勾留理由開示制度に違法勾留からの救済目的をビルトインすることを試みてきた。

　勾留理由開示制度を違法勾留からの救済に結び付けるための根拠とされた仕組みは、第1に、勾留理由開示手続における被疑者・被告人側の意見陳述である。すなわち、被疑者・被告人側に意見陳述の機会を与えているのは、裁判所に対し勾留の理由ないし必要の存否について再検討する機会を与え、勾留の理由または必要がないことがわかれば、職権により勾留を取り消させることを期待しているからであるとされる。[12]第2に、勾留取消しと勾留理由開示の条文の配置および請求権者の重なりも根拠とされている。すなわち、勾留取消の規定が勾留理由開示の規定の直後に置かれており、勾留取消請求権者の範囲と勾留理由開示請求権者の範囲とがほぼ一致していることから、法は本来、勾留理由開示手続が、勾留取消請求権の行使を容易にするための手段として活用されることを予定しているとされるのである。[13]第3に、勾留理由開示の請求に時間的な制限を置いていな

---

11　井上正治「『意見の陳述』は何のためか」法律時報32巻11号（1960年）126頁以下。
12　浦辺衛・前掲注3論文274頁以下。同旨、大出良知ほか・前掲注2書26頁、木谷明・前掲注4論文123頁以下、松岡正章・前掲注8論文221頁。
13　木谷明・前掲注4論文123頁以下、浦辺衛・前掲注3論文274頁以下、松岡正章・前掲注8論文221頁、村井敏邦・前掲注1論文139頁。

いことも究極的には、勾留理由開示制度が違法勾留からの救済を予定している根拠とされている。[14]すなわち、勾留理由開示請求に時間的な制限が置かれていないということは、法は、勾留決定時から相当の時間的隔たりを経て、勾留理由開示の請求がなされることを予定しているということであり、そうであれば、ますます、はるか以前になされた勾留決定時の理由開示をしても意味がないから、法は、理由開示時の理由告知を予定している。そして、理由開示時の理由告知を予定しているということは、その時点での理由告知を受けて被告人側が勾留取消等の請求に進むこともまた予定されている、と解するわけである。

## 3　身体拘束理由の告知自体の人権性

### （1）　違法勾留からの救済との接続論の功罪

　勾留理由開示制度を違法な勾留からの救済と結び付けることによって、具体的な理由と証拠資料の開示の必要性を導き出し、理由開示の時的基準を理由開示時に設定させ、被疑者・被告人側の意見陳述と公開の意義を実質化するという解釈は説得的であり、基本的に、正しい方向を持つと私も考える。しかし、他方で、このような解釈を支える思考方法には、若干の違和感を禁じえない。というのは、従来の議論は、条文の配置や請求権者の範囲の重なりから、勾留理由開示制度が違法な勾留からの救済を予定しているという帰結を導き出し、違法勾留からの救済という趣旨を前提に、開示理由の具体化や資料の開示の必要性などの結論を引き出しているが、そこには、刑訴法の規定から憲法34条の趣旨を解釈するというある種の転倒が見られるように思われるからである。もちろん、論者の本来の意図としては、憲法34条は、違法勾留からの救済という趣旨を含んでいるとの憲法解釈が前提として存在し、刑訴法の規定や条文構造は、前提として存在する憲法解釈を具体的に根拠付けたり、補強したりするための手段・手掛

---

**14**　木谷明・前掲注4論文・123頁以下、松岡正章・前掲注8論文・221頁以下。

かりとして用いているにすぎないのかもしれない。しかし、刑訴法の規定
や条文構造による根拠付けは、異なる立場、すなわち、勾留理由開示と違
法勾留からの救済とを切り離そうとする立場との間で、刑訴法の規定を
めぐる解釈論争という、いわば地上戦に巻き込まれざるをえないところがあ
る。実際、勾留理由開示請求権者と勾留取消権者との間の若干のずれを突
かれて、刑訴法82条と87条の請求権者に相違があるので、勾留理由開示が
勾留取消と関連するという点には疑問があり、むしろ勾留理由開示と勾留
に対する上訴(刑訴法354条)とを関連させていると解するべきであると主張
されたり、勾留理由開示手続に関する刑訴法の条文を解釈した判例が同一
勾留に対する請求を1回に限っていることを根拠に使って、勾留状発付当
時の勾留理由を開示すれば足りると主張されたりしている。▼15

　また、憲法34条を違法な勾留からの救済と結び付けて理解すること自体
は、もとより正当であると考えるが、この観点に焦点が当たりすぎた結
果、「違法な勾留からの救済の趣旨を含む＝具体的に勾留理由や証拠資料
を告知すべき」、「違法な勾留からの救済の趣旨を含まない＝抽象的な勾留
理由の告知で足りる」、といったいささか単純化しすぎた二項対立的思考
に陥りがちなところがあったことを否めないように思われる。

## (2)　勾留理由の告知自体の人権性

　しかし、そもそも憲法34条が、勾留の理由を告知されること自体を憲法
上の基本的人権として規定したことに、立法過程の紆余曲折があるにせ
よ、固有の意義を汲み取るべきではなかろうか。つまり、理由告知自体が
人権として重要な意義を有するという観点から、憲法34条の意義を今一度
確認することにも一定の意義があるように思われる。

　刑事手続において、人身の自由を強制的に奪う逮捕・勾留という処分
は、国家が市民に対して行使する権限のなかで最も強大で、暴力的で、抑
圧的な人権制約の一つであることに疑いはない。もちろん、安全であるべ
き住居に無理やり押し入られ、家じゅうを引っ掻き回された挙句に、所有

---

**15** 池田修ほか・前掲注6書187頁、堅山眞一・前掲注7論文78頁。

物を無理やり持ち去られる捜索・差押えなど、刑訴法上、法定されている
その他の強制処分も、同様に、強度の人権制約的性質を有している。しか
し、身体拘束によって生じる法益侵害の深刻さは、他の強制処分によって
生じる法益侵害とは比べ物にならないほど大きい。逮捕・勾留された人
は、移動の自由だけでなく、仕事をしたり、ゲームをしたりといった生活
全体にわたる行動の自由を一切奪われ、家族や友人とのコミュニケーショ
ンも大幅に制限されるか、さらには一切遮断され、日常生活において意識
せずに入手している情報も大幅に制限される。自由に動けないことの不条
理と社会から断絶されることによって生じる孤立感は、まさに人としての
尊厳を奪われるに等しい。このことは、たかが数週間、不要不急の外出を
自粛せよ、と指示されただけでも、苦痛で苦痛でたまらなかったコロナ禍
の下での緊急事態宣言の経験を思い出せば、誰しもが実感できるはずであ
る。あの時、私たちは、単に移動の自由および飲食・娯楽の一部を生ぬる
く制限されただけで、家族や友人とのコミュニケーションはリモートを通
じてであったかもしれないが自由に行え、情報からも遮断されていなかっ
たが、それでも非常に不条理・不愉快な気持ちにならなかっただろうか。
つまり、人身の自由を奪うということは、それだけで人間の尊厳を直接脅
かすほどの重大な権利制約なのである。

　そうだとすると、逮捕・勾留される市民からすれば、自分に対していか
なる嫌疑がかけられているのか、あるいはどのような逃亡や罪証隠滅の危
険があると判断されたのか、その根拠となる事実を具体的に告知され、さ
らに、単に具体的事実だけでなく、いかなる証拠によってそのような具体
的事実が存在すると認定されたのか、その根拠となる資料も具体的に示さ
れなければ、そのような重大な法益侵害を甘受することに到底納得するこ
とはできないはずであり、それらの具体的根拠・具体的資料を告知するこ
ともまた、人間の尊厳を侵されないための絶対条件であるといわなければ
ならない。なぜならば、身体を拘束する具体的根拠と具体的資料を被拘禁
者に示さないということは、要するに、「お上が正しく判断して身体拘束
することに決めたのだから、黙って従っておけばよく、お前がその根拠を
知る必要はない」ということにほかならず、身体拘束される市民を人とし

て扱わず、いわば物として扱っているに等しいからである。

　実際、手続の適正保障が人間の尊厳を守るうえで必須不可欠の条件であることは、憲法学の代表的な教科書において、次のように説明されていることからも、明らかであろう。すなわち、「適正な手続が踏まれずに誤った判決が下された場合、単に結論が誤っていたという以上の害悪が、被告人には加えられたと言うべきではなかろうか。また、実際に罪を犯した人が、適正な手続を経ることなく有罪判決を得たとき、彼(女)にもやはり害悪が加えられたと言うべきであろう。彼(女)は、有罪の主張に対して応答しうる『人』としてではなく、単になんらかの公共目的のために処分されうる『物』として扱われている。自らの生命・自由・財産に関係する決定手続に参加する権利は、人としての尊厳にかかわっている」[16]とされている。告知と聴聞が手続の適正の中核であることは否定すべくもないから、人身の自由という最も峻厳な人権制約に当たって、その根拠を十分に告知することは、人間の尊厳に基づく要求であるといえる。

　以上の理解に基づくならば、勾留理由開示を受けて、勾留取消請求に進むか否かにかかわらず、被疑者・被告人は、まず、憲法上の権利として、十分に具体的な理由と、理由を根拠付ける資料を告知される権利が保障されていることを確認する必要があるように思われる。もちろん、具体的な理由や理由を根拠付ける資料に納得しない被疑者・被告人は、次のステップとして、勾留取消請求を行うであろうし、そのような具体的な理由と根拠資料を開示することは、勾留取消請求を実効的に行うための必要条件でもあるが、十分に具体的な理由および根拠資料の開示は、違法な勾留からの救済のためだけに必要なわけではない。つまり、憲法34条が違法な勾留からの救済という趣旨を含むか含まないかという解釈論争は、告知すべき理由の程度や資料開示の要否を左右しないというべきである。

---

**16**　長谷部恭男『憲法［第8版］』(新世社、2022年)266頁。

## 4 具体的な理由告知の前提条件としての厳格な勾留審査

### （1） 必要的前提条件としての厳格な勾留審査

　ところで、少し考えれば当然のことであるが、具体的な理由や根拠資料の開示の要求は、前提として、厳格な要件審査を必要とする。なぜなら、たとえば、正社員でなくアルバイトだから、という理由で逃亡を疑うに足りる相当な理由を認定するとすれば、勾留の理由を開示する際にも、アルバイトだからという理由しか告知できないからである。[17] しかし、アルバイトだからといって、必ずしも逃亡のリスクが高いわけではなく、より立ち入って、当該被疑者・被告人の生活環境や生活状況を個別に評価しなければ、逃亡の危険性の大小は決められない。同様に、否認しているという事情をもって罪証隠滅を疑うに足りる相当な理由を認定して開示しても、具体的な根拠とは到底言えない。そもそも否認や黙秘をしていることが罪証隠滅の危険性に関連性があるかどうかすら疑わしいが、仮に関連している可能性があるという前提に立ったとしても、個別の具体的な事件、特定の被疑者・被告人についてどの程度の罪証隠滅をする危険があるかは、否認や黙秘を行うに至った経緯や、証拠の収集状況、隠滅動機の有無等、さまざまな事情を踏まえなければ判断できないはずだからである。

　適正手続の要求を満たす勾留理由の開示を行うためには、勾留審査自体が厳格に行われることが前提となる。勾留要件の厳格な審査と具体的な勾留理由の開示は表裏一体の関係にある。このことは、「正当な理由がなければ、拘禁されない」ことも憲法34条の要求であることに立ち戻れば、当然の結論ではあるが、あらためて確認しておきたい。そして、憲法34条が、勾留理由開示を公開の法廷で行うことを要求しているということは、正当な理由に基づいて勾留しているかどうかを当事者だけでなく、国民一般のチェックにさらすことを求めているということを意味する。裁判所

---

**17** 具体的な勾留理由の告知が行われない（というより、告知することができない）原因が、厳格な勾留審査を履践していないことにあることを示す一例として、高野隆＝高田昭正「身体拘束を争うための証拠開示」季刊刑事弁護19号（1999年）41頁以下〔高野隆〕参照。

は、当事者が納得するだけでなく、当該勾留が正当な理由に基づいている
かどうかを国民一般も判断しうる程度の具体的な理由を開示する説明責任
を負っているということである。換言すれば、裁判所が、抽象的・一般的
な理由の開示しか行わない場合には、被疑者・被告人及び国民に対して、
それ以上の具体的な説明をすることができない特別の事情が存在しない限
り、個別具体的で厳格な勾留審査自体を行っていないことが推定され、正
当な理由にもとづいた拘禁をも満たしていないことになる。仮に、「逃
亡」、「罪証隠滅」という抽象的な条文の文言であることがただちに憲法違
反とはならないとしても、個別の勾留審査で、抽象的な理由しか述べられ
ない場合には、適用違憲の問題がただちに生じるというべきである。

## （2）　被疑者・被告人の供述態度を考慮することの問題性

　それでは、被疑者・被告人及び国民一般による吟味に耐えうるためには
どのような勾留審査が求められるのであろうか。

　第一に、被疑者・被告人の供述態度を逃亡ないし罪証隠滅の危険を示す
徴表として、勾留の必要性を肯定する方向で審査することは許されるだろ
うか。

　まず、被疑者・被告人の黙秘・否認を勾留の必要性要素に入れることの
妥当性という問題以前に、そもそも、黙秘・否認の事実を理由に身体拘束
を肯定することは黙秘権の侵害ではないのか。もし、黙秘権侵害になるの
であれば、いかに黙秘・否認しているという供述態度を罪証隠滅の危険に
結び付ける評価が正しいとしても、黙秘・否認を理由に身体拘束を認める
ことは許されないはずである。

　この点、一般には、黙秘や否認していること自体から、罪証隠滅の主観
的意図や罪証隠滅の客観的可能性をただちに推認することは、黙秘・否[18]
認からの不利益推認であって、黙秘権侵害となり許されないとして、一見
すると黙秘権との抵触に理解を示す応答をしながら、しかし、と続けて、

---

**18**　ただちに推認されるとするものとして、前田雅英「罪証隠滅のおそれと勾留請求却下」捜査
　　研究769号（2015年）72頁。

68　理論編

自白している場合には、証拠の収集がスムーズに進むため罪証隠滅の客観的可能性が減少し、また、罪証隠滅の意図を否定する方向で働くのに対して、黙秘・否認している場合には、証拠収集が進みにくく罪証隠滅の余地が大きく、また、罪証隠滅の意図を否定する方向で働く事情がない結果として、自白している場合に比べて相対的に不利な取扱いを受けること自体は、黙秘・否認自体からの不利益推認ではなく、黙秘権侵害には当たらないと論じるものも少なくない[19]。

しかしながら、間接的・相対的であろうと、黙秘・否認している場合の方が、自白している場合に比べて身体拘束が長期化し、保釈されにくいという結果を被疑者・被告人が認識する以上、被疑者・被告人には自白しなければ早期の釈放は望めないという圧力がかかることに変わりはない。どのように説明しても、被疑者・被告人の供述態度をどういう形であれ身体拘束の可否の判断に組み込むこと自体が、供述の強要であることを否定できない[20]。

しかも、黙秘・否認している場合には、相対的に、罪証隠滅や逃亡の危険性が増すという推論自体が、実証的根拠を欠くのではないか。なぜなら、自白していても、期待したほど量刑が軽くないとわかれば、逃亡したくなる被告人は一定数いると思われるし、自白していても、少しでも自分をよく見せたいという欲求は誰にでもあって不思議ではないから、証人予定者に対して働きかける動機はあると考えられるからである。逆に、黙秘している理由が、犯人であって後ろめたいからとは限らない[21]。犯罪とは別の理由で後ろめたい事情があって供述しないこともあるし、捜査官にいじめられたから意地でも供述しないという場合もあるし、真犯人であろうとなかろうと単純に、訴訟戦略上、供述しないほうが得策と自ら考え、あ

---

**19** 大澤裕「被疑者の身体拘束─概説(4)」法学教室446号（2017年）131頁、松田正照「被疑者勾留の必要性についての一考察─勾留の必要性判断と身体拘束回避の必要性」東洋法学60巻1号（2016年）198頁、201頁、安藤範樹「勾留請求に対する判断の在り方について」刑事法ジャーナル40号（2014年）15頁、福嶋一訓「勾留要件に関する諸問題─勾留の必要性を中心に」警察学論集74巻8号（2021年）81頁以下。
**20** 石田倫識「黙秘・否認と罪証隠滅」季刊刑事弁護98号（2019年）35頁以下。
**21** 葛野尋之「被疑者・被告人の否認・黙秘と罪証隠滅の可能性─否認・黙秘からの推認の合理性と許容性」自由と正義66巻3号（2015年）59頁。

るいは弁護人から助言された結果のこともある。したがって、黙秘しているから、証拠を隠滅する動機があるとは限らない。また、真犯人でない人は、自分が犯人ではないという確信があるので、正々堂々と無罪を取ってやる、取れるはずだと考える結果、むしろ否認しつつ、証拠を隠滅したり、作出したりすることを嫌悪することも十分にありうる。同じ理由から、逃亡する動機もないことになる。

結局、冷静に観察すれば、個々の被告人について、供述態度から逃亡や罪証隠滅のリスクアセスメントをすることは不可能か、著しく困難という帰結に至るのが合理的である。そうだとすれば、なおさら、被疑者・被告人の供述態度を一切、罪証隠滅や逃亡の危険性と結び付けることは許されないと言わなければならない。

そうすると、罪証隠滅の危険についても、逃亡の危険についても、要件を満たす条件は、被疑者・被告人による供述以外の具体的で明白な行為に限られることになる。そこで、以下では、具体的で明白な行為とは何か、ということについて、さらに検討していくこととしたい。

なお、罪証隠滅を被疑者・被告人の身体拘束の根拠とすることには、強い批判がある。批判の要点は、当事者主義と整合しないこと、有罪証拠の確保と被告人に有利な証拠収集を妨げるという現実的機能を果たすことで必罰主義と結びつくことなどにある。[22] 私も、これらの批判の基本的方向性は正当であると考えている。しかし、本稿ではさしあたり、罪証隠滅が要件として認められていることを前提に検討を進める。

## (3) 逃亡・罪証隠滅の実績の必要性

第二に、罪証隠滅を身体拘束の根拠とすることが否定されないとしても、その危険性は具体的なものでなければならない。このことは逃亡の危険についても同様に当てはまる。判例は、現実的具体的可能性を要求して

---

**22** 豊崎七絵「未決拘禁は何のためにあるか―未決拘禁制度の抜本的改革を展望するための基本的視角」刑事立法研究会編『代用監獄・拘置所改革のゆくえ―監獄法改正をめぐって』（現代人文社、2005年）12頁以下。

いるが[23]、率直に言って、裁判所は、どうやら現実的具体的可能性の意味を誤解しているようである。

まず、罪証隠滅の可能性について、①罪証隠滅の対象、②罪証隠滅の態様、③罪証隠滅の客観的可能性及び実効性、④罪証隠滅の主観的可能性の4つの要素に分類し、各要素の存否、程度について具体的事案に即して検討するという枠組みがしばしば示される[24]。しかし、このように分析的に要件充足性を考慮する手法を用いたからといって、具体的可能性を判断していることになるわけではない。なぜなら、裁判官の側では、要素①については、被告人の罪責・刑責に影響を及ぼすおそれのある事実で、情状事実も含まれると理解されており、要素②は、証拠に不当な影響を及ぼすような罪証隠滅行為であれば、既存の証拠を隠滅する場合も、新たな証拠を作出する場合も含み、その態様に限定はない、と理解されているからである[25]。要するに、要素①と要素②は、裁判所にとっては、すべて隠滅要素として認めますよ、という意味でしかなく、罪証隠滅の現実的可能性の高い類型に絞るという機能をまったく果たしていないからである。そうすると、結局、現実的可能性の有無・程度を決定付けているのは、要素③と要素④でしかない。つまり、客観的に可能か、という点と、隠滅の動機があるか、という点であり、この2点は、罪証隠滅の可能性を計測するためには、いずれにせよ検討するわけだから、大上段に、要素に分割して分析しています、などと言わなくてもよい。逆に、この2点さえ検討せずに判断するのだとしたら、その判断は、あてずっぽうか、100％の印象論でしかないはずである。

次に、要素③と要素④についても、裁判官からは、現実的・具体的可能性を検討した結果、罪証隠滅要件を満たすものとして、要旨、次のような例が挙げられている[26]。

---

**23** 最決平26・11・17裁時1616号17頁〔川上拓一〕。
**24** 河上和雄ほか編・前掲注9書27頁以下。
**25** 石井伸興「罪証を隠滅すると疑うに足りる相当な理由」安東章ほか編『令状実務詳解』（立花書房、2020年）292頁以下、福嶋一訓・前掲注19論文79頁以下。
**26** 下津健司＝江口和伸「令状審査（勾留・保釈）」法学教室380号（2012年）132頁以下。

○被害者は被疑者の行きつけの居酒屋の常連客として現場に来ていたもので被疑者と接触する可能性がある。また、目撃者である居酒屋店長は、被害者よりも高い接触の可能性がある。また、被害者、店長とも、検察官がまだ調書作成しておらず、とくに、店長については、これまでの人間関係から被疑者の働きかけに動揺する可能性があり、罪証隠滅の実効性も認められる。

○被疑者が自己の正当性を主張していること、被疑者は本件までに相当額の罰金前科2犯を有しており、被害者の傷害の程度からすれば、懲役刑を求刑される可能性が十分に考えられる事案であることからすると、被疑者が具体的な罪証隠滅行為に出る可能性を認めることができる。

○被疑者は独身で一人暮らしをしている。また、これまで定職につかず、アルバイトの身であることからすると、生活状況が安定しているとはいいがたい。被害者の傷害の程度が重く、被疑者の前科に照らすと、懲役刑が求刑される可能性が高く、場合によっては実刑の可能性も否定できない。以上を総合すると、被疑者には逃亡すると疑うに足りる相当な理由が認められる。

しかし、端的に言って、これらは、まったくもって現実的・具体的な判断ではない。関係者と会う可能性があるとか、知り合いという事情だけで抽象的・類型的判断をしているに過ぎない。あるいは、客観的可能性が多少でもあれば、自動的に主観的動機まで肯定しているともいえる。[27] 実際、勾留の理由なしで勾留が却下される例が少ない事情について、「罪証隠滅のおそれや逃亡のおそれについては、それらの有無を可能な限り具体的に検討するにしても、その性質上、予測的な判断となることは避けられず、

---

**27** 梶山太郎「勾留・保釈の運用―裁判の立場から」刑事法ジャーナル52号（2017年）24頁以下、パネルディスカッション「被疑者、被告人の身体拘束と弁護活動」日本弁護士連合会編『現代法律実務の諸問題〔平成29年度研修版〕』（第一法規、2018年）365頁、368頁、386頁〔三輪篤志裁判官〕、栗原正史「被告人の身体拘束―裁判の立場から―コメント2」三井誠ほか編『刑事手続の新展開 下巻』（成文堂、2017年）211頁以下、福嶋一訓・前掲注19論文89頁以下も同様の発想をしている。

そうであれば、犯罪の嫌疑が認められる場合には、その程度は低いとしても罪証隠滅や逃亡のおそれがいずれもないと判断できる事案は少ないことによる」と正当化するものもある。[28]しかし、このような正当化こそ、類型的・抽象的判断の最たるものといえよう。そうではなくて、現実的・具体的危険性という規範において、本来求められているのは、そのような類型的事情が存在するもとで、当該被告人について具体的に関係者に不当な働きかけを行う可能性があることを実証的根拠で示すことである。[29]そして、それを示すためには、働きかけをしたという実績があるとか、少なくとも、弁護人に相談せずに会いに行くと公言していたとか、知り合いでない場合に住所の検索をしたとか、個別具体的な事実が必ず一つ以上存在しなければならない。[30]

　同様に、逃亡の危険も、アルバイトで実刑の可能性があるという事情だけでは抽象的・類型的判断にすぎない。アルバイトだからといって逃げるとは限らない。逃亡についても、かくまってくれるように誰かに連絡したとか、密かに国際線のチケットを購入しようとしたなどの、具体的な実績となる事実が必ず一つ以上存在しなければならない。また、捜査機関からの呼び出しに対して不出頭を繰り返していることは、逃亡の具体的危険には当てはまらない。なぜなら、何度呼出しを掛けても、その住所にとどまり続けているということだから、むしろ、逃亡しないという意思を示しているといえるからである。

　以上に検討してきたとおり、逃亡や罪証隠滅の現実的・具体的可能性とは、そのような可能性を示す具体的な被疑者の行動が証拠によって示され

---

**28** 福嶋一訓・前掲注19論文・89頁。
**29** なお、近時、現役の裁判官が、自ら集積した多数の保釈判断事例に対する分析に基づいて、各裁判体は勾留の理由および必要性要件を充足しているかどうかについて突き詰めて検討し、積極的に保釈を認める傾向にある旨の評価をした論稿が出された。辛島明「令状1・近時における勾留及び保釈の運用等について」判例タイムズ1484号（2021年）12頁以下参照。しかし、同論文の分析は、一定の基準に該当するすべての事例が集積されているわけではないこと、保釈許可事例のなかには、起訴後相当長期間経過後に保釈が認められた事例および、手続が相当進んだ後（たとえば、実質的な弁護人予定主張提出後）に保釈が認められた事例が相当数含まれること等に鑑みると、この分析だけからは、現在の裁判所が、勾留の要件として、本稿が以下の本文で主張するような、現実的・具体的危険を要求しているかどうかを判断することはできないといわざるをえない。
**30** 川崎英明「否認と保釈」村井敏邦＝後藤昭編・前掲注1書127頁。

た場合に限って認められるべきである。[31] 換言すれば、勾留審査は、被疑者・被告人が逃亡や罪証隠滅の現実的・具体的可能性を示す具体的な行動を行ったか否か、そして、そのような行動の存在を明らかにする証拠資料が示されているかどうかを審査しなければならず、勾留理由開示では、被疑者・被告人の具体的行動及び当該行動を根拠付ける証拠をもって、勾留に理由があることを被疑者・被告人に告げなければならない。

## 5　常時モニタリングの必要性

　ところで、以上の考察で明らかになった、満たされるべき勾留の理由および必要性の程度は、勾留期間中、常時、存在しなければならない。そして、実際にも、捜査の進展及び証拠の収集状況に応じて、嫌疑の程度も、逃亡及び罪証隠滅の危険度も刻々と変化していくから、本来、勾留されている被疑者・被告人に対する勾留要件の充足状態が継続しているかどうかは、常時、モニタリングされていなければならないはずである。

　しかしながら、現実には、裁判所側が、常時モニタリングしなければならないという意識を持っているかどうかははなはだ疑わしい。このことは、起訴した時点で、捜査は原則として終了して、必要な証拠は収集し終わっているはずだから、少なくとも証拠隠滅の危険性に関する事情は勾留当初から大きく変化しているはずであるにもかかわらず、起訴前勾留から起訴後勾留に移行する際にあらためて勾留審査を行わず、自動的に起訴後勾留に切り替わるという解釈を取っていることから見ても、明らかである。現在の裁判所は、逮捕後の起訴前勾留決定をしてしまえば、被疑者・被告人の身体拘束審査業務はおしまい、と考えているようである。

　この点、勾留理由開示制度は、勾留要件が常時、存在し続けていることを担保する意義をも有している。たしかに、理念的に考えれば、被疑者・被告人側が要求するまでもなく、裁判所は、不断に勾留要件の充足状態が

---

**31**　高平奇恵「勾留の判断における前科・前歴等被疑者の属性の考慮」季刊刑事弁護98号（2019年）41頁。

継続しているかどうかを能動的にチェックすべきであるが、不断のチェックを要求することは現実的には難しい。そこで、チェックの機会を被疑者・被告人の請求に係らしめて、請求された都度、その時点での勾留要件充足を審査するという制度であれば、最低限、憲法の要求を満たすことができると言えるのではなかろうか。

勾留要件が常時存在していることは、憲法上の要求であるから、それを担保するための勾留理由開示も、また、憲法上の要件を満たす制度でなければならない。したがって、開示すべき理由は、論理必然的に、理由開示時点での理由でなければならない。従来、理由開示時点での理由開示は、違法な勾留からの救済を実効的に行うためという観点から根拠付けられてきた。もとより、その主張は正当である。しかし、本来、違法な勾留からの救済との結び付け如何に関わらず、勾留要件の常時充足を担保するものとして、理由開示時の理由開示が憲法上、要求されていると解するべきである。

また、勾留要件充足について不断にチェックするという憲法の要求を最低限満たすためには、勾留理由開示は、被疑者・被告人が請求する都度、行われなければならない。1つの勾留につき、1回だけに限定している現行の解釈・運用は、憲法上の要求を満たしているといえるか、極めて疑問であるといわざるをえない。

## 6　結語

勾留理由開示は、以上の理念に基づいて、本稿で具体的に導き出した結論を原則的形態として、解釈・運用すべきである。例外的に捜査の秘密等によって開示理由の詳密度を減じることが許される場合はあるかもしれないが、そもそも捜査の秘密が開示を限定する正当な理由といえるかどうか自体、厳密な検討が必要であろう。[32] そのうえで、仮に、捜査の秘密等を根拠として開示範囲を限定することが正当といえる場合が認められるとし

---

**32**　本書斎藤司論文「勾留理由開示制度と『捜査の秘密』」参照。

ても、捜査の秘密等を理由に具体的理由を告げないのが原則となるような
解釈・運用は許されない。

第3章
# 勾留理由開示制度と「捜査の秘密」
## ──昭和刑訴法制定過程の検討を踏まえて


斎藤 司（さいとう・つかさ　龍谷大学教授）


## 1　はじめに

　本書の渕野論文でも触れられているように、開示すべき「勾留の理由」の内容については、当該制度の趣旨・目的、さらには勾留理由開示制度の由来を引用して議論されることが多い。その代表的な見解としては、勾留理由開示制度が、いわゆるヘイビアス・コーパスと直接・間接に由来することから、不当拘禁からの救済を目的とするとして、できるだけ具体的な勾留の理由、さらには、これを基礎づける証拠の開示を求める見解があげられる[1]。これに対し、制定過程を踏まえつつ、勾留の犯罪事実と刑訴法60条1項各号が認められる旨を告げれば足りるとする見解も有力に主張され、実務もこの立場に立つとされる[2]。また、開示すべき理由との関係では、いわゆる「捜査の秘密」を根拠として、具体的な事実や根拠資料の開示について、消極的に解する見解も主張されることがある[3]。

　以上の議論状況を踏まえ、本稿は、昭和刑訴法の制定過程を検討するこ

---

**1**　浦辺衛「勾留理由開示」熊谷弘＝松尾浩也＝田宮博編『捜査法体系Ⅱ 勾留・保釈』（日本評論社、1972年）273頁以下、田宮裕『刑事訴訟法［新版］』（有斐閣、1996年）89頁、木谷明「勾留理由開示」新関雅夫＝佐々木史朗ほか『増補　令状基本問題（下）』（一粒社、1997年）121頁以下、憲法的刑事手続研究会『憲法的刑事手続』（日本評論社、1997年）301頁以下〔村岡啓一〕、小田中聰樹ほか編著『刑事弁護コンメンタール1 刑事訴訟法』（現代人文社、1998年）76頁〔村井敏邦〕。

**2**　門馬良夫「勾留理由開示手続における『開示すべき理由』についての一考察」司法研修所報28号（1962年）103頁、河上和雄ほか編『大コンメンタール刑事訴訟法［第2版］第2巻』（青林書院、2010年）138頁以下〔川上拓一〕、河上和雄ほか編『注釈刑事訴訟法［第3版］第2巻』（立花書房、2020年）98頁以下、松尾浩也『条解刑事訴訟法［第5版］』（弘文堂、2022年）183頁など。

**3**　河上ほか編・前掲注2書140頁、松尾ほか監修・前掲注2書187頁。

とで、立法時に想定されていた勾留理由開示で開示すべき勾留の理由の内容、そしてこれと「捜査の秘密」との関係を明らかにすることを目的とする。周知のとおり、勾留理由開示に関する制定過程については、すでに先行研究が存在する。[4]もっとも、その後、昭和刑訴法制定過程に関する新たな資料も公開されており、勾留理由開示の制定過程を再度検討する価値は存在する。また、「捜査の秘密」に関する制定過程についても同様のことがいえよう。

　以下では、まずは勾留理由開示の制定過程、次に「捜査の秘密」について規定しているとされる刑訴法196条について検討を行う。

## 2　勾留理由開示制度の制定過程その1
　　──勾留に対する異議申立てと勾留理由の開示

### (1)　昭和刑訴法過程初期の議論──検察官による自主規制

　まず、憲法の構想が示されるまでの状況を確認する。この時期の議論を代表するのが、「刑事訴訟法改正要綱案」(1946年1月26日)である。この議論の特徴は、予審判事の強制捜査権限や義務を捜査機関へと委譲するというものであった。つまり、第二次世界大戦前の日本における議論を基本的にそのまま引き継ぐというものであった。

　まず、この時期に提案されていた身体拘束制度を確認しておこう。第1に、検察に被疑者の召喚の命令、勾引の命令の権限が認められていた。この勾引は、逃亡や罪証隠滅のおそれ、正当な理由なく召喚に応じない場合などに認められ、勾引による引致後48時間以内に被疑者を訊問すべきとし、その時間内に勾留状を発しないときは被疑者を釈放すべきとされていた。第2に、検察官は勾留の命令権限を有し、勾留期間は1カ月、より上級の検察官による許可を受けて1カ月の期間更新が可能とされた(その上限は3カ月)。第3に、検察官の命令に基づき警察官が勾留した場合、そ

---

**4**　吉利用宣「勾留理由開示制度制定の経緯─勾留理由開示制度序説Ⅲ」九州工業大学研究報告（人文・社会科学）48号（2000年）137頁以下。

の期間は10日とされ、検察官が勾留状を新たに発することでその期間を更新できるとされた。なお、勾留からの解放は、勾留を継続する必要がないと検察官が判断した場合は、速やかに釈放すべきという検察官の判断のみに委ねられるものであった。[5]その結果、不当な身体拘束制度からの解放を目的とする制度は特に示されていない。

このような①召喚・勾引と結びついた勾留、②検察官の命令に基づく勾留、③警察官による勾留の場合の期間制限という構想は、大正刑訴法の予審判事の身体拘束権限[6]を検察官へ委譲し、期間制限などの調整を行ったものと評価できる（なお、この時点で「逮捕」の概念は示されていない）。

他方、この時期の議論においては、捜査段階における記録閲覧制度に関する提案や議論がなされている。これも、記録閲覧制度を含む予審手続の手続保障を、予審廃止に伴い、捜査手続へ直接に移そうというものであった。

具体的には、警察・検察による強制処分等の権限濫用防止等の観点から、捜査段階における弁護人選任権、記録閲覧権の保障、検察官または司法警察官に必要な処分を請求する権利、公訴提起前に証拠物を検察官または司法警察官に提出する権利、そして、公訴提起すべきと思料する場合にその嫌疑を被疑者に告知し弁解を聴取する制度などが提示された。[7]ここでの弁護権や記録閲覧権の概要は、①大正刑訴法等の予審における弁護権保障を目安とし、証拠物の閲覧や検証への立会いなどが想定されるとされ、②弁護人の記録閲覧権は、「刑事訴訟法改正要綱案」において、「弁護人は公訴提起前、検察官の許可を受けて、捜査に関する書類および証拠物を閲覧することができる。ただし、検察官は、捜査に著しい支障が生じない場合に限り、これを許可することができることが必要である」と提案された。[8]このように、当初示されていた改正案は、「捜査に著しい支障が生

---

**5** 井上正仁ほか編著『刑事訴訟法制定資料全集　昭和刑事訴訟法編(1)』（信山社、2007年）224頁以下。
**6** 川出敏裕『別件逮捕・勾留の研究』（東京大学出版会、1998年）36頁以下。
**7** その詳細については、斎藤司『公正な刑事手続と証拠開示請求権』（法律文化社、2015年）163頁以下。
**8** 井上ほか・前掲注5書231頁。それまでの変遷について、同131頁、163頁、174頁、182頁、

じない限り」という制限と検察官による許可が必要としていたものの、捜査段階における記録・証拠の弁護人の閲覧権を明確に認めていた。

## (2)　勾留に対する事後的な司法審査と勾留理由開示

　次の議論の段階が、憲法の構想の下での制定過程である。1946年6月25日に憲法改正草案が衆議院本会議に上程され、同年8月24日に同本会議で修正可決された。この憲法改正案を踏まえて刑訴法改正の方針が改められた。その代表例が、「刑事訴訟法改正方針試案」(1946年4月30日)[9]とこれを受けた「刑事訴訟法改正方針」(1946年7月26日)[10]および「刑事訴訟法改正方針(第2案)」(1946年7月末から8月1日)[11]、そして「刑事訴訟法改正要綱試案」(1946年8月8日)[12]や「刑事訴訟法改正要綱試案」(1946年8月8日)[13]および「刑事訴訟法改正要綱案」(1946年8月17日)[14]などである。

　これらの提案で示された身体拘束制度は、憲法の要請を意識したものであった[15]。第1に、検察官は、公訴提起前に限り、被疑者の召喚・勾引・勾留を命令する権限を有するとされた(その具体的内容は「刑事訴訟法改正要綱案」〔1946年1月26日〕と同様)。第2に、司法警察官にもある程度の強制捜査権限を付与するとされた。ただし、勾留については10日を限度とし、速やかに検察官の指揮を受けるものとされている。第3に、被疑者の「弁護権」として、勾引または勾留された被疑者が弁護人を選任する機会を失わないよう特に配慮すること、勾留中の被疑者で経済的理由などにより弁護人を選任できない者については、官選弁護人を付けること、「勾留の異議申立権」、勾留の取消・保釈・責付・勾留の執行停止を請求する権利が提

---

203頁。
**9**　井上正仁ほか編著『刑事訴訟法制定資料全集　昭和刑事訴訟法編(2)』(信山社、2007年)356頁以下。
**10**　井上正仁ほか編著『刑事訴訟法制定資料全集　昭和刑事訴訟法編(3)』(信山社、2007年)184頁以下。
**11**　井上ほか・前掲注10書233頁以下。
**12**　井上ほか・前掲注10書384頁。
**13**　井上正仁ほか編著『刑事訴訟法制定資料全集　昭和刑事訴訟法編(4)』(信山社、2013年)99頁以下。
**14**　井上正仁ほか編著『刑事訴訟法制定資料全集　昭和刑事訴訟法編(5)』(信山社、2013年)78頁以下。
**15**　憲法的刑事手続研究会・前掲注1書277頁以下も参照。

案された。第4に、勾留状には、勾留を必要とする理由をも記載しなければならないとされた。第5に、保釈・責付、勾留の執行停止は、検察官や被疑者・被告人・弁護人等の請求により、原則として相手方の意見を聴き行うべきとされた。第6に、勾留された被疑者・被告人とその弁護人は、勾留に対し異議申立てができるとされた。この異議申立てがあったときは、公判廷において訴訟関係人の陳述を聴き、決定しなければならないとされ、検察官は審理に先立ち「勾留の理由」を告げなければならないとされた。そして、異議申立てに理由があるときには、勾留を取り消さなければならないとされ、異議申立て却下決定に対しは不服申立てが可能とされた（なお、ここでも「逮捕」の概念は示されていない）。

　このように憲法の趣旨を踏まえて、勾留に対する異議申立てと勾留理由を開示する手続が示された[16]。その特徴としては、①憲法改正草案で示された令状審査の主体たる「司法官憲」には検察官および司法警察官も含まれるという日本政府の解釈を踏まえ、勾留の命令権限が検察官・司法警察官にも認められていること[17]、現在の憲法34条を受けて、勾留に対する異議申立てや勾留取消しと結びついた勾留理由開示が提案されたこと（他方で、保釈や執行停止とは別建てにされている）があげられる。不当な身体拘束からの解放を目的とする勾留理由の開示制度が初めて認められたものの、この異議申立て制度は、検察官・司法警察官による勾留が行われた場合、事後的な裁判所による勾留の審査と位置づけられることになった。現代的な視点からいえば、無令状の勾留について事後的に司法審査を行うことで、憲法33条と34条の要請に適うとされたのである[18]。

---

**16**　なお、この提案とほぼ同時と思われる「独逸刑事訴訟法中立案の参考となるべき事項」においてドイツの勾留審査手続、勾留に関する口頭の審問、捜査段階での記録閲覧権が提示されていることも興味深い（井上ほか・前掲注9書323頁以下）。

**17**　川出・前掲注6書46頁など。

**18**　たとえば、GHQブレイクモアに提出された「刑事訴訟法の改正に関する中間報告」（1946年8月12日）では、「憲法草案第30条によれば現行犯人以外の犯人を逮捕するには必ず司法官憲の令状を必要とする。従つて例へば検事又は司法警察官が殺人事件の捜査に従事中犯人たること明確な男を発見した場合にも、その犯人を逮捕するには令状を必要とすることになる。検事と司法警察官に自ら令状を発する権限を認めなければ到底適法且つ迅速な犯罪の捜査は行はれ得ないのである。併しこの権限は濫用される虞がある。検事と同じ程度の法律的素養を持つて居り、政治に支配されないように身分が法律で保障されているが、司法警察官については、その権限の行使につき特に厳重な制限を設けるつもりである」と説

なお、立法過程にかかわっていた横井大三が次のように述べていることも興味深い。「この構想は、前述した人身保護令状説と勾留理由開示説とを総合した苦心の作であったことがうかがえる。つまり、勾留に対する異議の申立の理由の有無を審査し、理由があれば、被勾留者を釈放し、不当拘禁からの救済を図るとともにその審査を公判廷で行わせその際勾留の理由を告げることにすることによって勾留理由公表の目的をも達するように組み立てられているからである[19]」、と。

　その後、上記の「刑事訴訟法改正要綱試案」(1946年8月8日)をもとに作成された「刑事訴訟法改正第一次案」(1946年8月19日〜9月5日)が示された[20]。これは、上記の提案と基本線を同じくするものだが、より詳細な条文案であることに加え、若干の変更点が見られる。第1に、勾留状の記載事項である。現行法にない「被告事件」や「勾留を必要とする理由」などの記載が必要とされた。第2に、勾留に対する異議申立てについて、公判廷において訴訟関係人の陳述関係人の陳述を聴かなければならないとされるのみで、勾留理由開示に関する規定が存在しないことである。もっとも、その根拠は明示されていない。第3に、検察官・司法警察官の召喚・勾引・勾留権限は、これまでの提案と同様に認められたものの、裁判官の事前承認(令状ではない)が必要とされた点である。もっとも、急速を要する場合は処分後の承認でよいとされた。このような変化の理由は明らかではない。上記の議論の経過などを踏まえると、裁判官の事前承認制などの導入が関係しているのかもしれない。

　これに続く「刑事訴訟法改正案第二次案」(1946年9月14日〜10月2日)では、第一次案の基本構造を維持しつつ、勾留理由開示にあたる制度が復活している。具体的には、被告人の勾留においては審理期日の冒頭で裁判長が「公訴事実の要旨及び勾留の理由」を告げたうえで、検察官・被告人・弁護人等の陳述を聴かなければならないとされた。また、捜査機関による勾

---

　　明されている(井上ほか・前掲注14書49頁)。

**19** 横井大三「勾留理由開示制度の当惑」ジュリスト39号(1953年)7頁。

**20** 井上正仁ほか編著『刑事訴訟法制定資料全集　昭和刑事訴訟法編(6)』(信山社、2013年)3頁以下。

**21** 井上ほか・前掲注20書96頁以下。

留（ここでも事前承認制は維持されている）の場合、異議申立ての審理期日において検察官が「被疑事実の要旨及び勾留の理由」を告げるものとされた。

このように憲法の要請を踏まえつつ、捜査機関による命令による勾留と司法府による事後的規制としての異議申立て・勾留理由の開示という基本構想は維持された。他方で、異議申立て・勾留理由の開示は、まさに憲法34条の要請を具体化した、勾留に対する司法的抑制であり、不当な身体拘束からの解放を明確な目的とする制度として位置づけられていた。

## （3）　GHQの反応と日本の対応

このような提案に対し、GHQは、憲法にいう「司法官憲」とは裁判官に限られるべきことを前提として、さまざま意見を出している。これに対し、日本側は十分な捜査ができないことなどを理由に反発している。[22]

さらに、本稿の問題関心との関係では、裁判官のみが勾留状を発する権限を有するべきというGHQ側の提案に対し、日本側が、裁判官の発する勾留状に裁判官による異議申立てという審査を重ねる必要はないのではないかと主張していることが重要と考える。この主張に、GHQのブレイクモアは、「人を引張るには、唯、犯罪を犯した嫌疑があるという一つの理由があるだけで宜しいが、人を拘禁するには、もっと沢山の理由がなければならない。その趣旨で新憲法第34条の規定が置かれて居るのではないか」と返答している。これには、日本側は「勾留する場合に必ず判事の勾留状が必要だとするならば、更に、その勾留の当否を裁判所が調べるというのはおかしいのではないか」とか、「捜査の迅速を期する点から云へば」自身たちの提案の方が優れていると思う、と反論している。[23]

このやり取りが十分かみ合っているかはともかく、「刑事訴訟法改正要綱案」（1946年10月23日）が、憲法の構想を踏まえつつ、迅速かつ十分な捜査の観点から捜査機関の身体拘束権限を認め、事後の司法的審査として、上記のような不当な身体拘束からの解放を目的とする異議申立て・勾留理由

---

**22**　井上ほか・前掲注14書4頁以下、28頁以下など。
**23**　井上ほか・前掲注14書10頁。

開示を提案していたことが、より明確になったといえる。

## 3　勾留理由開示制度の制定過程その2
### ——「公判廷における勾留理由の開示」としての理由開示

### （1）　現行勾留理由開示制度の生成

　上記の日本側の提案が根本的に変化したのが、「刑事訴訟法改正案第三次案」（1946年10月5日〜12月10日）であった[24]。その背景には、GHQ側の具体的提案の提示があった[25]。その結果、現行の身体拘束制度と勾留理由開示の大部分はこの時点で示されることになった。以下では、その内容を概観する。

　第1に、起訴前の身体拘束制度は大幅に変更された。具体的には、勾引が逮捕とされたこと、また裁判官による承認制度ではなく裁判官（のみ）の発する令状に基づくとされたこと、起訴前の勾留期間も最大3カ月（司法警察官の場合は10日）から最大20日とされたことなどがあげられる[26]。令状主義の要請が大幅に受け入れられた結果、捜査機関の令状発付権限が否定され、ここまで提案されていた捜査機関への予審判事の身体拘束権限の委譲という基本構想は維持できなくなったのである。

　第2に、勾留に対する異議申立て制度が削除されたことである（ただし、その後も、この異議申立て制度は複数回提案されている）。もっとも、その理由は定かではない。第三次案では、勾留理由開示の請求を受けた場合、公開の法廷において、裁判長が「公訴事実の要旨及び勾留の理由」を告知しなければならないとされている。なお、この第三次案の時点で、「勾留の理由」を勾留状記載事項とすることも削除されている。

---

**24** 井上ほか・前掲注20書203頁以下。

**25** いわゆる「ブレイクモア私案」（1946年10月11日）、そしてこれを受けて日本側が作成した「勾引・勾留について」（1946年10月23日）、「検事司法警察官の強制捜査権限に関するブレイクモア氏私案に対する検事局側希望意見」（1946年10月29日）、「被告人及び被疑者の召喚、勾引、勾留及び逮捕」（1946年10月30日）など（昭和刑訴法制定資料(6)21頁以下、94頁以下、101頁以下、103頁以下）。さらに、「刑事訴訟法改正要綱案に関する総司令部政治部係員との会談録（第四次）〜（第十一次）」井上ほか・前掲注14書3頁以下。

**26** この点、川出・前掲注6書49頁以下など。

84　理論編

第3に、このような修正の結果、勾留理由開示制度を経て、裁判所はどのような判断をすべきかが不明確になった（異議申立てに理由がある場合の勾留の取消は削除された）ということである。他方で、第三次案からは、現行法にいう準抗告の対象として勾留が初めて明記されている。

上記の勾留理由開示制度は、若干の修正を経ながらも、「刑事訴訟法改正第四次案」（1946年12月10日～1947年1月28日）以降の各案（最終案は第九次案）において維持された。

この勾留理由開示制度との関係で重要なのが、第六次案後の「刑事訴訟法応急措置法」である。同法は、上記第六次案を国会提出の予定であったが困難となり、憲法の施行に合わせて、最小限度の必要な措置を講ずる応急的な立法として立案・施行されている。そして、同法6条は、憲法34条に基づく規定として、「引致された被告人又は被疑者に対しては、直ちに犯罪事実の要旨及び弁護人を選任することができる旨を告げなければならない。」（1項）、「勾留については、申立により、直ちに被告人又は被疑者及びこれらの弁護人の出席する公開の法廷でその理由を告げなければならない」（2項）とされていた[27]。この規定も、勾留に対する異議申立て制度ではなく、勾留理由開示を内容とするものであった。

重要と思われるのが同法の趣旨説明である。まず、国会答弁用の資料である「憲法の解釈と刑訴の解釈について（議会答弁資料）」（1947年3月18日）では、憲法34条と人身保護法との関係について次のように述べられている[28]。「この規定は、刑事手続において秘密に身体の拘束を受けることがないように理由を公開すべきことを規定したものと解する。英米法系のいわゆる人身保護法そのものに関する規定ではない。従って英米法に倣い一般的な人身保護法を制定することは憲法の精神からいって好ましいことであろうが、それは憲法の施行上絶対に必要なことではない」、と。

このように憲法34条の趣旨は、「刑事手続において秘密に身体の拘束を受けることがないように理由を公開すべきことを規定したもの」とされ、

---

**27** 井上正仁ほか編著『刑事訴訟法制定資料全集　昭和刑事訴訟法編(7)』（信山社、2014年）541頁以下。

**28** 井上ほか・前掲注27書343頁。

人身保護法はその直接の要請ではないことが確認されている。また、憲法34条は「秘密裡に人を拘禁することを禁ずる趣旨であるから、理由の公開を以て憲法の要求は満たされるものと解する。又一度理由を公開すればそれで足りるものと思う。この手続と勾留に対する不服申立或は勾留の取消とは直接の関係はない」、とも説明されている。[29]

さらに、憲法34条にいう「理由」について、「一應嫌疑を受けた犯罪事実と解し度い。成る程現行刑事訴訟法で、勾引又は勾留の理由といえば、逃亡の虞そのた刑訴八七條に列挙された事由並びに第86條及び第106條の事由があることをいうように思はれるかも知れない。併し、それは、勾引又は勾留の原因をどう決めるかによって決まる問題であり、憲法それ自身から来る結論ではない。従って現行刑訴を離れて憲法を率直に解釈すれば、如何なる犯罪の嫌疑によって抑留又は拘禁されるかを告げるかを要し又それで足りるとするのが妥当であらう」[30]とされている。その後の大審院検事局での「刑事訴訟法応急措置法の解釈及び運用に関する研究会報告」(1947年4月21日)では、「開示とは、犯罪事実の要旨と勾留を必要とする事由を公開法廷で告知することであって、進んでその當否に関する審判をしてはならないものと解する」[31]ともされている。

ここからは、「身体拘束の理由を公開する」という憲法34条の趣旨が重ねて確認され、勾留理由の具体的内容としては、根拠となる犯罪事実の要旨であることが想定されていたことがうかがわれる。

## (2) 勾留に対する異議申立て制度と勾留理由開示の意義

以上の経緯に対し、勾留に対する異議申立て制度を提案する流れもあった。応急措置法後の刑訴法改正の検討のために司法省が設けた「刑訴改正懇談会」(1947年7月1日～8月8日)の資料である「刑事訴訟法中におけるハベアス・コルプス」(1947年7月9日)では、上述の勾留の異議申立て制度に

---

**29** 井上ほか・前掲注27書504頁。
**30** 井上ほか・前掲注27書503頁。
**31** 井上ほか・前掲注27書595頁、616頁以下。

86 理論編

近い制度が示されている。[32]

　また、刑訴改正懇談会では、上記第六次案をベースとする改正作業の１つとして、「勾留及びその公正担保に関する試案」(1947年７月21日)が配布された。ここでは、第六次案をベースとする考えについて、「勾留の理由の開示(裁判所が自ら公開の法廷で行う)は主として勾留の理由を一般に公開する意味を持つにとどまる。勾留の原由の有無、勾留の手続の適否は抗告を以て争う」ことを内容とするものと整理されている。

　そのうえで、同試案では、対案として、「勾留に対する抗告を最高裁判所まで認め、人身保護法を専ら刑事手続以外の拘禁に対する救済とする」案、「刑事手続中に勾留に対する異議申立手続を認め、その審問期日には、被告人の外現に被告人を拘禁している監獄の長を召喚し、法廷では、監獄の長が拘禁の理由を述べる。裁判所は異議の理由があるものと認めるときは、勾留を取消し又は保釈その他適当な処分をする」案、そして「刑事手続中には勾留に対する抗告のみを認め、他はすべて人身保護法に譲る」案が示されている。[33]

　さらに、その後に作成された「勾留に関する規定要領」(1947年７月24日)では、次のような整理がなされている。「勾留の公正を担保する方法として従来の如く勾留に対する抗告、勾留の理由の開示の２個の制度及び新たに設けらるべき人身保護法によるの制度を統一し、なるべくこれを刑事訴訟法中に規定すること、この場合考えられる方法は、勾留処分の適法性(管轄手続)及び妥当性(不当に長い勾留を含む)の両審査を求めるため、勾留に対する異議申立権を認め(被勾留者のみならずこれと一定の利害関係を有する者)その審査を公開の法廷で行う」、と。[34]

　そして、以上を踏まえた刑訴改正懇談会報告(1947年８月９日)では、「勾留の公正を担保する方法を次のようにすること」として、「草案要綱第５の(七)の勾留の理由の開示の制度と現行法の勾留に関する決定に対する抗告

---

**32** 井上正仁ほか編著『刑事訴訟法制定資料全集　昭和刑事訴訟法編(8)』(信山社、2014年)304頁以下。
**33** 井上ほか・前掲注32書331頁。
**34** 井上ほか・前掲注32書334頁。

の制度を統一して勾留処分の適否及び勾留期間の当否の審査を求める異議申立の制度を創設し、刑事手続における所謂人身保護法の要請に應えるものとする」とされている。なお、この報告書の欄外に鉛筆書きのメモで「勾留の理由の開示は勾留の適否と関係なし。従って異議の制度を求めても憲法の要求を満たし得ない」とされている[35]。

## 4　勾留理由開示制度の制定過程その3
### ——現行勾留理由開示制度の趣旨

### （1）　ここまでの制定過程の整理

　以上、やや長くなってしまったこともあり、ここまでの制定過程を整理しておこう。

　ここまでの制定過程は、①勾留に対する異議申立て制度が提案されていた時期、②勾留理由開示制度が提案されていた時期という2つに整理できる。

　まず、①の時期についてである。勾留に対する異議申立て制度は、憲法34条の趣旨を踏まえ、不当な身体拘束からの救済を目的として、公開の法廷における勾留理由の開示と異議申立て、そしてこれに対する裁判所の判断を内容とするものであった。また、この開示される「勾留の理由」は、「嫌疑を受けた犯罪事実」が想定されていた。

　もっとも、この制度については、憲法34条を受けて提案されたものの、憲法との関係、その趣旨・性格は十分明示されていなかった。特に、憲法34条との関係で、不当な身体拘束の解放との関係は不明確であった。また、裁判官のみが令状を発付する権限を有し、勾留について事前の令状とされたのにもかかわらず、その後、勾留理由開示により重ねて勾留の理由を開示する意義についても疑問視する見解が存在していた。

　次に、②の時期についてである。この時期には、憲法34条の要請が具体化されるとともに、勾留理由開示の趣旨・性格も整理されていった。ま

---

**35**　井上ほか・前掲注32書375頁。

88　理論編

ず、憲法34条の趣旨、そしてこれを受けた勾留理由開示制度の趣旨は、「勾留の理由を一般に公開する」ものと理解・整理された。そして、不当な身体拘束からの解放は少なくとも直接の目的ではないと理解された。

たしかに、制定過程後半の「刑訴改正懇談会」でも、勾留の公正を担保する方法として、勾留理由開示と抗告を統一した異議申立て制度が構想されていた。そして、公開の法廷で勾留の理由を受けて勾留の適法性について争うことを内容とする当該制度は、人身保護法の要請も受けて提案されていた。しかし、この時点で、それぞれの制度の趣旨・性格はかなり整理されており、上述のような複雑さや不明確さはなかった。特に、勾留理由開示の部分は、上述のように、「勾留の理由を一般に公開する」という意義を有する制度として理解され、その開示の内容としては「嫌疑を受けた犯罪事実」が想定されていた。この時点における異議申立て制度は、この勾留理由開示制度に、人身保護法の要請を受けた不当な身体拘束の解放を目的とする異議申立て制度を組み合わせたものとして理解された。このような理解は、混然一体の趣旨理解が示されていた制定過程前半の提案と明らかに異なるものであった。

このように、立法制定過程においては、不当な身体拘束からの解放は、憲法34条、さらには勾留理由開示制度の直接の目的ではないと理解が有力であった。他方で、制定過程後半に登場した異議申立て制度は結果として退けられたが、その理由も経緯は明らかではない。もっとも、この後期の異議申立て制度が勾留理由開示制度を含む複数の制度の組み合わせとされていたことからすれば、あえて1つの制度とするのではなく、勾留理由開示制度と準抗告制度などの複数の制度として残されたに過ぎないという評価も可能であろう。その場合、勾留理由開示制度は、不当な身体拘束からの解放を目的とする制度の一部として残されたということになる。

## (2) GHQとの交渉

上記の過程を経て、作成された刑訴法改正案第九次案は、1947年に

GHQに提出され、GHQによる検討と日本側との検討が行われた。[36]

　まず、勾留理由開示部分に関する検討を担当したマイヤースは、勾留理由開示を定める73条について、「分かった。この制度は大変良い」とコメントしている。

　その後、マイヤースからは、被告人が保釈に関する速やかな審理を受ける方法を確保するため、「拘禁された被告人は、自分が公判のために拘束されることを合理化するだけの十分な事実の存否に関し、裁判官の決定を要求する権利を有すべきではないか」という問題提起[37]や修正提案として、「保釈を許さなかった被告人は提起された公訴が正当か否かを争う機会を持つ資格がある」、「裁判官に公訴棄却の請求をする権利を有すべきではないか」との問題提起がなされた。もっとも、この提案は、アメリカの予備審問の採用を内容とするものであって、問題も多いことを理由に撤回されている。[38]

　その際のやり取りにおいて、GHQ側からは、第九次案の勾留理由開示等について、被告人や被疑者の保護として不十分な部分があるという問題提起がなされている。もっとも、憲法34条との関係については、「勾留理由開示と言うのは憲法に従って勾留理由だけを告知するので起訴の価値……まだしらべるのではないのではないか」とか「75条［引用者注──勾留理由開示の規定］は、『お前はかく〱〵［引用者注──しかじか］の理由で勾留されて居る』と言えばそれで終わりだ。其他に十分根拠があるかないかは問題にはならぬ」というオプラーやアプルトンの発言など、日本側の提案を前提とする発言がなされている。[39]

　これらのやり取りが示唆するように、勾留理由開示は身体拘束の基礎となっている被疑事実を法廷で告知する制度であること、そのことは憲法34条に反するとはいえないことは、両者において共有されていたといえる。もっとも、このやり取りにおいては、團藤重光が、開示される勾留の理由

---

**36** その詳細は、井上正仁ほか編著『刑事訴訟法制定資料全集　昭和刑事訴訟法編(11)』（信山社、2015年）3頁以下を参照。
**37** 井上ほか・前掲注36書377頁。
**38** 井上ほか・前掲注36書441頁。
**39** 井上ほか・前掲注36書495頁。

について「或程度嫌疑理由の十分不十分の問題も含んで居ると思う」、「勾留理由開示と言うのは単なる勾留原因の告知ではなくグラウンドを述べる事も含むと考えている。グラウンドがなければ勾留を取り消すべきと考える」と述べ、法務庁の兼子も「75條の勾留理由開示とは単純な勾留原因とは考えない。何故ならば、其の２項で『意見を述べる』と言う事が規定されて居ることからみても、勾留理由の当否についての意見がのべられるものとしか考えられぬからである」と発言している。そして、これに対する具体的反論は見られない。[40]開示すべき理由については、この時点でも複数の意見が存在していたといえよう。

　さらに、不当な身体拘束からの解放を勾留理由開示の直接目的とする点については一定の対立があるものの、最終的には、これを否定する日本側の提案が受けいれられたと評価できよう。もっとも、その経緯や理由は定かではない。

## （3）　国会審議と勾留理由開示制度の趣旨

　以上の経緯を経て、刑訴法改正案は国会に提出された。その後の議論を整理しながら、勾留理由開示制度の趣旨を検討しよう。

　第２回国会の衆議院司法委員会(1948年６月19日)では、勾留理由開示制度について重要なやり取りが行われている。なお、このやり取りの前に、被告人の勾留状に公訴事実の要旨を記載し、被告人に対し被告事件を告げるという刑訴法の規定の趣旨が質問され、「どういう犯罪を犯したかという嫌疑に基づいて起訴されるか、その犯罪事実を示す趣意」であり、「被告人の利益のためで、被告人が自分は一体どういう事実について取調べを受け身体を拘束されるのかということを知らなくては、その防禦を盡すことにもなりませんので、被告人にその点をあらかじめ知らしておく。そういう被告人保護の趣意に出ておる」という野木政府委員の返答があった。その後、以下のやり取りが行われている(下線は引用者による)。[41]

---

**40**　井上ほか・前掲注36書495頁以下。
**41**　井上正仁ほか編著『刑事訴訟法制定資料全集　昭和刑事訴訟法編⒀』（信山社、2016年）476頁以下。

**石川委員** そうすると今おっしゃった條文で何ゆえに勾留される かという理由を告げたということになりましたならば、その82条の 勾留の理由の開示の請求でありますが、これはどういう必要に基づい てなされたのでありますか。すでに勾留の理由は分かっております。 わかっておってさらに勾留されておる被告人の請求によって勾留の理 由を示さなければならぬとされた根拠は、何でございますか。

**野木政府委員** それは憲法34条後段におきまして、「直ちに本人及び その弁護人の出席する公開の法廷で示さなければならない。」という ことがありますので、公開の法廷で示せという憲法の要求を満たすた めに、82条の規定を置いたわけであります。

**石川委員** そこで問題になってくるのでありますが、憲法34条の 「何人も、理由を直ちに告げられ、」これは第一番の理由、「かつ、直 ちに弁護人に依頼する権利を與へられなければ、抑留又は拘禁されな い。又、何人も、正当な理由がなければ、拘禁されず、要求があれば、 その理由は直ちに本人及びその弁護人の出席する公開の法廷で示され なければならない。」ということは、勾留された場合をいうのであり ますか。勾留前において、既に弁護人がついて、要求があったならば、 公開の法廷においてこれを示されなければならぬということではあり ませんか。拘禁勾留前において、この制度を確立しておかなければな らぬということになりはしませんか。

**野木政府委員** 憲法34条の後段は、「拘禁されず、」とありまして、こ れは勾引の場合は一應含まない、勾留の段階に入ってからということ に解しております。それから「要求があれば、その理由は、直ちに本 人及びその弁護人の出席する公開の法廷で示さなければならない。」 というのは、拘禁前に公開の法廷で示されなければならないという趣 旨でなくして、拘禁後でもよろしい、要求があったときにこれを示せ ばよい、そういう風に解しております。

**石川委員** そうすると、勾留の理由を聴くことは、二度聴けると いうことになるのですか。二度聴いて、片方は公開の法廷で聴けるか

92　理論編

ら、特別の意味があるということになるのですか。

**野木政府委員** 後段のほうは、<u>公開の法廷で示す</u>という点に、非常に<u>大きな意味がある</u>のじゃないかと思っております。

**石川委員** 当初の御説明によれば、勾留するとき犯罪事実を告げるということが34条を受けての規定である〔、〕こう言われておる。さらに後段として、すでに勾留されてからさらに開示する必要がある。これはどういう利益があるだらうか、憲法の予測しておりますところは、これは34条の読み方でありますが、まず抑留及び拘禁の条件といたしまして、理由は直ちに告げられること、弁護人を依頼する権利が與えられること、そうしてそのときに、もし要求があったならば、公開の法廷でこれを示さなければならないのだということが条件になっておるのでありますが、そうではなくて、あなたの御解釈の通り、勾留されているのだ、勾留されているから、その理由を明らかにしてもよいという主張だとすれば、<u>どういう利益があって公開の席上でさらに開示しなければならないか、その点伺います。</u>

**野木政府委員** 被告人をあるいは勾引し、勾留するその段階つど一應告げておりますけれども、それだけでは一般の公開された場合でなくして、はたして告げたと言っても被告人以外の者にもわからない。そういう2つの意味におきまして、<u>1つは公開の方でまったく何人でも出席できる公開法廷で示すことは、被告にとっては非常に保障になるし、また被告人以外の者も、どういう理由で本人が勾留されているか、そういう理由を公開の法廷で知るという点は、非常に被告人の人権を保障する点において、格段の相違があるのではないかと存じております。</u>

　下線部を見てもわかるように、野木政府委員の答弁によれば、憲法34条の要請は、「まったく何人でも出席できる公開法廷で示すことは、被告にとっては非常に保障になるし、また被告人以外の者も、どういう理由で本人が勾留されているか、そういう理由を公開の法廷で知るという点は、非常に被告人の人権を保障する点」にあるとされた。そして、その要請は、

勾留後であってもかまわないと理解されている。この理解を踏まえて、現行の勾留理由開示制度が創設されたということになろう。

　その後の、第2回国会衆議院司法委員会（1948年6月22日）において、野木政府委員は、勾留前の勾留理由開示の可否について、「実際問題としては、被告人を勾留するかしないかという点につきましては、とっさの間に定められることが多いのでありまして、勾留前に公開の法廷を開くということは非常に困難で、むしろ不可能である場合もあるのではないか」とし、「勾留しておいて、それから請求があれば直ちに告げるという建前をとりましても、ただちに憲法の趣旨に反するものとは考えられない」と説明した。

　さらに、この発言に続き、野木は、開示すべき理由の内容について次のように発言している。「憲法34條におきましては、『理由』という言葉が三箇所に出てきておるわけでありますけれども、たしか英文の方を見ますと、前段の『理由』はチャージとなっておる。あとの『理由』はコーズです。そういうように書いてあったと思います。そこでこの案におきましても、76條、77條におきましては、憲法を承けまして、『公訴事実の要旨』というようになっており、第82條におきましては、裸のまま「公訴事実の要旨」ということにいたしませんで、『勾留の理由の開示』という言葉を使いましたのは、その間の多少のニュアンスを表したい、そういう気持ちでございます」、と。このように開示対象となる「勾留の理由」は、英文憲法にいうcauseであり、基本的には基礎となっている犯罪事実であることが確認された。

## （4）　制定過程を踏まえた勾留理由開示制度の意義

　以上のように、GHQとの交渉や国会答弁により、上記の整理が基本的に妥当であること、すなわち、憲法34条、そして勾留理由開示の趣旨が、勾留後の公開の法廷における勾留の理由の公開であり、それが被告人の権利保障に資することにあること、そしてその開示すべき内容が基礎となっている犯罪事実とされていたことが明らかとなった。

　以上の整理・検討を踏まえると、制定過程を踏まえて、「ヘイビアス・コーパスの制度に由来したものであることは否定しないが、しかし、それ

94　理論編

をそのまま採用せよというのではなく、官憲が刑事手続上人身の自由を闇から闇へ葬り去ることのないよう公開の法廷で拘禁の理由を公表すべきことを定めたもので、その本質は拘禁の理由を公開するという点に存し、不当拘禁からの解放ということは、その結果生じる第二次的副次的効果に過ぎない」という立場もしくはこれに類する立場で現行法が制定されたとする見解が、基本的に妥当ということになろう[42]。

　これに対し、憲法34条後段の趣旨が十分に理解されないまま、勾留理由開示はヘイビアス・コーパスを少なくとも刑事手続に関する限度で採用することを要請するものと解し、その本質は不当拘禁からの救済にあるとする見解と、上記の見解の妥協の上に作られたことは明らかであるとし、人身保護法の沿革や趣旨の十分な理解を前提とすれば、憲法34条は人身保護令状そのものを刑事手続に関する拘束に限って採用することを要請したものと解すべきとする見解がある[43]。また、立法過程を詳細に整理したうえで、「連合司令部の意図する憲法第34条の精神に適合すべく勾留理由開示の制度を導入する目的であったのであろうが、すでに述べたように憲法第34条の人権規定の深意を十分理解していなかったことに加え、さらに裁判官のみを令状発付権者としたことが、結果的に第34条の解釈にも影響し、同条を『裁判官の発した勾留状の理由開示』の機能に倭小化して捉え、そのような観点から刑訴法の勾留理由開示の制度を構築してしまったかに思われる」とする見解もある[44]。

　前者の見解については、両者の見解の「妥協」といえるほど根拠資料は見当たらないし、人身保護法の理解が十分であればという仮定の下、自身の見解を主張している点で、制定過程を適切に踏まえた見解とは言いがたい。また、後者の見解については、GHQと日本側の交渉を踏まえると、両者の間に憲法34条の要請や開示すべき勾留の理由の理解に、それほどの違い・対立があったとはいえず、論者自身の価値判断が前面に出た分析に

---

**42**　門馬・前掲注２書96頁以下。
**43**　中島卓児「勾留及び保釈に関する諸問題の研究」司法研究報告書８輯９号（1957年）287頁以下。
**44**　吉利・前掲注４書146頁以下。

第３章　勾留理由開示制度と「捜査の秘密」　95

なってしまっている。[45]

　これらの見解との関係で重要と思われるのが、勾留の異議申立て制度や開示すべき勾留の理由に関する團藤や兼子の見解が退けられた明確な根拠や経緯が不明である点である。

　まず、前者についてである。制定過程後半において、勾留の異議申立て制度は、勾留に対する不服申立てと勾留理由開示を組み合わせた制度として理解されていた。このことは、勾留理由開示制度が、異議申立て制度を分解したうえで、独立して創設された制度であった可能性があることを意味する。現に、GHQとの交渉においては、勾留理由開示は明らかに勾留取消や保釈（撤回されたものの）公訴棄却と結び付けて議論され、「勾留取消は人身保護法の問題だ」、「日本人は２つ人身保護法を持って居る。珍しい」というアプルトンの発言もなされている。[46]勾留の異議申立て制度が人身保護法の要請に応えるためのものであり、勾留理由開示制度は直接それに当たらないとすれば、勾留に対する不服申立てや勾留取消しは人身保護法の要請に沿うものということになる。勾留理由開示制度は、そのための一プロセスとして位置づけられ、独立した形で規定されたといえる。勾留理由開示制度が間接的にヘイビアス・コーパスに由来するというフレーズは、全体として不当な身体拘束からの解放を目指した身体拘束を争う制度の一部であるという意味においては、適切なものといえる。

　このことも踏まえて、後者について検討する。勾留理由開示で開示すべき内容については、基礎となっている犯罪事実、そして刑訴法60条１項各号の事由であると想定されていたことは上述のとおりである。他方で、それ以上の具体的事実や資料を開示すべきという見解が明確に退けられた形跡がないことからすれば、基礎となっている犯罪事実等は最低限開示すべきミニマムスタンダードであり、それ以上の具体的事実や資料を開示することも禁止されていないことが示唆されていると理解できる。それは、不当拘禁からの救済を目的とする一プロセスとしての勾留理由開示という上

---

**45** 資料の限界もあり、刑訴法改正案第九次案以降の検討がないことも影響していると思われる。
**46** 井上ほか・前掲注36書499頁。

述の理解とも整合する。

　ここまで見てきたように、勾留理由開示によって開示すべき内容については、「捜査の秘密」や「捜査の密行性」が主張されることはなく、また制限原理として示されることもない。そのことからすれば、これらの概念を理由に開示すべき内容を限定する主張は、制定過程の分析からは根拠に乏しいということになろう。この点をより詳細に検討するために、次に、捜査の秘密や密行性について規定しているとされている刑訴法196条の制定過程について検討する。

## 5　捜査の秘密・捜査の密行性

## （1）　前史

　昭和刑訴法制定前の捜査の密行性概念については、すでに久岡康成による先行研究が存在する[47]。その概要は以下のとおりである。

　明治刑訴法においては、捜査の密行性に関する明文規定は存在しなかった。もっとも、当時の司法大臣訓令である司法警察官執務心得7条は、「司法警察官ノ職務ヲ行フハ能ク秘密ヲ守リ犯人ノ逃走、罪証湮滅人心動揺ノ弊ナカラシメ且被告人其他ノ者ノ名誉ヲ毀損スルコトナキヲ要ス」とされていた。当時の見解を見ても、捜査の秘密保持とは、密行を原則とする予審も考慮すると、公衆への公開は許すべきではないが、当事者への公開や弁護人の立会いについては禁止すべき理由はないとされていた。

　大正刑訴法について見ると、大正刑訴法253条は「捜査ニ付テハ秘密ヲ保チ被疑者其ノ他ノ者ノ名誉ヲ毀損セサルコトニ注意スヘシ」とし、捜査の秘密に関する明文規定が設けられていた。また、司法大臣訓令である司法警察職務規範9条は「司法警察官ノ職務ヲ行フニハ秘密ヲ厳守シテ捜査ノ障礙ト犯行ノ伝播トヲ防止シ且被疑者其ノ他ノ者ノ名誉ヲ毀損セサルコトニ注意スヘシ」とされた。このうち刑訴法253条の「秘密ヲ保チ」の制定理由

---

**47**　久岡康成「捜査における手続保障」刑法雑誌27巻4号（1987年）47頁以下。

第3章　勾留理由開示制度と「捜査の秘密」　97

については明らかではないが、当時の議論などを踏まえると、犯人逮捕や証拠収集に対する妨害の防止を意識したものと理解することが可能である。

先行研究により示された以上のことを背景としながら、次に昭和刑訴法制定過程を検討しよう。

## （2）　昭和刑訴法制定過程その1──大正刑訴法との連続性

昭和刑訴法制定過程で、初めて捜査の密行性が検討対象になったのは、「仮訳刑事訴訟法に対する修正意見（マニスカルコ案）」（1946年3月22日）であった[48]。これは、大正刑訴法に対するものであるが、捜査の密行性原則を定めたとされる大正刑訴法253条について、「本条は削除すべきである」との意見を示すものであった。もっとも、その理由は明示されていない。

その後の立法過程では、捜査の密行性については議論が行われた経緯は見当たらない。もっとも、提出された提案を見る限り、大正刑訴法の考え方の基本的維持が前提とされていたことがわかる。たとえば、1946年8月19日から9月5日に示された刑事訴訟法改正案第一次案では、大正刑訴法253条に当たるものとして、「捜査については、秘密を保ち、被疑者その他の者の名誉を毀損しないやうに注意しなければならない」とされ、新設の規定として「弁護人は、特に捜査を妨げないやうに注意しなければならない」とされていた[49]。前者は捜査の秘密保持、後者は弁護人による捜査の妨害防止をその趣旨とするものといえる。

その後も、同様の規定が提案され、1947年10月15日の同第九次案では、前者は「捜査については、秘密を保ち、被疑者その他の者の名誉を害しないように注意しなければならない」、後者は「弁護人は、この法律によって認められた権利を行使するにあたっては、とくに捜査の妨げにならないように注意しなければならない」とされ[50]、その後、警察法制定に伴い、前者

---

**48**　井上ほか・前掲注5書47頁。
**49**　井上ほか・前掲注20書43頁。
**50**　井上正仁ほか編著『刑事訴訟法制定過程資料全集　昭和刑事訴訟法編(10)』（信山社、2015年）

は改正案170条第1項、後者は同第2項として一本化されている。[51]

　上述の大正刑訴法の状況を前提とすると、これらの提案は、捜査機関への強制捜査権限の付与、そして捜査段階における弁護権・防御権の拡充を考慮し、これらの権限や権利の権限濫用防止を意識したものといえよう。

## (3)　昭和刑訴法制定過程その2——GHQによる転換

　以上の提案に変化が生じたのは、刑事訴訟法改正案第九次案を踏まえたGHQとの交渉においてである。上記の弁護人による捜査妨害禁止規定について、日本側は「訓示規定である。原案では弁護士の活動範囲が廣く強いから、弁護士の活動に対する精神規定を置いてくれという検察庁側の意見をくんだものである」と説明している。これに対し、マイヤースは「検事、警察も強力であるから、弁護士の活動範囲が廣くとも妨害されることはあるまい。第一このような規定は形が悪い」として削除を要請していた。[52]

　その後、マイヤースは170条について「弁護人についてわざわざ此のような規定を設くべきであるか」として、「捜査に干輿するすべてのものは170条に規定された義務に拘束されなければならない」との理由から、「公判前の捜査に干輿するものは、検察官、警察官及び弁護人を含みすべて被疑者その他の者の名誉を害しないように注意し且つ捜査の妨げとならないように注意しなければならない」との提案を示した。[53]

　この提案を踏まえた刑事訴訟法改正協議会では、マイヤース案に大きな反対はなかった。その後、同提案は若干の修正を経て、刑事訴訟法改正協議会後のGHQとの検討の場である刑訴小委員会に提出された。同委員会では、「捜査官だけでなく、雇とか給仕等秘密事項を聞知するから、これ等のものも加えるべきではないか」という意見が示され、[54]「検察官、検察

---

　　174頁。
**51**　井上ほか・前掲注50書300頁。
**52**　井上ほか・前掲注36書95頁。
**53**　井上ほか・前掲注36書315頁。
**54**　井上正仁ほか編著『刑事訴訟法制定資料全集　昭和刑事訴訟法編⑿』（信山社、2016年）131

事務官及び司法警察職員並びに弁護人その他捜査に関係のある者は、被疑者その他の者の名誉を害しないように注意し、且つ、捜査の妨げとならないように注意しなければならない」と修正された。[55]そして、この提案は、さらに当該小委員会の審議を経て、現行法196条のように「検察官、検察事務官及び司法警察職員並びに弁護人その他職務上捜査に関係のある者は、被疑者その他の者の名誉を害しないように注意し、且つ、捜査の妨げとならないように注意しなければならない」とされるに至った。[56]

## （4）　昭和刑訴法制定過程における「捜査の秘密」の内容

　以上の昭和刑訴法制定過程における「捜査の秘密」に関する議論経過は、次のようにまとめることが可能であろう。

　第1に、たしかに、昭和刑訴法制定過程において、捜査段階における弁護権や防御権拡充に伴い、これによる「捜査の妨害」が行われることに対する懸念は存在した。その結果、これを防止するための明文規定も、当初提案されていた。このような提案は、上述の昭和刑訴法制定過程前の議論状況を相当程度引き継ぐものであった。

　第2に、このような性格を有する提案（最終的には第九次案）は、GHQによる大きな修正を受けた。その大前提としては、大正刑訴法253条について削除意見を示したマニスカルコ案のように、「捜査の秘密」概念の強調に対する消極的態度が存在した可能性もある。

　第3に、GHQによる修正の持つ意味である。まず、弁護人によって「捜査の妨害」が行われる危険があるという日本側の前提認識の否定を指摘することができる。その結果、当該規定は被疑者や弁護人による「捜査の妨害」を防止するものではなく、捜査機関やその関係者を含めた捜査に関与する者すべてを名宛人とする規定とされたことになる。また、当該規定は逮捕や証拠収集に対する妨害の防止という趣旨も基本的に否定されたといえる。捜査によって得られた秘密、すなわち個人情報等を漏らすことで被

---

　　頁以下を参照。
**55**　井上ほか・前掲注54書141頁。
**56**　井上ほか・前掲注54書151、207頁。さらに、修正の経緯については、17頁を参照。

100　理論編

疑者などの名誉を損ない、これにより捜査に支障をもたらすことがないように定められた規定とされたといえる。その意味では、「捜査ニ付テハ秘密ヲ保チ被疑者其ノ他ノ者ノ名誉ヲ毀損セサルコトニ注意スヘシ」とする大正刑訴法253条から、逮捕や証拠収集に対する妨害の防止を趣旨とする「秘密ヲ保チ」の文言が引き継がれなかったことには重要な意味がある。立法過程に携わった團藤重光が、現行刑訴法196条について、「捜査の妨げとならないように」と、「捜査密行主義(旧253「捜査ニ付テハ秘密ラ保チ」)を正面から規定しないで捜査妨害禁止の面から規定しているのは、捜査を全面的に秘密とすることなく、ただ、個人の名誉を保護するため、および捜査を遂行するために必要な限度にかぎってこれを秘密とする趣旨である」[57]と主張していたことも、以上の整理からよく理解できるところである。

　第4に、弁護人のみを対象とする規定ではなくなった結果、当該規定は弁護人、そして被疑者に対する「捜査の秘密」の保持や情報制限を求めるものでなくなったことである。たしかに、昭和刑訴法では捜査段階における記録閲覧は明文で規定されていないが、明確に否定もされていない。国会審議では、「捜査は被告人の保護と公共の福祉との調和の点からも考えなければならない。問題の犯罪事実についても、被疑者はこれを知悉しているのに対し、検察官側は捜査によって初めて事実の端緒を知るものである。捜査の過程においても一々弁護人に通知し、立合せるというような必要はないと思う」という木内政府委員の答弁[58]があるが、この答弁も記録閲覧の必要性の低さを主張するものであっても、禁止すべきとは主張していない。少なくとも、捜査機関と弁護人との情報のやり取り自体は禁止されるべきとの論理は、制定過程で採用されなかったというべきであろう。


## 6　結びに代えて

　本稿で確認できたことはそれほど多くない。もっとも、新たな資料も加

---

**57**　團藤重光『條解刑事訴訟法上』(弘文堂、1950年)359頁。
**58**　井上ほか・前掲注41書231頁。

えて、昭和刑訴法制定過程の一端を明らかにはできたと考える。その概要は下記のとおりである。

第1に、制定過程に照らすと、勾留理由開示は、たしかに、現在の実務のように勾留を基礎づける犯罪事実と刑訴法60条1項各号の事由を明らかにする制度とされていた。また、このような趣旨・内容の勾留理由開示制度は、憲法34条に反するものでないとされていた。

もっとも、第2に、それ以上の事実や資料も開示すべきとする意見が明確に退けられていないこと、勾留理由開示は不当な拘禁からの救済を目的とする制度の一プロセスと位置づけられていた（勾留の公正性の担保や不当拘禁からの救済という勾留の異議申立て制度の趣旨自体は維持されていること）との理解も可能であることにも留意が必要である。そのため、勾留を基礎づける、より具体的な事実やこれを根拠づける証拠資料の開示自体は、禁止されていないと理解することは十分可能である。制定過程を踏まえると、現在の実務のような論理は、あくまで憲法34条と抵触しないミニマムスタンダードであり、それ以上の開示も禁止されていないし、可能であるということができる。

第3に、勾留を基礎づけるより具体的な事実やこれを根拠づける証拠資料の開示が、「捜査の秘密」という外在的論理によって制限されうるかである。制定過程を前提とすれば、勾留理由開示により開示される範囲が「捜査の秘密」によって制限されうるという主張はなく、そもそも両者の関係が議論されたことはない。

他方で、第4に、196条の制定過程を見ると、同条は、弁護人に対する「捜査の秘密」の保持、さらには弁護人による捜査妨害の防止を趣旨とするものではない。同規定は、捜査機関やその関係者、そして弁護人が「捜査の秘密」に触れることを前提に、これを外部に漏らし捜査に支障をもたらすことを防止するためのものであることが明らかとなった。これらのことからすれば、少なくとも、「捜査の秘密」を理由に具体的な事実や証拠資料の開示を拒否することは妥当といえないことになる。

コラム②

## 勾留理由開示「公判」なのか勾留理由開示「期日」なのか？

　公開の法廷で勾留理由開示が行われる手続のことをどのように呼ぶのかについては書籍、論文等では「勾留理由開示公判」と記載されているものが比較的多く目につくが、「勾留理由開示期日」と記載するものや「勾留理由開示裁判」と記載する例もみられる。

　伝統的に「勾留理由開示公判」と呼称されてきたのは、おそらく、勾留理由開示が公開の法廷で行われる手続であることから「公判」と呼ぶのがふさわしいと考えられてきたように思われる。一方、刑訴法上は「勾留の理由の開示」（刑訴法82条1項、83条1項、85条、86条）とし、刑訴規則は「開示期日」（刑訴規則82条、84条ないし86条）とされていることから、条文に忠実に考えれば「勾留理由開示期日」ということになろう。

　手元の法律学小辞典によれば、そもそも「公判」という用語は、広義には刑事訴訟法第2編第3章が「公判」とされていることから明らかなとおり「公訴の提起以降、訴訟が終結するまでの一切の訴訟手続」を意味するものとされており、狭義においては「公開の法廷で審理を行う期日」とされている。また「期日」という用語は「裁判所（又は裁判官）と訴訟関係人とが所定の場所に集まり、訴訟につき必要な訴訟行為をするよう定められた日時を指す。」とされている。

　勾留理由開示「公判」と呼ぶべきか勾留理由開示「期日」と呼ぶべきかについては、正直なところ、あまりこだわる必要のない問題なのかもしれない。刑訴法、刑訴規則の条文の文言に忠実に従うということに加えて、そもそも勾留理由開示は何らかの裁判行為に向けられた審理を行う場ではないということを強調すれば「公判」や「裁判」という語を用いることはふさわしくないということになるかもしれない。

この点については、勾留理由開示そのものに対する不服申立てができるのかという問題とも関連して、勾留理由開示は、ただ単に裁判官が勾留を開示するという手続にとどまらず勾留の理由の開示や弁護人からの求釈明に答える過程、意見陳述などを通じて、裁判所、裁判官が一定の判断作用に関与していることを強調すれば、勾留理由開示が「裁判」に当たるとする考え方[1]も成り立ちうるところであり、そういう趣旨を込めて、あえて「勾留理由開示公判」、「勾留理由開示裁判」と呼ぶことも一理あるともいえる。

　このように、単なる呼び方、言葉の問題であるようにも思えるが、考え始めると勾留理由開示の法的性質論にまで発展する可能性を秘めた問題でもある。

　このように勾留理由開示公判、勾留理由開示期日、勾留理由開示裁判など呼び方はいくつかありうるが、考え方によっては、いずれもありうるということから、上記の考え方を踏まえたうえで各人が適宜の用語を用いればよいと思われる。ちなみに、本書では、便宜上、法文に則した形で「勾留理由開示期日」と記載していることが比較的多い（編集方針としては、特に、用語の統一はしていないので「勾留理由開示公判」という記載もある）。

戸舘圭之

---

**1**　勾留理由開示に対して刑訴法433条1項に基づき特別抗告した事例において勾留理由開示は同条項の「決定又は命令」に当たらないと否定した最決令5・5・8（判時2580-2581号232頁、判タ1514号37頁）は、この点が問題になっている。

# 実務編

「勾留理由開示は形骸化している」、「裁判官は何も開示してくれない、暖簾に腕押しだ」などと勾留理由開示の現状が語られ、「だから、勾留理由開示は役に立たない」などということを耳にしたことがあるかもしれない。勾留理由開示が形骸化している現状はたしかにあるが、役に立たないかといえば、そんなことはない。弁護人の取組み方、工夫次第で勾留理由開示はいくらでも「使える」弁護手段になる可能性を秘めている。要は、ものは使いようである。実務編では、勾留理由開示を刑事弁護で使いこなすための実践的ノウハウを紹介する。

第 1 章
# 勾留理由開示請求の活用方法

水谷恭史（みずたに・きょうじ　弁護士）

　本稿では、捜査弁護活動の活性化に資する勾留理由開示請求の使い方、とりわけ、被疑者取調べへの対抗策として行う黙秘権行使の実効性の確保や、身体拘束からの早期解放の実現、被疑者勾留や勾留に付随する接見等禁止処分によって生ずる不利益の軽減などを目的に、勾留理由の開示請求及び公判における理由開示の仕組みを実務上活用する方策や工夫について論ずる。

## 1　被疑者取調べに対する黙秘の意義

　当番弁護士制度の充実や被疑者国選弁護人制度の拡大による捜査弁護活動の活性化、被疑者取調べ録画の法制化（取調べ可視化）は、捜査官によるあからさまな自白強要を抑止する効果をもたらした。

　弁護人による多数回の接見と助言、被疑者ノートの活用による捜査官の言動や取調べ内容の記録化、違法・不当な取調べに対する苦情申出、勾留決定・勾留延長決定に対する準抗告の申立てや勾留取消請求、対象事件か否かを問わない取調べ全過程の録画申入れ等の監視・介入・けん制により、捜査官は、有形力や脅迫・暴言を用いた供述強要や、不起訴処分や釈放を示唆して供述させるあからさまな利益誘導など、古典的な自白強要や黙秘妨害を行いがたくなった。その効果として、被疑者が取調べに対して黙秘を貫くことが相対的に易しくなった。供述するか否か、どのような事情をどれだけ具体的に供述するか、被疑者が任意に選択しやすくなったともいえよう。

　とはいえ、被疑者取調べの大半、とりわけ身体拘束下の取調べでは、捜

106　実務編

査官が中立的な観点で被疑者の主張や言い分を聴取し、証拠化するのは極めて稀である。捜査官は被疑者に対し、実際に罪を犯した犯人であることを前提に、捜査機関の見立てた筋書きどおりに罪を認めるか否かを追及する。捜査官は、被疑者との間で実質的な支配─被支配関係を築き、あくまで捜査・取調べ対象の客体、証拠としてのみ扱おうとする。弁護人による取調べへの立会いがないまま、被疑者が対等な当事者として捜査官と対峙し、質疑に応じるか否か、供述するか否か、何についてどこまで具体的に供述するかを主体的、合理的に判断し、対応するのは極めて困難である。

　しかも、捜査官が被疑者に対し、被疑者取調べの段階で捜査機関が見立てた事件の筋書きの全容を明らかにすることはない。捜査機関が被疑者や弁護人に対し、被疑者取調べの段階で収集・確保した証拠の全容を開示することもない。あるとしても、被疑者の"心を折って"屈服させる目的で、捜査機関が有罪立証の決め手と判断した事情や証拠の断片的な一部を示すに留まるのが大半である。

　特に身体拘束事件では、少なくとも現在の実務上、弁護人の取調べ立会いと即時助言の全面的な実現は困難である。したがって、刑法、刑訴法に関する専門知識のない被疑者が、取調べのプロである捜査官と単独で対峙せざるをえない。[1]被疑者が捜査官の要求に従って述べた供述が、起訴／不起訴の処分判断の際、あるいは後の公判で被疑者にとって不利に働くおそれがあるか否かを、被疑者の判断のみに委ねるのは危険である。

　取調べに対する黙秘は、捜査機関の見立てた筋書きを受け入れることで生じる不利益や、捜査機関の保有する証拠の内実を知らないまま供述することによって後の公判で不利益が生じることを避ける有効かつ適切な手段である。被疑者が罪を犯したことをおおむね争わない場合でも、事件に至る経緯や動機、具体的な態様には被疑者なりの理由や主張がある。にもかかわらず、被疑者の言い分の聴取ととりまとめ、供述調書の作成による証拠化を捜査機関にすべて委ねてしまうと、捜査官の曲解、偏見や誤導に

---

**1**　村木厚子『私は負けない─「郵便不正事件」はこうして作られた』（中央公論新社、2013年）25頁参照。

よって被疑者に過大な罪責を負わせることにもなりかねない。罪の成否を争うか否かを問わず、被疑者取調べには黙秘で対抗することが基本となろう。

## 2 取調べへの黙秘と両立する 勾留理由開示公判における積極的な主張

　被疑者が裁判官・裁判所や検察官に対して不起訴処分を基礎付ける事情や、被疑者勾留が不要ないし有害であることを基礎付ける事情を具体的に伝え、速やかな釈放、不起訴処分による刑事手続からの解放を目指すべき事案もある。

　先に述べたように、被疑者及び弁護人が、捜査機関の見立てた事件の筋書きや保有する証拠の内実を知らない捜査段階で積極的な主張を明らかにするのは、原則として慎重を期すべきである。被疑者の記憶のみに基づいた供述が捜査機関の保有する客観的証拠の内実と相容れず、結果として被疑者供述の全体的な信用性を貶めてしまう事態や、捜査機関に被疑者の弁解を潰すための補充捜査の契機を与える事態を招きかねないからである。

　しかし、罪の成立を妨げる事情に関する被疑者の具体的な主張が、弁護人の確保した客観的な証拠によって裏付けられる場合(事件が起きたとき、被疑者が遠く離れた別の場所にいたことを示す位置情報、相手による急迫不正の侵害に対する正当防衛行為であることを示す動画、写真やSNS等など)、あるいは、勾留によって被疑者に重大な不利益が生じる場合(近く手術を受ける予定がある、大学入試期間中など)、これらの事情を裁判官や検察官に対して具体的に伝達し、速やかな不起訴処分や釈放の判断を求める場合がありえる。

　被疑者取調べに対する黙秘と、裁判官や捜査機関に対する被疑者に有利な情報の伝達を両立するため、弁護人が被疑者供述録取書や証拠を添付した報告書を作成し、勾留裁判官や検察官に提供する方法がある。これに加えて、勾留理由開示公判における意見陳述(刑訴法84条2項、刑訴規則85条の3)を利用し、被疑者本人が自ら不起訴となるべき理由、勾留から解放

108　実務編

されるべき理由を述べることができる。

　具体的な意見陳述の方法として、被疑者が、弁護人と協議のうえで事前に作成した書面（弁護人が事前に被疑者から聴取した内容を書面化し、公判に持参する方法が妥当である）を勾留理由開示公判で朗読した後、被疑者が公判廷で署名して裁判所に提出する方法や、証人尋問や被告人質問と同様、弁護人の被疑者に対する一問一答の方式で供述する方法などがある。勾留理由の開示請求者及び弁護人は、被疑者とは別に個別の意見陳述権を保障されるから（刑訴法84条2項）、被疑者の親族が請求者であれば、被疑者、請求者である親族及び弁護人がそれぞれ意見を陳述できる。弁護人による意見陳述時の際、不起訴処分や勾留取消しを基礎付ける証拠を添付して勾留理由開示公判で顕出し、その写しを担当検察官に交付することも考えられる。

　被疑者は、勾留理由開示公判で、弁護人との十分な協議と調査を経て自らの意見を陳述することにより、公判に立ち会う弁護人の援助を得て能動的に意見を述べる機会を得る。他方、取調べは、あくまで捜査官が捜査機関の関心に基づいて供述を求める限度で、要求に応じるか否かを選択する受動的な態様に過ぎず、取調べに立ち会うことのできない弁護人の即時援助も得られない。

　勾留理由開示公判における被疑者本人の意見陳述は、被疑者にとって有利に働く事情や事実の伝達だけではなく、被疑者自身の不安を解消ないし軽減し、心情的な安定や安心を得る効果も期待できる。虚偽自白に陥った多くのえん罪被害者が、どれほど丁寧に事情を説明しても捜査官が自らの言い分に耳を貸さず、まったく受け容れられないことに絶望し、捜査機関の見立てに屈した経験を語る。自分の主張が真摯に受け止められていると実感すること、少なくとも頭ごなしに否定されず、主張がそのまま記録化されることは、被疑者が自らの言い分を主体的に述べる機会を得たとの精神的な安定につながり、その後の取調べに対し、自信をもって対処できることが期待される。

　捜査官の取調べに黙秘を貫きつつ、弁護人との慎重かつ十分な協議を前提に、被疑者が自らの主張を能動的に述べる場として勾留理由開示公判に

おける意見陳述の機会を利用することには相当の意義がある。

## 3 故意・共謀を否認する意見陳述を行い、不起訴に至った事例

　高齢者からだまし取ったキャッシュカードを使って預金を不正に引き出した詐欺・窃盗に関与したとして、永住資格を有する在日中国人男性が逮捕・勾留された。受け子・出し子を兼ねた実行者がATMで不正に引き出した現金（日本円）を受け取り、外国通貨建ての電子マネーに両替したうえで第三者に送金したとして、だまし取った（盗んだ）金の受取り、あるいは資金洗浄の役目を担ったと疑われたのである。特殊詐欺を首謀した犯罪組織とつながっているおそれがあるとして、包括的な接見等禁止処分も付された。筆者は当番弁護士として被疑者と接見し、後に被疑者国選弁護人に就いた。

　被疑者は日本国内で買い付けた高級腕時計や家電製品を中国に輸出する貿易会社を経営していた。同じく日本国内で貿易業を営み、過去に何度か、正当な商取引を行った相手である旧知の同胞から両替・送金の依頼を受けて応じたが、犯罪にかかわるような金銭とは知らなかったと述べて故意及び共謀を否認していた。警察官に話せばわかってくれるはず、と述べて取調べに応じようとする被疑者を説得し、黙秘を貫くよう助言した。19日間の勾留期間中に10回、通訳人とともに接見し、黙秘のメリット、供述のデメリットを丁寧に説明して、両替を依頼した相手との関係性など、被疑事実の中核となりうる部分について黙秘を維持させた。

　並行して、被疑者の妻に協力を求め、被疑者が両替・送金に用いた金融機関口座、電子マネーの取引履歴を入手した。両替を依頼した相手との過去の取引に関する資料の提供を受け、相手が実在すること、偽名や架空の連絡先を使っておらず、被疑者に本名や自宅住所を明かしていることを確認した。被疑者は、自ら説明したとおり適正なレートで両替しており、まったく手数料を天引きすることなく預かった現金の全額相当の電子マネーを、両替を依頼した相手が本名で保有するアカウントに宛てて送金し

110　実務編

ていた。被疑者に何ら利得がないことは、事情を知らないまま資金洗浄に利用された可能性を示唆するものだった。また、被疑者が大手家電量販店のフロア内、万引き防止用の監視カメラの真下で現金を受け取っていたことも判明した。犯罪性を帯びた現金の授受と認識していなかったことをうかがわせる事情として援用できると考えた。

　これらの事情及び入手した客観的な証拠をどうやって捜査機関に伝達し、不起訴処分とすべきことをアピールするか。検討のうえ、勾留理由開示公判における被疑者意見陳述、弁護人意見陳述を活用することとした。被疑者が取調べの際、捜査官に伝達するだけでは、弁護人が関与できず情報開示のコントロールができないことに加えて、警察、検察の裁量に委ねてしまうと、両替依頼者の探索等の適切な捜査が為されるか確証を持てなかったからである。

　勾留理由開示公判では、裁判官に対して事前に求釈明事項を送付し、被疑者が特殊詐欺の実行行為を担っておらず、犯罪組織との共謀やつながりをうかがわせる事情もないはずであることなどを指摘したうえで、罪証隠滅ないし逃亡を疑う相当な理由を基礎付ける具体的な事情及び証拠の開示を求めた（裁判官は弁護人の求釈明とある程度噛み合った書面を事前に用意し、証拠の存否等を含めてやや踏み込んだ説示を行った）。さらに、弁護人が複数回の聴取を重ねて聴き取った被疑者の説明のうち、取引履歴等の客観的な証拠によって裏付けが得られる中核部分のみを抽出・構成し、中国語と和訳を並行表記した被疑者本人名義の意見陳述書を事前に作成して、被疑者自身が公判で朗読・提出した。被疑者、弁護人双方の意見陳述書に被疑者の言い分を裏付ける取引履歴等の客観的資料を添付した。これらの意見陳述書は勾留理由開示公判調書に添付された。検察官は勾留理由開示公判に出席しなかったが、公判直後、弁護人が意見陳述書及び添付資料を検察官に参考資料として送付した。その後、検察官から弁護人を通じて、取引履歴に関する資料の補充・追完を求める連絡があり、被疑者と協議のうえ、一定程度の資料提出に応じた。

　勾留決定に対する準抗告、勾留延長決定に対する準抗告は、残念ながらいずれも棄却されたが、勾留期間満了時、被疑者は処分保留で釈放され

た。釈放の約３週間後、被疑者は嫌疑不十分で不起訴処分となった。検察官は、被疑者が勾留理由開示公判で述べた現金授受の経緯について警察に補充捜査を指示し、被疑者・弁護人が提出した資料とあわせて裏付けを得たことで起訴を見送ったようである。

## 4　黙秘する被疑者の勾留延長と勾留理由開示請求

　被疑者が取調べに対して黙秘すると、検察官は、被疑者取調べ未了を理由に挙げて被疑者勾留の延長を請求することが多い。被疑者が捜査機関の取調べに対し、いかなる質問にも包括的に黙秘する意思を明らかにして実際に黙秘権を行使している以上、取調べ受忍義務を容認するか否かにかかわらず、それ以上の取調べは本来許されない。捜査機関の望むような態様、内実の取調べが黙秘のために進んでいないとして身体拘束期間を延長するのは黙秘を実質的理由とする不利益処分に等しく、黙秘権を侵害する違法な公権力行使というべきである。被疑者勾留は、罪を犯した相当な嫌疑を前提に、住所不定、罪証を隠滅すると疑うに足りる相当な理由、あるいは逃亡または逃亡をすると疑うに足りる相当な理由のいずれかが現実的な可能性として認められる場合に限って許されるに過ぎない。取調べ機会の確保を理由とする勾留ないし勾留の延長は、正当な理由のない拘禁を禁ずる憲法34条に反するとの強い疑念を指摘できる。

　当初の被疑者勾留期間が満了に近づき、検察官が勾留延長請求を行おうとする時期に勾留理由の開示を請求し、黙秘による取調べ未了を実質的理由とする勾留延長請求を却下するよう、勾留裁判官に強く訴えかけることが必要である。検察官の勾留延長請求を漫然と認めるのは黙秘権を侵害する違法な拘束にあたると主張して強くけん制し、勾留延長の阻止、あるいは期間短縮を職権で判断させるよう求めるべきである。それでもなお裁判官が勾留延長を認めるなら、勾留延長決定に対する準抗告の申立てを行う。黙秘する被疑者に対し、捜査機関の取調べ機会を確保する目的で行う勾留延長が、身体拘束と供述を取引材料とする人質司法を助長する違法な黙秘権侵害にほかならないことを強く主張すべきである。

## 5 接見等禁止処分と勾留理由開示請求

　取調べに対して黙秘する場合や共犯とされる被疑者がいる場合、多くの事案で勾留に加えて接見等禁止処分が付される（2022年に勾留された被疑者・被告人のうち45.3%に接見等禁止処分が付された——日本弁護士連合会編著『弁護士白書［2023年版］』75頁）。被疑者は、弁護人以外との人的交流を強制的、包括的に遮断され、孤立に追い込まれる。親族や知人との必要不可欠の連絡や安否確認さえままならず、こうした状況が被疑者の精神的な不安定や不安を助長する。接見等禁止処分は本来、勾留のみによっては防止しえない高度の罪証隠滅ないし逃亡の危険がある場合に限り、必要最小限度で補充的に許されるに過ぎない強度の不利益処分である。弁護人以外の者との接見等を包括的に禁止し、弁護人、被疑者が個別に申し出た者に限って限定的に接見等禁止処分を解除する現行の実務運用は、勾留及び接見等禁止の本来の趣旨を逸脱した本末転倒の誤りを免れない。

　このような不当な不利益処分への対抗策として、勾留理由開示公判が公開の法廷で行われるのを利用することが考えられる。被疑者の親族が自ら開示請求者となって、あるいは、弁護人や被疑者が請求する勾留理由開示公判の場である公開の法廷に親族や知人を招くことによって、被疑者とその親族や知人はお互いの顔を直接見て安否を確認できる。直接会話を交わすことはできないが、被疑者自身の意見陳述や、請求者である親族らの意見陳述により、法廷を介してではあるが互いにメッセージを伝えることも可能である。このような工夫が被疑者の心情的安定や、親族・知人らとの信頼関係の維持をもたらす。勾留によるさまざまな不利益や捜査官の執拗な追及に屈服して虚偽の自白に追い込まれる危険の回避に役立つのはもちろん、捜査機関によって人的交流の一切を断たれ、孤立状態に陥れられた被疑者に、親族や知人の信頼やサポートを得ていることを実感できる場として活用できるのである。

## 6 長時間の過酷な取調べの遮断

　裁判員裁判対象事件、地検特捜部の独自捜査事件や、被疑者供述の証拠価値が重視される類型の事件(性犯罪や汚職など第三者の介在しない密室型の事件、殺人等の動機が重視される事件では顕著である)では、録画による取調べ監視がなされてもなお、取調べ自体が連日、長時間にわたるケースが多い。弁護人が頻回に長時間の接見を重ねても、被疑者が取調べで捜査官と対峙する時間を超えるのは困難であり、被疑者は長時間の執拗な追及に著しく疲弊する。勾留理由の開示を請求することにより、取調べに晒される時間を物理的に短縮することができる。勾留理由開示公判のある日は、ほぼ終日、捜査官による取調べの機会がなくなる。被疑者は一時的ではあれ、連日かつ長時間の執拗な追及から解放され、精神的な余裕を回復することができる。意見陳述の場で過酷な取調べの実態を訴え、勾留からの早期解放を求めることもできる。


## 7 勾留理由開示公判の調書は 速やかに謄写申請すべきである

　勾留理由開示公判について調書が作成される(刑訴法48条１項、刑訴規則86条)。ただし、被疑者が不起訴処分となった後、被疑者であった者、あるいは弁護人であった者による勾留理由開示調書の閲覧や謄写を認めるか否かについて、現行の裁判実務は消極である。刑訴法47条は、公判を開廷する前に訴訟に関する書類を公にしてはならない旨定めるが、裁判所は実務上、不起訴処分となった後は公判の開廷を観念できないとして、勾留理由開示調書を非公開とする解釈を示し、被疑者であった者、弁護人であった者の閲覧・謄写を拒絶する(被疑者国選弁護人の場合、不起訴処分によって弁護人の地位を失うことも影響すると思われる)。このような解釈が勾留理由開示公判の当事者である被疑者だった者、あるいは弁護人だった者に妥当するか否かについては、強い疑問がある。

　この点を措くとしても、特に本稿で示す方法で勾留理由開示請求を活用

する場合、勾留の具体的な理由はもちろん、意見陳述によって公判廷に顕
出した事情を記載した勾留理由開示調書の閲覧・謄写は重要である。勾留
理由開示公判の実施後、速やかに、遅くとも被疑者勾留期間が満了するま
での間に閲覧・謄写請求を行い、調書の入手に努めるべきである。

第2章
# 勾留理由開示を担当する裁判官は誰か？

戸舘圭之（とだて・よしゆき　弁護士）


## 1　問題の所在

　勾留理由開示は、期日において裁判官が勾留の理由を開示する手続である。刑訴法84条1項は「裁判長」が勾留の理由を告げなければならないと定めており、被疑者勾留の場合は刑訴法207条1項により「勾留の請求を受けた裁判官」が勾留の理由を開示することになる。勾留という裁判の理由の開示である以上、当該勾留状を発付した裁判官が勾留理由開示を担当するのが、事の性質上、自然のことであり、現実にも多くの裁判所においては、勾留状を発付した裁判官が勾留理由開示を行っている。

　ところが、実務上、勾留状を発付した裁判官ではない裁判官が勾留理由開示を担当する例があり、特に、一部の裁判所[1]では勾留理由開示を担当する裁判官を決める際に当該勾留状を発付した裁判官が誰であるかは無関係に機械的に配点をしている。つまり、たまたま勾留状を発付した裁判官が当たることもあるが、ほとんどの場合は、勾留状を発付していない別の裁判官が勾留理由開示を担当することになる。

　このように勾留状を発付していない裁判官が勾留理由開示を行うことがそもそも許されるのかが、勾留理由開示の趣旨、目的との関連で問題となる[2]。

---

**1**　筆者が知る限り一律にそのような取り扱いをしているのは東京地方裁判所刑事第14部（令状専門部）だけである。

**2**　勾留理由開示を担当する裁判官（裁判所）は誰かといった問題は、起訴後の場合や準抗告審で勾留状が発付された場合などを考えるとやや込み入った問題があるが、本書においては、実務的に最も問題となっているオーソドックスな被疑者勾留が行われた場合を念頭に検討を加える。その他の諸問題については新関雅夫＝佐々木史朗ほか『増補　令状基本問題（下）』（判例時報社、1996年）135頁〔木谷明〕、139頁〔新関雅夫〕などを参照されたい。

116　実務編

## 2 勾留状を発付していない裁判官が 勾留理由開示を担当することは許容されるのか？

　そもそも勾留理由開示は、憲法34条後段が保障する被疑者・被告人の権利として拘禁（勾留）の「正当な理由」を公開法廷で示さなければならない手続であり、その趣旨は、勾留の裁判の理由を公衆の面前で公開させることによって勾留の裁判の正当性を担保する点にある（これは「裁判には理由を附しなければならない」とする刑訴法44条の要請でもある）。

　そうであれば、勾留の理由の開示は、当該勾留の請求を受けて勾留質問を行い一件記録に照らして刑訴法60条１項各号の要件を吟味、検討した結果、勾留状を発付した裁判官が勾留の理由を開示するのが筋というべきである。文理上も被疑者勾留に関して刑訴法207条１項は「勾留の請求を受けた裁判官」とされていることからも明らかである。理論的にも、勾留理由開示において開示すべき勾留の理由について勾留状発付時点における勾留理由を開示すべきという立場（勾留状発付時説）に立つのであれば、勾留状を発付した裁判官しか勾留状を発付した理由は知りえないのであるから勾留理由開示も当然に当該裁判官が担当することになるはずである。現在の実務において、「通常は、勾留状を発付した裁判官自らが開示している（竹重誠夫・判タ296号272頁）」[3]とされているのも、勾留理由開示の趣旨を踏まえ、少なくとも、勾留状を発付した裁判官が勾留理由開示を担当することが「望ましい」という価値観を共有しているからである。

　それでは勾留状を発付していない裁判官が勾留理由を開示することは一切許されないのか。この点については、裁判所の一般的な見解は「勾留理由開示は刑訴法207条１項の『処分』に含まれ、同項の『勾留請求を受けた裁判官』とは、勾留請求のあった国法上の裁判所に所属する裁判官と解されるから（刑訴規則299条参照）、法律上、勾留状を発付した裁判官が所属する裁判所の裁判官であれば、勾留理由開示の権限を有することになる。実務

---

**3**　細谷泰暢「97　勾留理由を開示すべき裁判所」『令状に関する理論と実務Ⅰ』別冊判例タイムズ34号（2012年）216頁。

上も、勾留状を発付した裁判官が差し支える場合には、当該裁判所に所属する別の裁判官が、一件記録を検討して、勾留状に記載された勾留理由（刑訴法60条1項各号の記載）を踏まえて、勾留状を発付した裁判官が認定した勾留理由を合理的に忖度して開示している」[4]と言われており、勾留状を発付していない裁判官が勾留理由を開示することも法律上許容されていると考えられている。その根拠としては、憲法34条を含めて刑訴法は勾留理由の開示を行うべき主体について何ら規定していないこと、刑訴法207条1項所定の「勾留に関する処分」には同法82条以下の勾留理由開示に関するものも含まれるが、その処分に関し権限を有する主体としては「勾留の請求を受けた裁判官」であり、それは勾留請求のあった国法上の裁判所に所属する裁判官と解されていること等が挙げられる。

たしかに、勾留状を発付した裁判官が差し支える場合など物理的な不可能な場合などいくつかの場合を考慮すれば、勾留状を発付していない裁判官による勾留理由開示を絶対に許されないと考えることは実質的にも難しく、解釈論としても困難ではあり、一定の例外は認めざるをえない。しかし、原則は、あくまで勾留状を発付した裁判官による勾留理由開示でなければならず、例外的な場合は、制限的に考えなければならない。裁判実務においても、「ただ、勾留理由が何かは、勾留状を発付した裁判官が一番よく分かっているはずであり、その裁判官が開示するのが望ましいという理解から、事務分配により、第1次的には勾留状を発付した裁判官に分配すると定められていることが少なくない」[5]と原則は勾留状を発付した裁判官によって勾留理由開示が行われるべきとされている。

以上を踏まえれば、勾留状を発付していない裁判官が勾留理由開示をすることが認められる例外的な場合は、裁判官が病気などにより執務不能となり勾留理由開示の期日までには回復不能な場合など物理的に不可能な場合に限定されると考えるべきである。[6]

---

**4**　細谷・前掲注3論文216頁。

**5**　細谷・前掲注3論文216頁。

**6**　林欣寛「119　勾留理由を開示すべき裁判所」田中康郎監修『令状実務詳解［補訂版］』（立花書房、2023年）660頁は「そして、実際にも、勾留理由開示期日は、その請求があった日から5日以上を置くことができない（刑訴規則84条）として迅速な手続が要求されるところ、

勾留理由開示の趣旨、憲法上の位置付けに照らせば、勾留状を発付した裁判官が勾留理由開示を行わなければならないのが大原則である。例外的に勾留状を発付していない裁判官が勾留理由開示をすることも一定の場合には許容されうるが、例外的場合は極めて限定的に考えるべきであるとするのが現行法を前提とした場合の解釈論的帰結である。

## 3 東京地方裁判所刑事第14部における 機械的配点（事務分配）の適法性

　以上を前提に東京地方裁判所刑事第14部（令状専門部）における取り扱い、すなわち、勾留状を発付していない裁判官によって勾留理由開示期日を行うことは刑訴法上「許容されている」ことを根拠に裁判所内部の事務分配において機械的に担当裁判官を決定する運用についてどのように考えるべきか。

　この点については、上記の検討のとおり原則はあくまで勾留状を発付した裁判官による勾留理由開示が行われるべきであり、刑訴法上「許容されている」からといって、ほぼ一律に勾留状発付裁判官による理由の開示がなされない事務分配の定め方は、裁判所に事務分配上の一定の裁量が認められるとしても、憲法34条が勾留理由開示を被疑者・被告人の権利として保障している趣旨（勾留という人権制約を伴う裁判の理由を公開の法廷で開示させることにより、手続の適正を担保し、裁判の理由を開示して批判を受けることを通じて当初の勾留の裁判の審理を慎重ならしめる）に照らせば、許されないと言わざるをえない。

　勾留理由開示は当該勾留の裁判を担当した裁判官が行うことが原則であ

---

　勾留状を発付した裁判官が他に事務を抱えていることや、弁護人の都合等の関係上、勾留状を発付した裁判官以外の当該裁判所に所属する裁判官が、勾留理由開示手続をすることも見受けられる」と実務の例外的な取り扱いを説明するが、このような場合にまで拡張して例外を認めることは許されないというべきである。なお、この見解は刑事規則84条が請求から5日以内に期日を開かなければならないという迅速な手続が要求されることを理由に挙げているが、本書122頁で指摘したとおり、5日の期間制限の運用が例外規定の拡大解釈により極めてルーズに運用されていることを踏まえれば御都合主義的な解説と言わざるをえない。

り、例外的な場合は限定的に解されるべきであることは憲法上の要請と解すべきであり、全国的にも稀な東京地裁刑事第14部のかかる運用は事務分配という裁量の問題と考えたとしても憲法上許容されない。このような運用はただちに改められるべきである。[7]

## 4　勾留状を発付した裁判官が勾留理由開示を担当することの意義

　勾留状を発付した裁判官が勾留理由開示を担当することの実質的、実践的意義は、勾留を担当する裁判官に一定の緊張感を与えるという点にある。つまり、現状においては、勾留請求を受けた裁判官は一件記録を検討し、勾留質問において被疑者の話を聞いたうえで勾留状を発付するが、そこにおける具体的な作業は基本的には用意された書式にハンコを押印することで終わってしまう。実務上、被疑事実の要旨のほか刑訴法60条1項各号の要件のどれに該当するかだけが、記載されており要件該当性に関する具体的な理由は一切記載されていない。当然のことながら裁判官の頭の中では、一件記録に照らして、具体的な事実を認定したうえで要件該当性を吟味、検討しているはずであるが、その思考過程、判断過程は、勾留状発付の段階では一切外部には明らかにならない。

　勾留理由開示が請求され、勾留理由開示期日が開催されることにより、当該裁判官は、これらの勾留状発付の判断に至った思考過程、判断過程を言語化することが求められる。そして、それは公開の法廷で衆人環視の下に行われるのであり、裁判官にとっては一定の緊張感がある場であることは想像にかたくない（本書176頁水野コメント参照）。

　このように勾留理由開示が行われる可能性があるということを裁判官が意識することによって、ひるがえって勾留請求を審査する段階においても、「もし自分が勾留状を発付すれば、数日以内に公開の法廷で勾留の理

---

**7**　木谷明元裁判官によれば、かつては東京地方裁判所刑事第14部においても勾留状を発付した裁判官が勾留理由開示を担当していたが、ある時期から現在のような取扱いに改められたということである。本書150頁インタビュー参照。

120　実務編

由を開示することになるかもしれない」ということを意識せざるをえなく
なるという意味で裁判官の判断に対して一定の牽制をかける効果が期待で
きるかもしれない。そのためにも、やはり勾留状を発付した裁判官が勾留
理由開示を担当すべきであるし、例外は極めて限定的でなければならな
い。

## 5　弁護実践の課題

　実際に法廷に行ってみればわかるが、勾留理由開示期日であるにもかか
わらず勾留状を発付していない裁判官が法廷に現れて「理由」らしきものを
述べるのは、かなり滑稽な事態である。弁護人としては、法廷に勾留状を
発付していない裁判官が現れた場合、ただちに、手続が開始される前に法
廷に現れた裁判官に対して、勾留状を発付した裁判官が法廷に来ていない
理由を問い質し、しかるべき正当な理由がないのであれば、速やかに勾留
状を発付した裁判官を法廷に連れてくるよう申し入れるべきである。

　現実には、そのまま勾留理由開示期日が進行してしまうと思われるが、
弁護人としては、絶えず、面前にいる裁判官は、「勾留状を発付していな
い裁判官」であることを意識し、期日において強調する必要がある。そし
て、そこで示される「理由」らしきものが、いかなる実質的な内容があり、
勾留の判断の正当性を担保しているのかを求釈明や意見陳述を通じて追及
していくことが肝要である。

第3章
# 5日間の期間制限と大型連休、
# 年末年始の勾留理由開示の実施について


戸舘圭之（とだて・よしゆき　弁護士）


## 1　問題の所在

　刑訴規則84条は「勾留の理由の開示をすべき期日とその請求があつた日との間には、5日以上を置くことはできない。但し、やむを得ない事情があるときは、この限りでない」と定める。これは要するに、請求日と開示日の間に最大限4日以内しかおけないということである。言い換えれば、請求した日の翌日から（初日不参入）5日以内に勾留理由開示期日が開かれなければならない。

　しかし、実務上、たとえば、大型連休や年末年始の直前に勾留請求をした場合、5日以内に実施されることはなく、連休後に期日指定がされることが横行している。このような実務の運用は、刑訴規則84条を努力義務を定めたものと解するか、大型連休や年末年始の場合は、「やむを得ない事情」に当たるとの解釈を前提にしていることになるが、はたして、そのような解釈は正当であろうか。


## 2　刑訴規則84条の趣旨と解釈

　そもそも勾留理由開示は、勾留という裁判の理由を開示する手続であるから、本来であれば裁判と同時に理由が示されなければいけないということが出発点である。憲法34条後段はだからこそ「直ちに」「理由を示さなければならない」としているのである。そう考えた場合、勾留理由開示期日は、請求のあったときから可及的速やかに近接した時点で実施されなけれ


122　実務編

ばならないのは憲法34条から導かれる勾留理由開示制度の趣旨からの当然の帰結である。刑訴規則84条の「5日以上を置くことはできない」という制限[1]は、その観点から解釈されなければならず、この時間制限は努力義務などではなく憲法が要求する「基本的に絶対的条件」と解すべきである[2]。

したがって、勾留理由開示請求をした日の翌日から起算して5日以内に期日指定がされなければならず、例外としての「やむを得ない事情」は厳格に解さなければならない。「やむを得ない事情」として考えうる場合としては何らかの事情で5日以内に使用できる法廷が一つもない場合や担当できる裁判官が何らかの事情により全員差し支えの場合など物理的、人員的に不可能な場合に限られ[3]、毎年一定期間に必ず到来することが決まっている年末年始、ゴールデンウィークといった大型連休中であることは「やむを得ない事情」には当たらないというべきである。

## 3 裁判所見解の不当性

裁判所サイドからは、休日に法廷を開けて勾留理由開示期日を行うことは庁舎管理上、事務手続上困難であるという反論が予想されるが、逮捕状発付、勾留状発付などの令状実務は、大型連休中であろうと年末年始であろうと宿直、当番体制のもと、24時間体制で行われているのであるから、勾留理由開示期日を行うことも十分可能なはずである(あらかじめ勾留理由開示期日が行われることを予期して体制を組めばいいだけの話である)。

---

**1** 憲法34条後段が「直ちに」としている趣旨から考えれば現行刑訴規則の「5日間」という時間制限自体、憲法の要請を充たしているのかは本来議論がありうるところでもある。
**2** 「勾留理由開示の請求があった場合には、できるだけ速やかに開示をしなければならない。刑訴規八四条が『勾留の理由の開示をすべき期日とその請求があつた日との間には、五日以上を置くことはできない。』としているのは、その趣旨であり、この時間制限は基本的には絶対的条件である」。村井敏邦「刑訴法八十四条解説」小田中聡樹=大出良知=川崎英明編著『刑事弁護コンメンタール1 刑事訴訟法』(現代人文社、1998年)77頁。
**3** 「したがって、同条但書にある『やむを得ない事情』とは、開示請求が複数競合して定められた期日内で開示することが物理的・人員的に到底不可能な場合のように、よほど例外的な場合に限られる」。村井・前掲注2論文77頁。

## 4 年末年始に実施した実例もある

　そして、現実にも、年末年始中（1月3日）に勾留理由開示期日が実施された実例[4]は存在しており、裁判所がその気になれば可能であることを示している。

　弁護人としては、勾留理由開示の趣旨に照らして年末年始や大型連休中であっても5日以内に期日指定するよう求めていくことが肝要である[5]。

　その際には、実際に休日に庁舎を開けて勾留理由開示期日を実施した実例があることを強調するといいかもしれない。将来的には、本書の問題提起が広まり、勾留理由開示件数が増加することに伴い、裁判所においても休日に勾留理由開示期日を行うための実施体制の整備がなされることが期待される。

---

**4** 筆者の調べたところによれば、広島地方裁判所で2019年1月3日に勾留理由開示期日を実施した事例がある（粟井良祐弁護士が弁護人として担当した事案）。
**5** 沖縄弁護士会「勾留理由開示請求に対する那覇地方裁判所の違憲・違法が強く疑われる対応に対し抗議し再発の防止を求める会長声明」（2020年1月8日）参照。

124　実務編

第4章
# 勾留理由開示の公開により
# 生じうる問題とその対策

**津金貴康**（つがね・たかやす　弁護士）

## 1　はじめに

　勾留理由開示は「公開の法廷」でなされなければならない（憲法34条後段）。その意義は、公開法廷でその理由を示すべきことを要求することによって、不当な拘禁の防止をはかることにある。[1]

　「公開の法廷」でなされることは重要である一方で、公開に伴って種々の弊害も生じうる。そこで本稿では、勾留理由開示の公開により生じうる問題と、その対策について検討する。なお、以下は私見である。

## 2　勾留されているという事実や、
## 　　被疑事実が明るみに出てしまうこと

　逮捕も勾留も「罪を犯したことを疑うに足りる相当な理由」があれば行うことができる（刑訴法199条、60条）。逮捕・勾留は、罪を犯したかどうかを捜査するうえで必要なプロセスであり、罪を犯していない者を逮捕・勾留することを刑訴法は当然に予定している。そのため、逮捕・勾留は、本来的には不名誉なことではない。

　しかしながら、残念ながら日本においては、逮捕・勾留は、その人が実際に罪を犯したかのような印象を周囲に与えるものである。そのため、逮捕・勾留の事実はなるべく明るみにしたくないものであると思われる。

---

1　芦部信喜『憲法［第8版］』（岩波書店、2023年）269頁。

また、実際に罪を犯し逮捕・勾留された場合であっても、逮捕・勾留されたことそのものについての情報や、具体的な被疑事実の内容について拡散されることまでも許容されるわけではない。報道されていない事件であれば、逮捕・勾留された場合であっても、ごく親しい人以外には隠し通せることもあろう。

　勾留理由開示においては、氏名や住所、勾留されているという事実、そして被疑事実の具体的な内容が法廷で明らかにされる。傍聴人はこれらの情報を知ることができる。報道されていない事件の場合、勾留理由開示を行わなければ被疑事実や勾留されている事実が世に出ることはなかったのに、勾留理由開示を行うことでかえって世に出てしまうということがありうる。この点は、軽視できないと考える。[2]

## 3　勾留されているという事実や、被疑事実が明るみに出てしまうことへの対策

　結論から述べると、勾留されているという事実や、被疑事実が明るみに出てしまうことへの適切な対策は考えがたい。

　勾留理由開示を公開の法廷で行うことは憲法上の要請である（憲法34条後段）。

　また、実質的に見ても、第1項で述べたとおり、勾留理由開示が公開の法廷で行うべき理由は、公開法廷でその理由を示すべきことを要求することによって、不当な拘禁の防止をはかるというものである。そのため、勾留理由開示を非公開とすることは採用しえない。

　そうすると、ありうる方法としては、勾留の「理由」を開示する手続であることを前提に、勾留の「理由」ではない氏名等の個人情報は秘匿する方法

---

**2**　笹倉佳奈「刑事裁判の公開原則と被告人のプライバシーの権利」一橋法学6巻1号（2007年）296頁以下、同6巻2号（2007年）287頁以下は、ドイツにおける刑事裁判の公開原則をめぐる議論の展開を概観しながら、被告人のプライバシー権という観点から、日本における刑事裁判の公開原則を再検討するものである。同論文は、被告人の内密的なプライバシー権が害されることは、憲法82条2項の「公の秩序又は善良の風俗を害する虞がある」場合に該当し、裁判を公開しないという解釈も可能であると述べる。このような検討は非常に重要なものとなるものと考える。もっとも、勾留理由開示に関しては、後述のとおり、公開の法廷で行うことが憲法上の要請であるため、非公開とすることは採りえない。

126　実務編

が考えられる。勾留理由開示を公開の法廷で行う趣旨が、公開法廷でその理由を示すべきことを要求することによって、不当な拘禁の防止をはかることにあることを考えると、氏名等についても原則として公開した方がよいとも考えられる。しかしながら、少年の逆送事件は「公開法廷」（憲法82条1項）で行われているものの、氏名や住所は秘匿されており、特に支障は生じていないように思われる。また、一部の事件については、被害者やその親族の氏名及び住所等を法廷で明らかにしないことも可能とされている（刑訴法290条の2参照）。そのため、勾留理由開示において、氏名及び住所等の個人情報を秘匿することで、勾留されているという事実や被疑事実が明るみに出ることによるダメージは軽減できる可能性がある。ただし、このような措置はあくまで裁判所の裁量によるものとなっており、裁判所が多くの事例でこのような裁量を働かせるとは考えがたい。そのため、少なくとも現時点においては、依頼者に対して、氏名等が秘匿されるという期待を持たせることはできないものと考える。

　また、もしも依頼者が、「勾留の理由は知りたいが、傍聴人に姿を見られたくない」と述べた場合に、法廷と傍聴席との間に衝立を設けて遮蔽して姿を見えないようにすることが考えられる。少年の逆送事件ではこのような措置が採られるが、この場合でも「公開法廷」には反していないと考えられている。そのため、成人の勾留理由開示でも遮蔽を行う余地はあるはずである。しかしながら、後述のとおり、手錠・腰縄姿を晒させないための遮蔽措置に対してさえ、裁判所は警戒心を持ち応じない。そのため、勾留理由開示における遮蔽措置に対して裁判所が応じない可能性はおおいに高い。また、勾留理由開示を公開の法廷で行う趣旨が、公開法廷でその理由を示すことを要求することによって、不当な拘禁の防止をはかることであることを踏まえると、遮蔽措置を行った法廷で勾留理由開示を行うことはこの趣旨を没却していないかという問題もある。

　その他には、「やむを得ない事由によって出頭することができ」ないとして、依頼者が不在のまま勾留理由開示を行う余地はある（刑訴法83条3項）。もっとも、「やむを得ない事由」の例として病気が挙げられていることを踏まえると、傍聴人に姿を見られたくないという要望が「やむを得ない事由」

に該当するかは疑問である。また、先に述べた勾留理由開示を公開の法廷で行う趣旨からすれば、やはり本人が出頭すべきということになる。

　以上を踏まえると、氏名や被疑事実は勾留理由開示において明らかにならざるをえず、また依頼者も公開の法廷で立たざるをえない。このことを踏まえ、勾留理由開示のメリットとデメリットを依頼者に提示し、勾留理由開示に対する納得を得たうえで行うことが望ましいように考える。


## 4　少年の問題

　少年については、氏名や被疑事実、そして逮捕・勾留されていることの公表のデメリットが、成人より強くなる。

　すなわち、少年については「健全な育成を期」すものとされている（少年法1条）。このような観点から、少年については推知報道が禁止されている（少年法61条）。また、審判は非公開とされている（少年法22条2項）。そのため、逆送事件とならない限り、少年が逮捕・勾留されても、非公開のまま終わる。

　捜査段階では、少年は成人の被疑者と同様の扱いを受ける（少年法40条）。すなわち、勾留理由開示も公開の法廷で行われることになるものと思われる。そのため、勾留理由開示を行うことで、本来非公開のまま進められる少年の刑事手続が公開されることになり、不利益が生じないか、問題となる。

　しかしながら、先に述べた、「健全な育成を期」すという少年法の理念からすると、少年の勾留理由開示においては、逆送事件と同様に、裁判所が少年の氏名や住所を伏せることは期待できる。被疑事実については成人と同様に公開することになりうるが、少年のプライバシーはある程度守られるものと見込まれる。

　また、勾留理由開示が公開の法廷で行われる以上、少年の姿が傍聴人に晒されるという問題は存在する。しかしながら、逆送事件で少年と傍聴席との間の遮蔽措置がなされる例があることからすれば、勾留理由開示でも遮蔽措置を行う余地はあると考えられる。

128　実務編

そうすると、少年事件については、逆送事件と同様に氏名秘匿、遮蔽措置といった対策を取ることで、少年のプライバシーの問題はクリアされる可能性があるものと考えられる。


## 5　手錠・腰縄問題

刑事裁判において、勾留されている被告人は手錠・腰縄を付けられたまま法廷に連れてこられる。そして、裁判官や傍聴人の前で、手錠・腰縄を付けた姿を晒すことになる。

手錠・腰縄を付けた姿を晒されることは、無罪推定の権利に反するし[3]、人格権をも侵害する[4]。

手錠・腰縄を付けた姿を法廷で晒させないための方策としては、法廷の

---

**3**　国連人権理事会の恣意的拘禁作業部会は、カルロス・ゴーン氏に対する拘禁をめぐる申立てに対し、恣意的拘禁に該当する旨の意見を公表した（Opinion No. 59/2020 concerning Carlos Ghosn (Japan)）。その中では、「in the absence of an explanation from the Government as to why restraints were needed during Mr. Ghosn's court appearance, the Working Group finds that handcuffing and the use of a waist rope represented a further violation of his right to the presumption of innocence. Criminal defendants should not be presented to the court in a manner indicating that they may be dangerous criminals, as this also undermines the presumption of innocence（ゴーン氏が裁判所に出頭する際に拘束具が必要だった理由を日本政府が説明しないために、作業部会は、手錠と腰縄の使用が、無罪推定を受ける権利をさらに侵害したと認定する。刑事被告人は、無罪推定が損なわれることから、危険な犯罪者であるかのように示唆する方法で裁判所に出頭させられるべきではない。）」との言及がなされている（訳文は、和田恵弁護士のブログ「日本の刑事司法」の「カルロス・ゴーン氏の事件に関する国連人権理事会作業部会による意見（試訳）」〈https://megumiwada.blogspot.com/2020/11/blog-post.html?spref=tw（2024年12月27日最終閲覧）〉から引用した）。

　　なお、裁判員裁判においては、裁判員が被告人の手錠・腰縄姿を見ないよう、解錠及び施錠は裁判員が不在の場で行っている。このことも、手錠・腰縄姿が事実認定に影響を与えるためであると思われる。

**4**　最判平17・11・10民集59巻9号2428頁は、刑事事件の被告人について、法廷において手錠、腰縄により身体の拘束を受けている状態の容貌、姿態を描いたイラスト画を写真週刊誌に掲載して公表した行為について、被告人を侮辱し、被告人の名誉感情を侵害するものというべきであり、社会生活上受忍すべき限度を超えて、被上告人の人格的利益を侵害するものであり、不法行為法上違法と評価すべきであると判示した。

　　そして、大阪地判令1・5・27判タ1486号230頁は「個人の尊厳と人格価値の尊重を宣言し、個人の容貌等に関する人格的利益を保障している憲法13条の趣旨に照らし、身柄拘束を受けている被告人は、〈中略〉手錠等を施された姿をみだりに公衆にさらされないとの正当な利益ないし期待を有しており、かかる利益ないし期待についても人格的利益として法的な保護に値するものと解することが相当である」と判示した。

出入口に衝立を用意して施錠・解錠を衝立の中で行う方法のほか、解錠後に傍聴人を入廷させ、傍聴人を退廷させた後に施錠する方法など、さまざまな方法がある。公判期日において、弁護人が裁判所に対し手錠・腰縄姿を晒させないように申入れをしたときに、ほとんどの場合は裁判所は何らの対応も取らないが、裁判所はごく稀に対応することもあるので、積極的な申入れが必要になると考えられる。[5]

　勾留理由開示においても、被疑者・被告人は手錠・腰縄を付けられた姿のまま公判廷に連れてこられる。そのため、手錠・腰縄を付けられた姿を、裁判官や傍聴人に見られてしまう。不起訴や略式手続で終わる事件の場合には、勾留理由開示を行わなければ手錠・腰縄を付けられた姿を衆目に晒すことはないため、手錠・腰縄を付けられた姿をあえて衆目に晒してよいのかという葛藤が生じうる。

　この点については、根本的な解決とはならないが、やはり弁護人は粘り強く手錠・腰縄を付けられた姿を晒させないための申入れを継続していく必要があろう。

　なお、筆者の経験では、これまで公判を含めて10回以上手錠・腰縄姿を晒させないための申入れを行ったが、公判においては、何ら配慮されないか、配慮されたとしても親族の入退廷の時間をずらすという程度にとどまることが多いのに対して、勾留理由開示においては、裁判官によって、より柔軟な対応がなされることが多い。勾留理由開示においても、残念ながら、何らの対応もされなかったこともしばしばあったが、民事部の若手裁判官が出入口付近に衝立を設け、その衝立のところで解錠したうえで被疑者を法廷内に入れたり、あるいは簡易裁判所裁判官が傍聴人を退廷させたうえで被疑者を法廷に入れ、解錠し、その後傍聴人を法廷に入れ、期日後は傍聴人を退廷させたうえで被疑者に施錠したことがあった。手錠・腰縄

---

**5**　平成5年7月19日付で最高裁判所事務総局刑事局長及び家庭局長が連名で高等裁判所長官、地方裁判所長及び家庭裁判所長にあてた書簡では、手錠・腰縄に関し「特に戒具を施された被告人の姿を傍聴人の目に触れさせることは避けるべきであるという事情が認められる場合には」手錠・腰縄を付けた姿を晒させないように対策することが相当であると記載されている。弁護人が申入れをした際に、裁判所が「本件で配慮すべき特別な事情がない」と回答することが多いが、この書簡に沿って運用しているためだと考えられる。

130　実務編

姿に慣れきった刑事部の裁判官よりも、そうではない裁判官の方が、手錠・腰縄姿に対して違和感を持ち、対応をするということなのかもしれない。勾留理由開示において手錠・腰縄姿を晒させない実践を積み重ねることが、手錠・腰縄姿に対する裁判所の意識を変える突破口になるようにも思われる[6][7]。

## 6 結論

勾留理由開示が公開の法廷でなされなければならないことは、被疑者・被告人にとって必ずしもメリットばかりではない。プライバシー侵害や、手錠・腰縄姿を晒すというデメリットも存在する。そして、これらに対する適切な対抗手段も考えがたい。

このような問題点が存在することは無視できないものの、それでもなお、勾留理由開示には本書で述べるメリットがある。

また、ここまで述べた懸念は、身体拘束に対する社会の理解不足に起因するところも大きい。このような社会の問題のために、採るべき手続を怠った場合には、いつまでも刑事司法が改善しないということになる。

目の前の依頼者のためにも、また刑事司法の改善のためにも、手錠・腰縄姿を晒させないように申し入れるなど、できる対策を行いながら、勾留理由開示にも積極的に取り組むべきであるものと思料する。

---

**6** 傍聴人を退廷させたうえで被疑者・被告人を入廷させて解錠させる方式は、裁判官は被疑者・被告人の手錠・腰縄姿を見ることになる。そのため、筆者は、裁判官の事実認定に影響を与えるのではないかという懸念を抱いており、手錠・腰縄に対する対応策として十分であるとは考えていない。しかしながら、手錠・腰縄姿を衆目に晒す現状に比べると、上記方式は遥かに改善されたものであるといえ、まずは上記方式を最低限のものにすべきであると考える。2024年10月4日に開催された日本弁護士連合会人権擁護大会において「刑事法廷内における入退廷時に被疑者・被告人に対して手錠・腰縄を使用しないことを求める決議」がなされた〈https://www.nichibenren.or.jp/library/pdf/document/civil_liberties/2024/2024_2.pdf（2024年12月27日最終閲覧）〉。手錠・腰縄の使用の問題点がまとめられており、参考になる。
**7** 2024年10月4日に開催された日本弁護士連合会人権擁護大会において「刑事法廷内における入退廷時に被疑者・被告人に対して手錠・腰縄を使用しないことを求める決議」がなされた〈https://www.nichibenren.or.jp/library/pdf/document/civil_liberties/2024/2024_2.pdf（2024年12月27日最終閲覧）〉。手錠・腰縄の使用の問題点がまとめられており、参考になる。

第5章
# 勾留理由開示に回数制限はあるのか？

## 津金貴康（つがね・たかやす　弁護士）


## 1　判例

　最決昭28・7・15刑集7巻10号1938頁は、「刑訴八六条［筆者注：裁判所
ホームページより引用］の規定の趣旨に徴すれば、既に一度勾留理由の開
示がなされたときはその同一勾留の継続中は重ねて勾留理由の開示を請求
することを許さないものと解すべきものである」と判示した。

　また、最決昭29・8・5刑集8巻8号1237頁は、「勾留理由開示の請求
は、同一勾留については勾留の開始せられた当該裁判所において一回に限
り許されるものと解すべきである」と判示した。

　加えて、最決平26・1・21判タ1401号172頁は、上記昭和29年最決を参
照しつつ、「本件のように、第1審で被告人の勾留が開始された後、勾留
のまま第1審裁判所が被告人に対して実刑判決を言い渡し、その後、被告
人の控訴により訴訟記録が控訴裁判所に到達している場合には、第1審裁
判所に対するものであっても勾留理由開示の請求をすることは許され」な
い旨判示した。

　このように、判例上は、勾留理由開示請求は1回のみ認められるものと
されており、かつ、その請求は、勾留が開始された裁判所に事件が係属し
ている間にしなければならないものとされている。判例がこのような判断
を行っている理由は、判決文上は明らかにされていないが、勾留理由開示
制度の性格について、勾留状発付当時における勾留理由を告知する手続と
解する実務の通説的見解に立っているためであると思われる。[1]

---

1　判例タイムズ1401号172頁以下に掲載されている上記平成26年最決の解説では、「勾留理

132　実務編

## 2 判例に対する反論

しかしながら、判例の考え方は、論理必然的に導かれるものではない。勾留理由開示の請求には回数制限がないという考え方も十分に説得的である。

すなわち、渕野論文が指摘するとおり、「要求されるべき勾留の理由および必要性の程度は、勾留期間中、常時、存在しなければならない。そして、実際にも、捜査の進展及び証拠の収集状況に応じて、嫌疑の程度も、逃亡及び罪証隠滅の危険度も刻々と変化していくから、本来、勾留されている被疑者・被告人に対する勾留要件の充足状態が継続しているかどうかは、常時、モニタリングされていなければならないはずである」。「勾留要件が常時存在していることは、憲法上の要求であるから、それを担保するための勾留理由開示も、また、憲法上の要件を満たす制度でなければならない。したがって、開示すべき理由は、論理必然的に、理由開示時点での理由でなければならない」。「勾留要件充足について不断にチェックするという憲法の要求を最低限満たすためには、勾留理由開示は、被疑者・被告人が請求する都度、行われなければならない」。以上の渕野論文の指摘を踏まえれば、勾留理由開示の請求には回数制限はないということである。

また、斎藤論文も指摘するとおり、「勾留理由開示は不当な拘禁からの救済を目的とする制度の一プロセスと位置付けられていた（勾留の公正性の担保や不当拘禁からの救済という勾留の異議申立て制度の趣旨自体は維持されていること）と理解することも可能であること」を重視すれば、不当な拘禁からの救済のためには開示請求時点での理由の開示が求められることとなり、その都度勾留理由開示請求が認められるべきである、つまり、勾留理由開示請求の回数は制限されないという帰結になる。

---

由開示制度の性格について、勾留状発付当時における勾留理由を告知する手続と解する実務の通説的見解に立ちつつ、勾留を開始した裁判所が当該被告事件について判決を言い渡すなどして勾留の正当性が明確になった後は、最早勾留状発付当時における勾留理由を明らかにする必要性が欠けるなどと解すれば、前者の見解［筆者注：上記昭和29年最決等の判例が、理由開示請求の時期についても、被告事件が当該審級に係属している間に限るという趣旨まで含むという見解］を導き得るように思われる」と述べる。

ただし、上記の渕野論文及び斎藤論文の指摘を踏まえると、不当な拘禁からの救済のために、理由開示時点での勾留要件の充足を確認する権利が認められることになるから、勾留の状況が何ら変わっていないにもかかわらず、毎日勾留理由開示請求を行うなど、濫用的な勾留理由開示請求までも許容されるわけではない。そのため、たとえば起訴前勾留から起訴後勾留に切り替わった段階や、勾留の更新時など、勾留そのものが変わった段階や、証拠意見の提出等、公判が進行した段階ごとに、勾留理由開示請求が認められるべきであるということになろう。

# 第6章
# 勾留理由開示期日における
# 裁判官の対応が不当だった場合

戸舘圭之(とだて・よしゆき　弁護士)

## 1　問題の所在

　裁判官が勾留理由開示期日において弁護人の求釈明にも十分に答えず、十分な勾留理由開示をしないことはしばしば生じる事態である。とりわけ、東京地裁刑事第14部にみられるような勾留状を発付していない裁判官が勾留理由開示を担当する場合は、そもそも勾留状発付時点における勾留理由はわからないのだからまともな勾留理由を開示することは不可能なはずである。そのような場合、弁護人としてどのような対応をとることができるか。

## 2　忌避申立て

　まずは「不公正な裁判をする虞」があることを理由に忌避申立て(刑訴法21条1項)をすることが考えられる。忌避申立て却下裁判に対しては準抗告が可能であり、準抗告が棄却された場合は特別抗告ができる。

## 3　抗告申立て

　勾留理由開示を裁判と捉えて抗告をすることも考えられる。近時の判例は、勾留理由開示に対して刑訴法433条1項に基づき特別抗告した事例において勾留理由開示は同条項の「決定又は命令」に当たらないと否定しているが(最決令5・5・8判時2580＝2581号232頁、判タ1514号37頁)、理論的に

は「裁判」と捉えることも十分可能である[1][2]。

## 4　再度の勾留理由開示請求

　さらには、不十分な理由の開示では、そもそも憲法34条後段が要求する勾留理由開示がなされたとはいえない、当初の勾留理由開示期日は不存在（無効）であるとして、再度の勾留理由開示請求をすることが考えられる。実務的には、刑訴法86条に基づいて却下されることになるが、却下の裁判に対して準抗告を行うことにより争うことが可能である（準抗告が棄却された場合は特別抗告も可能）。

## 5　その他

　また、勾留の裁判に対する準抗告、勾留取消請求、勾留期間延長請求に対する意見を述べるにあたって勾留理由開示において示された理由が理由たりえていないことを勾留の理由、勾留の必要性の喪失を基礎付ける一事情として主張することも可能である。

　以上、法的に取りうる対応について述べたが、なにより大切なのは勾留理由開示期日において法廷でしっかり裁判官の対応が不当であることを声に出して訴えるということである。公開の法廷で傍聴人がいる中で「みなさん、いまの裁判官の勾留理由開示はおかしいと思いませんか？」と訴えかけるように裁判官の対応が不当であることを述べるのである。それは、理由開示の際の求釈明を通じて行うことも可能であるし、弁護人の意見陳述で述べてもいい。

---

1　本最決の評釈として中島宏「勾留理由開示に対する特別抗告の可否」令和5年度重要判例解説（2024年）162頁。
2　勾留理由開示手続は、勾留の裁判における「理由」（刑訴法44条）を補完ないし完成させるものとみれば勾留の裁判の一部とみることも理論的に可能なようにも思われる。とりわけ、現状の勾留状には勾留の理由は刑訴法60条1項各号該当性のみが記載され実質的な勾留の理由、必要性の記載は一切なされていないことに鑑みれば、このことはより一層妥当するはずである。

136　実務編

# 第7章
# 勾留理由開示調書の
# 閲覧・謄写権は認められるか

### 水谷恭史（みずたに・きょうじ　弁護士）

## 1　被疑者勾留期間中の閲覧・謄写申請

　裁判官が勾留理由開示期日で述べた勾留の理由、理由開示を請求した者の求釈明に対する裁判官の回答、期日に出頭した検察官、被疑者・被告人、弁護人、その他の理由開示請求者が期日で述べた意見陳述は、書記官が作成し、裁判官が認印する勾留理由開示調書に記載される（刑訴法84条、刑訴規則86条）。当事者が勾留理由開示期日に提出した意見陳述書は調書に添付される。被疑者・被告人及び弁護人は勾留理由開示調書を閲覧・謄写することができるか。とりわけ、被疑者段階で勾留理由開示を行い、その後に不起訴処分あるいは処分保留により、被疑者が釈放された場合に問題となる。

　刑事訴訟に関する書類は、公判の開廷前は非公開である（刑訴法47条本文）。他方、弁護人は公訴が提起された後、裁判所が保有する訴訟に関する書類及び証拠物を閲覧・謄写することができる（刑訴法40条１項）。したがって、弁護人は、起訴された後、公判が行われる前の訴訟書類非公開の段階でも、被疑者・被告人の身体拘束に関連する、訴訟記録を閲覧・謄写することができる。起訴された後に引き続き勾留された場合、被告人を勾留する理由を明らかにするよう求めた勾留理由開示であれば、期日後、弁護人が勾留理由開示調書を閲覧・謄写できることには疑問の余地がない。

　では、被疑者段階で行った勾留理由開示の期日調書を、被疑者の処分が決まる前、あるいは不起訴処分後や、処分保留によって釈放された後に閲覧・謄写することができるか。刑訴法40条１項の反対解釈として、弁護人であっても起訴前には訴訟に関する書類を閲覧・謄写することができない

ようにも解しうる。現に、弁護人が被疑者段階で勾留あるいは勾留延長決定に対する準抗告や勾留取消請求を申し立てた際、検察官が裁判官の求めに応じて提出する意見書や疎明資料は、起訴前の段階では被疑者、弁護人の閲覧・謄写が認められない。被疑者段階の勾留理由開示期日に臨んだ裁判官が、より具体的な勾留の理由開示を求める弁護人の求釈明に対し、捜査上の秘密を理由に具体的な証拠の存否、内容や証拠構造等の説明を拒む際、刑訴法40条1項及び47条を念頭においていることも想定される。

　弁護人に対し、被疑者段階で実施した勾留理由開示調書の閲覧・謄写を起訴前に認めるか否かは実務上、統一的な運用が為されているとはいいがたい。各地の裁判所で複数回の勾留理由開示請求の経験がある本書執筆陣の中でも、被疑者段階で調書の謄写請求をして問題なく取得できたケース、起訴前であることを理由に書記官が閲覧・謄写を拒んだケースのいずれも見られる。ただし、実務上、起訴・不起訴の処分前で被疑者が勾留されている段階で申請した場合は、弁護人に勾留理由開示調書の閲覧・謄写を認める運用が一般的といえそうである。謄写申請の後、被疑者が処分保留あるいは不起訴処分によって釈放された後であっても、弁護人は謄写を申請した書類を受け取ることができる。被疑者国選弁護人は被疑者が釈放された段階で弁護人の地位を失うが、謄写を申請した時点で弁護人だった者であれば、勾留理由開示調書の謄写記録を受領できる。

## 2　被疑者段階の閲覧・謄写申請を認める実務運用

　最二決平17・10・24刑集59巻8号1442頁は、弁護人が起訴前に行った勾留理由開示について、起訴後、第1回公判前に期日調書の謄写を請求したところ、開示手続を行った簡裁判事が不許可処分をしたことに対する弁護人の勾留に関する準抗告（刑訴法429条1項2号）を不適法として却下した事案の特別抗告事件である。最高裁は、裁判官による期日調書の謄写不許可処分は勾留に関する裁判ではなく、刑訴法40条1項に準じて行った訴訟関係書類の謄写に関する処分との判断を示した。したがって、勾留に関する処分に対する準抗告を申し立てることはできず、刑訴法309条2項に基づ

く異議申立てを行うことができるにとどまるとして不適法却下の判断自体
は維持した。本決定に関する調査官解説（判例タイムズ1195号125頁）は、最
高裁が勾留理由開示調書の謄写不許可処分に対する不服申立ての方法とし
て、刑訴法309条２項の「準用」ではなく本来の適用を意味する「により」と
表現したことについて、勾留理由開示手続をした裁判官が受訴裁判所に代
わって謄写不許可処分を行ったとみた、あるいは公開の法廷で行われる勾
留理由開示手続を公判手続に準ずる独立した手続と解したことを示唆す
る。同解説は、本案が不起訴になった場合やいまだ起訴に至っていない場
合に期日調書の謄写を許可すべきか否か、謄写不許可処分に対する異議申
立てが棄却されたら、さらに不服を申し立てることができるか否かについ
て「今後、解決されるべき問題として残っている」と述べ、明確な根拠規定
や公定解釈が存在しないことを示している。

　法令解釈の疑義照会に対する昭和34年２月３日付法務省刑事局長回答
（刑二第12号）は、弁護人が起訴前の勾留理由開示記録の閲覧・謄写を申請
した場合の取扱いについて、「弁護人は、起訴前においては、当然には閲
覧、謄写の権利はないものと解」するとしつつ、「開示記録の主なものは調
書であり、その内容は既に公開の法廷で行われた手続である」として、「弁
護人としてこれを閲覧謄写することが、手続上被疑者の弁護のために必要
であると認められるときは、これを許してもさしつかえない」と述べる。
弁護人による権利行使としての起訴前の閲覧・謄写を否定して謄写の許否
を事実上、裁判官の裁量に委ねたうえで、原則として閲覧・謄写を認める
趣旨のように解される。


## 3　制約のない閲覧・謄写を認めるべきである

　勾留理由開示は公開の法廷で行わなければならない（憲法34条第２文、刑
訴法83条１項）。未決勾留は、無罪推定に基づき、原則として不拘束である
べき被疑者・被告人の人身及び行動の自由を著しく制約する強度の不利益
処分であり、その正当性を検証するための権力監視手続として公開の法廷
で行うことが憲法上要請される。勾留理由開示期日で為されたか公判期日

で開示されたかを問わず、期日調書の記載は実際上、何人も傍聴できる公開の法廷ですでに明らかとなった事実、陳述された事実に基づいており、その当否は措くとしても捜査上の秘密保持の要請は働かない（前掲の調査官解説及び法務省刑事局長回答も同旨を示唆する）。公開の法廷で行うほか、勾留理由開示手続が当事者（検察官・被疑者・被告人、弁護人）の出頭機会を保障する対審的手続であることなど、公判期日に準ずる性格を帯びていることも考慮すれば、起訴前であるか起訴後であるか、第1回公判の開廷前であるか否かなど手続の進捗を問わず、弁護人による期日調書の閲覧・謄写権を制約なく認めるべきである。

　裁判官が勾留理由開示期日で述べた勾留の理由は本来、罪証隠滅をすると疑うに足りる相当な理由、逃亡すると疑うに足りる相当な理由の存否やその現実的な可能性の程度、具体的な根拠ないし理由の存否等を明らかにするものである。後の勾留決定・勾留延長決定に対する準抗告や勾留取消請求における攻撃・防御の対象であり、保釈請求を準備するうえでも必要な情報である。被疑者・被告人の勾留理由開示期日における意見陳述は、勾留に対する準抗告、取消請求等の不服申立てに用いる疎明資料、あるいは後の公判における証拠として活用することがありうる。これらの実際上の要請からも制約のない閲覧・謄写権が認められてしかるべきである。

　なお、国選弁護人だった者が被疑者段階で勾留理由開示手続を行い、処分保留によって被疑者が釈放された後、あるいは不起訴処分を受けた後、すなわち、国選弁護人としての地位を失った後に期日調書の閲覧・謄写を請求した場合は異なる問題が生じる。刑訴法40条1項の定める公訴提起の前後、あるいは刑訴法47条の定める公判開廷の前後という手続進捗の問題ではなく、閲覧・謄写を請求する地位・資格の存否である。弁護士であっても、弁護人の地位を失った後、刑訴法40条1項に基づいて訴訟書類を閲覧・謄写できると解するのは相当困難である。被疑者国選弁護人として起訴前の段階で勾留理由開示手続を行った場合は、起訴・不起訴の処分が為される前、つまり弁護人の地位を有する間に少なくとも期日調書の閲覧・謄写請求を行っておくべきである。

140　実務編

コラム③

## 勾留理由開示は手間がかかるのか？　準備は大変なのか？

　研究者が行った札幌弁護士会に所属する刑事事件を取り扱う弁護士313人に質問したアンケート調査[1]の中で勾留理由開示の現状を示す意見として以下のような弁護士のコメントが引用されている。

　「勾留理由開示は、これまで2回、請求したことがあります。最後に請求してから10年以上経つと思いますので、かなり長い間請求していないことになります。その理由は、準備の大変さに比べて、得られるものが少なすぎるからです。請求をしますと、裁判所からは事前に質問事項を書面で出せ、と言われます。請求から5日以内に公判を開く必要が関係上、公判日程の調整もタイトですし、準備にも時間がかかります。〈後略〉」

　このような話は、よく聞く話ではあるが、はたして、本当に勾留理由開示の準備は大変なんだろうか。裁判所への行くことの手間については論外として、おそらく事前の求釈明事項（質問事項）や意見書の準備に時間がかかると思われているのかもしれない。しかし、本書でも示しているとおり、勾留理由開示の事前準備は基本的に不要である。求釈明事項については、事前に提出を求められたとしても義務ではないし、あえて出すとすれば本書の書式に示されているものをそのまま出せば問題ない。そもそも、求釈明が必要になるのは、勾留理由開示期日において裁判官が開示した理由に不足がある場合なのであるから事前に求釈明をすること

---

1　石田真紀子「勾留理由開示制度の研究」北海学園大学博士学位論文（2024年）〈http://hokuga.hgu.jp/dspace/handle/123456789/4852（2025年2月10日最終閲覧）〉。

自体、本来おかしい話である。また、意見書についても、勾留理由開示期日における裁判官の勾留理由開示を踏まえて意見をすべきものであるから、本来的に事前に提出する必要はないものである。

　そう考えれば、勾留理由開示をするにあたっての特別の事前準備はほとんど不要であるし、勾留の裁判に対する準抗告申立ての準備を妨げるほどの事情にはなりえない。

　実際、私は、これまで相当数の勾留理由開示を実践してきているが、事前準備は、ほとんどまったくしていない。求釈明も意見陳述もアドリブで問題なくこなせている。

　従前の弁護士たちが勾留理由開示を敬遠する理由の一つに「準備が大変」「手間がかかる」ということがもしあるのであれば、それはおおいなる誤解であり、もっと、気楽に（カジュアルに）勾留理由開示請求をしていただきたいと切に願う次第である。

戸舘圭之

## インタビュー編

# 元裁判官、元検察官に聞く 起訴前勾留の実務

勾留理由開示を主宰、実施するのは裁判官である。裁判官は、勾留理由開示をどのように見ているのか、勾留状発付にあたって令状審査はどのように行われているのか、一般に語られることは案外少ない。インタビュー編では木谷明元裁判官による昭和30年代後半の判事補時代に東京地裁刑事第14部（令状専門部）で実際に勾留理由開示を担当した経験談や令状審査にまつわる興味深いエピソードを紹介する。水野智幸元裁判官からは、現状、裁判官は勾留理由開示制度をどのように見ているのか、刑事裁判官としての豊富な経験に基づいて令状実務の在り方、今後の課題について語っていただいた。元検察官の市川寛弁護士からは、勾留請求にあたって検察官は何を考えているのか、令状請求にまつわる警察と検察の関係など検察官の経験を踏まえた非常に興味深い経験談を披露していただいた。

第1章
# 勾留理由開示制度は、
# なぜ機能不全に陥ったのか
## ──木谷明元裁判官に聞く

## 1 60年前の東京地裁刑事第14部

**戸舘** 勾留理由開示ですが、実施の件数が少なく、年間に500〜600件程度しか行われていないのが現状です。何とか実務的にも勾留理由開示を本来の法の趣旨、憲法が定めているあり方に即して機能できないか、それが今の人質司法と評されている身体拘束の現状を打破するひとつのきっかけになりうるのではないかと考えています。

　勾留理由開示を考えるうえで、裁判所の問題が非常に大きなウェイトを占めていると思い、木谷先生にお越しいただきました。勾留理由開示の問題に限りませんが、裁判官によって対応がまちまちなところはあります。

　木谷先生が、裁判官時代に東京地裁の令状部である刑事第14部に在籍していたというお話をうかがっています。また、そのときの経験も踏まえ、『令状基本問題』などにも勾留理由開示に関する論考を出されています。制度的な問題と、裁判官のあり方、そもそもこういう逮捕・勾留、保釈も含めてですけど、身体拘束に関わる改善の方策がどのあたりにあるのかということを、おうかがいできればと思っています。まず、勾留理由開示に限らず、いわゆる令状審査、令状事務には、いつ頃どのような範囲で関わられていたのでしょうか。

**木谷** 大昔です。私が裁判官に任官したその年、1963（昭和38）年ですね。その年の4月から10月まで、東京地裁の刑事第14部に籍を置きまして、裁判官として右も左もわからない駆け出し時代に半年間、勾留事件専門で仕事をしました。令状事務に関与したのはそのときが一番多くて、そのあとは、一般の刑事事件をやりながら、ときどき令状当番をやるとか、準抗告（高裁では抗告）をやるとか、その程度の関与の仕方になってしま

144　インタビュー編

いました。新任判事補のときですから、ともかくまだ、本当によくわからないのですが、部総括の熊谷弘さんが大変おおらかな方で、まったくと言っていいほど指導も教育もされない。「君たち思ったとおりにやりなさい」と言ってくれました。そのときに、私と、最近亡くなった袴田事件の熊本典道君、それともう1人、小川英明君という、同期の3人が一緒でした。熊本君が一番人権感覚が鋭くて、勾留請求の却下率も高かった。彼は3割打者でしたね。僕もずいぶん頑張ったつもりですけど、せいぜい2割打者で、とても熊本君の敵ではなかったという記憶があります。しかし、却下すると、ほとんど例外なく検事に準抗告され、準抗告されるとたいてい破られちゃうんです。破られない場合もありますけど、たいていは破られちゃう。それで、あまり準抗告が多くて大変だということで、これはもう新任判事補を刑事第14部に置くのはちょっと合議部のほうがたまらんということで、翌年の16期の人からは刑事第14部配置がなくなりまして、彼らは、刑事第14部の修行をしないですみました。その頃、私は1件だけ勾留理由開示を経験したことがあります。

**戸舘**　今のお話からすると、先生の頃で、16期で変わるまでは、新任判事補は令状部に配置するということが多かったのでしょうか。

**木谷**　以前からずっとそうだったかどうかはわからないのですが、私たちのときには、ともかくそうなっちゃったんです。後で聞くと、新任判事補はあまり使い物にならないから、という理由で合議部が嫌がったのだそうです。だから、ともかく刑事第14部で修業してこいと追いやられた感じですね。当時、所長代行は岸盛一さんなんですけど、岸さんから刑事第14部配属を宣告されました。16期の新任は刑事第14部専属を免れたから、結局15期だけ特別だったみたいです。

**戸舘**　刑事第14部には、他にも裁判官がいたということですが、どんな方がいらっしゃったのですか。

**木谷**　熊谷弘さんのほかに、櫛淵理さんや福島重雄さんなど、後に有名になった特色のある先輩がおられました。櫛淵さんは、後に三島由紀夫事件の裁判長として有名になりましたし、福島さんは、後ほど札幌で私も合議体を組み、ナイキ基地訴訟や平賀書簡問題で一緒に闘うことになったの

ですが、刑事第14部の段階では多少接触があった程度です。あともう1人、西村法さんという方がおられまして、この方は刑事局の課長などを経験された、とても有名な方ですが、当時は体調を崩しておられ、当時、刑事第14部で保釈などを担当しておられました。

**戸籍** もともと刑事第14部は昔から令状専門の部署だったのでしょうかね。

**木谷** 僕は刑事第14部の歴史をよく知りませんが、東京の場合はかなり昔から専門部があったんじゃないですか。

**戸籍** 当時は、通常のいろいろな令状が回ってきたと思うのですが、どんな事件が多かった感じですか。

**木谷** 僕らが担当したのは勾留請求事件だけでした。保釈については、「お前たちはまだ公判の経験がないから任せられない」ということで、先の西村さんなど先輩裁判官がやっていました。逮捕状や捜索差押令状は簡裁へ行くので、結局僕らの担当は勾留請求だけです。

**戸籍** 担当するうえでは、何か学習会や研究会はあったのでしょうか。

**木谷** 何にもありません。いきなりその日から、「勾留質問をやれ」と言われて、オタオタしながらやりました。

**戸籍** じゃあ、何か参照された文献はありましたか。

**木谷** 当時はたいした文献もなかったんですよね。出版社もよく覚えていませんが、『逮捕勾留保釈』という本が1冊ありまして、そういった書籍を参考にしながらやりました。ただ、今みたいに文献があふれている状況と違いますから、そうたいして勉強もしませんでした。

**戸籍** ちょっと話は飛ぶかもしれませんが、却下した場合は、ほとんど準抗告されるのでしょうか。

**木谷** そうですね。

**戸籍** それについては、内部では問題にされることはありましたか。

**木谷** 何にも聞こえてこなかったです、僕らには。ただ、やっぱりあとから聞くと、「こう準抗告が多いと大変だ」ということで、次の年からは、新任判事補を置かないようになりました。おかげで、後の最高裁長官の島田仁郎さんなどは行かずにすんだわけです。

146　インタビュー編

**戸舘** 16期以降ということですか。

**木谷** そうそう。その後いろいろ聞くと、昭和40年代に入ると、刑事第14部の指導体制が非常に充実したというか、厳しくなったということで、新しい人が行くと、刑事第14部ではこんなふうにやってるということを強烈に教え込む状態になったようなのです。私たちのときにはそういった指導は一切ありませんでした。「自由にやれ」と言われまして、むしろビックリしました。

**斎藤** 「自由にやれ」と言われて、木谷先生は具体的にどういうふうに判断されたのですか。

**木谷** どういうふうにと言われても言いにくいですね。ともかく検事の勾留請求はいっぱい来ます。だけど、まさかと思ったような事件でも勾留されるのが、普通のやり方だったようで、後から聞くと、却下はめったになかったようです。記憶に残っている事件が1件だけあります。10円のキセル乗車事件でした。10円は、当時の国鉄山手線の最低料金ですよ。いくら何でもこれは勾留する必要はないんじゃないかと思って却下したら、これも準抗告審で取り消されました。さすがに、これには私も驚きましたね。

**戸舘** 勾留を認めてしまった場合の準抗告はあったのでしょうか。

**木谷** それもあったとは思いますけど、まず逆転はなかったと思います。

**戸舘** 検察官からの準抗告のほうがすぐにひっくり返る。

**木谷** そうそう、圧倒的に。勾留に対して弁護人が準抗告するなんてめったにないし、仮にあったとしても、簡単に棄却されていました。

**戸舘** 細かい話ですけど、準抗告が棄却されたら、原審を担当した裁判官には何か連絡が来るのでしょうか。

**木谷** 連絡がどういう形で来たか覚えていませんけど、あの事件が取り消されたとか、維持されたというのはわかったはずです。

**戸舘** 素朴な疑問ですけど、あまり取り消されると、その後の判断に影響が及ぶのではないかということは、裁判官として意識されましたか。

**木谷** 私はそういうことに疎いので、まったく考えませんでした。「自

第1章　勾留理由開示制度は、なぜ機能不全に陥ったのか　147

由にやれ」と言うから自由にやった。それで取り消されたらどうなるかなどということは一切考えなかった。本当に私は少し間が抜けていたのでしょうね。ただ、そういうことを考える人はやっぱりいるんです。当時も、いたはずなんです。だからもう1人の小川君はあまり却下しませんでした。

**[戸舘]**　熊本さんが同期で刑事第14部で一緒だったということですが、熊本さんの場合、積極的に却下していた感じなのでしょうか。

**[木谷]**　僕よりだいぶ多かったことは間違いないです。「却下したいんだけどどうかな」と思っているときには、彼に相談するんです。すると、「これは却下だ」と言ってくれるから、安心して却下できる。そのような状況でした。


## 2　唯一、担当した勾留理由開示

**[戸舘]**　勾留理由開示は、その期間に木谷先生が1件担当されたということですか。

**[木谷]**　私が刑事第14部から出たあと、たまたま勾留当番で当たった事件だったのではないかという記憶です。共産党の戸別訪問の事件でしたが、弁護人から、ずいぶん厳しく責められました。そのときのことを、同期の裁判官で作っていた雑誌『いっすんぼうし』に「勾留理由開示体験記」として寄稿しています。

**[戸舘]**　同期会雑誌にいろいろ書かれたということですけど、どのような感じの勾留理由開示だったのでしょうか。

**[木谷]**　この事件は戸別訪問で、共産党を支持する主婦2人が戸別訪問の選挙運動をしたということで逮捕され、勾留請求されました。彼女らは、住居・氏名を含め完全黙秘だったと記憶しています。私は、これでは仕方がないと思って勾留しました。しかし、勾留理由開示法廷で弁護人からいろいろ意見を言われました。何とか頑張って理由開示法廷が終わってホッとしていたら、その段階で弁護人から勾留取消請求をされたのです。それに対しては、当日は判断できないまま自宅に持ち帰り、よく考えて翌日勾

148　インタビュー編

留取消をしたという記憶です。もっとも、60年近くも昔のことですから、細部は間違っているかも知れません。勾留取消の理由は、開示法廷で被疑者らが述べたことなどから、被疑者の特定を含めかなりの程度事実関係が明らかになった。そういうことを合わせて考えると、これは勾留の必要性がないんじゃないかという判断に至りました。だから僕がその後、『令状基本問題75問』などに書いた論文は、このときの経験が結構影響しています。

**戸舘** どういった影響を受けたのでしょうか。

**木谷** 勾留理由開示法廷は、勾留当初の理由だけではなくて、現時点の理由も説明すべきだとか。それから、被疑者らが意見を述べたら、その意見は勾留取消の際の参考資料になるはずだから、勾留取消請求権と連動しているものではないかというようなことを書いてあるでしょ、私の意見。

　だけど、私のこの意見は、もう完全な少数説なんですよ。僕の意見に賛同してくれる人はめったにいません。少数説というよりもむしろ単独説に近いかな。

**戸舘** 木谷先生が勾留理由開示を担当された頃、それも裁判所内部では、「こうすればいいよ」といったマニュアルや、「こんな感じになっています」といった書記官からのアドバイスはあったのでしょうか。

**木谷** 私が勾留理由開示法廷を開いたころは、マニュアルなんかないし、書記官も何も言ってきませんでした。当時は、勾留理由開示の請求が結構ありまして、先輩の裁判官がする法廷を見に行ったことはあります。福島重雄さんがやった法廷を見学して参考にさせてもらいました。福島さんの法廷も、そんなに丁寧な対応ではありませんでした。私は、勾留理由開示法廷というのは、普通は、こんなやり方でやられているのかということを知り、それらを参考にしながら、自分なりに考えてやりました。

**戸舘** 勾留理由は、どの程度開示されたのですか。

**木谷** もう60年近く昔の話だから、詳しいことはもう勘弁してほしいんだけど。紋切り型でなくて、ある程度具体的に説明したという記憶です。その後は合議部（刑事第6部）に配置換えされてからも経験しました。その勾留理由開示法廷は合議体でやったのですが、そのときの裁判長は、刑

訴法60条1項2号の理由があるとかその程度しか言われませんでした。だけど、そんなことは勾留状に書いてあるわけですから、それを公開の法廷で言ってみたところで、あまり意味がないように思うんですね。それに対し、私の勾留理由開示法廷では、もう少し具体的に、「こうこうこういう事実があるから、罪証隠滅の疑いがあると考えます」ということを言っていました。

**戸舘** 木谷先生が勾留理由開示を担当されたのは、木谷先生が勾留状を発付したからですか。

**木谷** そうです。

**戸舘** すると、令状当番に当たって発付したから、勾留理由開示が請求されて、開示することになったということですね。

**木谷** そうです。

**戸舘** 当時は、先生が東京地裁にいらっしゃった頃は、勾留理由開示を行う裁判官は、基本的には勾留状を出した裁判官だったのですか。

**木谷** そうでした。だけど最近は違うみたいですよ。

**戸舘** 最近は、東京地裁の話ですが、刑事第14部の裁判官が勾留状を発付した場合、勾留理由開示を申し立てると、ほとんどの場合は、違う裁判官が出てきます。

**木谷** ですね。私も弁護士になってから、佐藤博史さんと共同弁護していた事件で勾留理由開示請求をしたのですが、勾留理由開示をする裁判官は勾留裁判官ではなく、別の裁判官がやっていた記憶です。

**戸舘** これでは、勾留理由開示法廷を開いた実質的な意味がないと思います。木谷先生が裁判官の頃は、同じ裁判官がすることが当然だという感じだったのでしょうか。

**木谷** 当然のように勾留裁判官がしていました。

**戸舘** 当時でいいんですけど、令状当番自体は、刑事部の裁判官が当番制で回ってくるのですか。

**木谷** ウィークデイの昼間は令状部の裁判官が全件担当しますが、日曜・休日、それに土曜午後と夜間は、刑事部の全裁判官を対象にした一覧表で当番が決まっていたという記憶です。当時は土曜の午後は正規の勤務

時間でした。

**戸舘** その場合でも勾留理由開示が出されれば、その裁判官が法廷に出てくると。

**木谷** そうですね。

**戸舘** 結構弁護人から厳しく責められたという話でしたが、心理的にはかなりしんどい体験だったのですか。

**木谷** 本当にしんどいです。長時間やられましたから。新任判事補で、まだ法廷の経験がないわけですから。そんなときにいきなり、一種のつるし上げみたいな感じで責められましたから、結構厳しかったです。強権的な訴訟指揮など、まだそんなことは覚えていませんしね。

**戸舘** 今ではその種の事件だと、割と若い裁判官でも頻発するのですが、退廷命令はなされたりはしたのですか。

**木谷** いや、そんなことはしません。そんなことをする勇気もありません。法廷も今と違い、一番大きな大法廷でやった記憶です。

**戸舘** 傍聴人も多数。

**木谷** 支援者が一杯でしたね。

**戸舘** 怒号が飛び交う感じだったのでしょうか。

**木谷** 怒号が飛ぶような状況ではなかったと思います。

**戸舘** 弁護人は複数いたのでしょうか。

**木谷** ええ、複数で、若い人もいたけど、かなり経験を積んだベテラン弁護士も複数人いました。

**戸舘** やりとりを重ねるなかで、木谷先生はどのように反論されたのでしょうか。

**木谷** どうだったかな。覚えていませんね。

**戸舘** 取消請求を出されて、結果的に取り消したということは、木谷先生なりにも、理由開示によって勾留の必要性がないと思い至ったというわけなのですかね。

**木谷** 勾留理由開示の法廷で、弁護人から、事実関係をいろいろと明らかにされて、だんだん事情がわかってきます。結果、勾留の必要はないんじゃないかと考えたのだと思います。

第1章 勾留理由開示制度は、なぜ機能不全に陥ったのか　151

**戸舘** それ以外には勾留理由開示のご経験はありますか。

**木谷** 自分でやったのはそれ１件だけです。あとは、さっき言ったように、刑事第６部へ移ってから合議体の構成員として並んで法廷に入ったことはあります。これはもう本当に無味乾燥。樋口勝裁判長赴任前の代理裁判長は、実体的なことは何にも言われないから勾留理由開示の実質的な意味はありませんでした。

**戸舘** 木谷先生は、横で黙って聞いていただけという感じですか。

**木谷** そうです。そうなると、それはもう相当法廷は荒れますね。主宰するのは真ん中にいる裁判長なので、陪席裁判官である僕は、法廷では口を出せないですからね。


## 3 なぜ、勾留理由開示が事務的になったのか？

**水谷** 当時ですと、被疑者や弁護人の意見陳述に特段制限がまだなくて、延々と何時間も意見陳述が、求釈明が続くような感じですか。

**木谷** 何時間もやったという記憶はないけども、結構長かった記憶はあります。

**水谷** 弁護人からの求釈明ですか。

**木谷** それはありました。

**水谷** そこで、応酬といいますか、複数の弁護人からの求釈明がかけられるといったやりとりがあったわけですか。最近では、書記官の側から、勾留理由開示を申し立てた途端に、求釈明事項を事前に出しといてくださいと言われます。「それ以上は一切聞かないんですね」という念押しまで来るのが通例になってきてるわけですけれども、それがいいかどうか、問題だと思っています。当時はもちろんそういうことではなくて、法廷での直接の丁々発止のやりとりがあったわけですね。

**木谷** そうです。

**水谷** 木谷先生ご自身は、退官なさって弁護士になられてから勾留理由開示のご経験はありますか。

**木谷** １回あります。主任弁護人ではありませんが、佐藤博史さんと組

んで、パソコン遠隔操作事件。無罪になった人ではなく、そのあと有罪になった人の事件なんです。

その関係で、勾留理由開示を請求して法廷に立ち会ったことはあります。そのときは、僕がかつて裁判官としてやっていた頃とは状況がまったく違いまして。勾留した裁判官でない人が勾留理由開示をやるし、勾留取消請求をしたら、また別の人がやる。だから、法廷でこっちが述べたことが何の意味もない。こんなやり方をするなら、法廷でいくら言ったってそんなものは全然意味がない。そもそも、勾留理由開示法廷や勾留取消請求事件を勾留裁判官がやらない。あれじゃあ意味がないと思いました。裁判所は、この手続を意味のないものにしようという意識なんじゃないかな。

**戸舘** 先ほど木谷先生が刑事第14部を出たあと、東京地裁のやり方とか方針が変わられたということを少しお話しになったと思うのですが、実際どういう動きが裁判所内で起きたのでしょうか。

**木谷** 僕もそのあとのことは、あまり詳しくないです。ただ、僕はその後刑事局に3年いて、それから札幌の地裁と高裁で3年やって、6年経って再び東京地裁へ戻してもらったんです。で、今度は合議部の右陪席という立場で裁判に参加したんですけど、その当時、研鑽判事補制度というものがありまして、全国の新任判事補が東京に、順次半年ぐらい研鑽に来るんです。研鑽に来て、東京地裁のやり方を見て帰る。特に令状部には必ず行って、そのやり方を見て帰るということがあったんです。これは、昭和40年代半ばから後半。そのころの東京地裁の令状部っていうのは本当にもうタカ派の部総括が次々と続いて、何でもすべて事務的にやっていました。当時、過激派の事件が非常に活発で、それで裁判官が手を焼いたということも影響したのかもしれないのですけど、部総括がタカ派だったということもありまして、もう本当に厳しい、「罪証隠滅のおそれ」をどんどん認めるという運用になっていきました。だから、うっかり却下するとみんな準抗告で取り消される。もちろん僕が初任でやっていた頃も準抗告審は厳しかったけど、昭和40年代には、刑事第14部のやり方自体が、僕がいた頃とは様変わりしていて、本当に厳しかった。それで、研鑽判事補の人は刑事第14部に行って、そういうやり方をしっかり教育されたようです。

第1章　勾留理由開示制度は、なぜ機能不全に陥ったのか　153

ですから、全国で令状事務を担う新任判事補が、東京地裁の刑事第14部、タカ派で固められた刑事第14部のやり方を見習って、厳しいやり方が全国に広まったのではないかと思っています。

**戸舘** 今の東京地裁刑事第14部の、たとえば勾留裁判官とは別な裁判官が勾留理由開示を担当する、機械的、形式的に事件を配点するという運用も、もしかしたらその頃に作り上げられた可能性はあるかもしれませんね。

**木谷** その可能性はありますが、何十年も経っているので正確にはわかりません。長年にわたり少しずつ「進化」して、意味のない制度に変えられていった可能性もあると思います。僕みたいにそれを意味のある制度として活用しようという発想ではなく、できるだけ意味のないものにしようとしたのではないかな。僕はそのように想像しています。


## 4 できる限り制度を有効活用するべき

**戸舘** 木谷先生は、勾留理由開示に関して『令状基本問題』などに論文をいくつか書かれていますよね。

**木谷** はい。東京地裁の勤務の後、刑事局付きを命じられました。判事補4年目から6年目までです。それらの論文は、その当時書いたものです。もっとも、論文というにはお恥ずかしいような、お粗末なものですけど。

**戸舘** どういう経緯でこれを書くことになったのですか。

**木谷** その経緯をちょっとお話します。編集責任者は、新関雅夫、佐々木史朗となっていますね。当時、新関さんが刑事局の一課長、佐々木さんが刑事局の二課長だったのですが、私が刑事局へ行った前の年に、刑事局の主催で令状問題に関する全国会同をやったんです。いろいろな問題が集まり、会同ではそれに対し刑事局が意見を述べました。そのときの事前の局議で、これらの問題についてみんなで侃々諤々の議論をしたそうです。先輩局付は大変優秀な判事補ですから、課長・局長を含む局議で刑事局の見解を作り上げて述べたのですね。ところが、私は、その局議が全部終

わった段階で刑事局入りしたんです。僕の前任者は、後に最高裁判事にな
られた金谷利廣さんです。金谷さんが出られて僕が入ったため、金が木に
なって、名前も大分軽くなっちゃいました。その段階でもう出版の計画が
進んでいました。「せっかく資料を集めて勉強したんだから、本を出そう
じゃないか」という話が出ていました。私はそういう計画がもうできあ
がった段階で局付になったものですから、局議の経過を全然知らないま
ま、問題だけが割り当てられたのです。資料はその段階で全部収集してく
れてあったので、その点ではだいぶ楽だったんですけど。それで私は、わ
けもわからないまま、自分なりに考えてこういう論稿をいくつか書いたわ
けです。当時まだ論文を書いた経験もないし刑事裁判の実力もない。もち
ろん経験も乏しいのに、よくまあこんなこと書いたもんだなあと思うんで
すけど。割と率直に書いたもんだから、当時の刑事局の見解とはだいぶ
違っているわけです。なので、僕が局議に出ていたら僕の意見はこうはな
らなかったかも知れません。局議に出ていないから、こういう意見を平気
で書けたわけです。でも書き上げちゃったから、編者に手を入れられるこ
ともないまま活字にしてくれました。

**戸舘** もともとは最高裁刑事局で公式的な見解という形で出すという意
図があったのでしょうか。

**木谷** 公式的な見解を出すつもりだったのではないと思います。ともか
く勉強したんだから、その結果を本に残そうということでした。当時の原
始執筆者は、新関、佐々木、神垣英郎、小林充、金谷利廣、秋山規夫、小
田健司と木谷、ここまでなんです。その後の島田仁郎さん（後の最高裁長
官）以下は、もうこの本が古くなったので、改訂しなきゃいけないという
ことで、小林充さんがまだご存命のころ、こういう若い人たち、大谷直人
さん（後の最高裁長官）やなんかも含めて、新たに問題を増やしたのと、
亡くなった人の論文に補足させるという形でこういう人たちを入れたんで
す。だから原始メンバーは木谷まで8名です。結果的には公式見解集のよ
うなものになりましたが、その段階では公式見解を流そうという意図で
やったものではないと思います。

**戸舘** 今ではさまざまな書籍も出ていますけど、令状に関して裁判官も

第1章　勾留理由開示制度は、なぜ機能不全に陥ったのか　155

参照される書籍ですよね。

**木谷** でも、僕なんかの見解はまるで無視されていますよ。弁護士になってからした勾留理由開示請求のときにも、僕は、木谷論文を援用して「勾留取消をしてくれ」と主張したんだけど、まったく無視されました。当然のように、取消請求に対する裁判は別の人の担当でした。

**戸舘** ちなみに、最高裁の刑事局では具体的にどんなお仕事されていたのですか。

**木谷** 僕も局付の仕事の全貌を掴んでいるわけではありませんが、第1課、2課、3課と課が3つあります。1課は実体法と公安労働事件関係、それに予算と職員の人事。2課は手続法関係。最初私が1年間いた3課は、保護観察関係と検察審査会関係、外国文献調査の仕事でした。全国からいろいろ照会があったりすると、刑事局のほうで、この問題についてはこういう見解が考えられるという意見を出すこともありました。もちろん、実体法についてはさすがに遠慮しますが、手続法については、かなり突っ込んだ意見を述べていたように思います。あと、予算要求についても、刑事裁判関係は刑事局の重要な仕事のひとつです。

**戸舘** 先生が入った前に終わっていた会同っていうのは令状関係について全般的に討議していたのですか。

**木谷** そうです。「全国刑事裁判官会同」ということになると、各庁から会同員が選ばれて、各会同員が問題を提出し、それを最高裁で協議することになります。全国から刑事裁判官が集まるので、全国会同はなかなか大変なんです。当日は最高裁判事が司会をしますが、全員で議論をして、最後に刑事局が意見を述べるという形でした。今は全国会同ではなく、特定の問題に関する事件が係属している庁だけによる「協議会」形式のものが多くなったと聞いています。

**戸舘** 建前からすると、個々の裁判には干渉しないということですよね。

**木谷** もちろんそうです。だけど、みんな見てると、その会同員同士の議論は聞いてるんだけど、最後に刑事局が述べ出すと、一生懸命メモを取っていますから、何か実質的な影響はやはりあるんじゃないですかね。

156　インタビュー編

**戸舘** 会同は、議論は自由にさせてもらえている雰囲気なんですか。

**木谷** そうですね。だけどやっぱり50人以上、100人近い大会同ですから、やっぱり形式ばってしまいますよね。どうしたって。

**戸舘** 刑事局が最後に結論的なことを言うと、皆さんメモを取って持ち帰るのですね。

**木谷** そう。それで庁に帰ると刑事局はこういう意見でしたという報告をするわけです。

**戸舘** 木谷先生に勾留理由開示のテーマが割り振られたのも、たまたまだったというわけですね。

**木谷** 行ったらもうすでに、「お前はこうやれ」と言われたわけで、最初から決まっていました。

**戸舘** 木谷先生の論稿を拝見すると、「勾留理由開示において開示すべき理由の限度である」とか、「勾留延長更新の理由開示を求めることは許されるか」と書かれていたと思うのですけど、この問題を考えるにあたって、改めて勾留理由開示について調べたり、新たに考えを深めたりしたという感じなのでしょうか。

**木谷** 後の新しい版の時代になると、いろいろ新しい資料が出てきているので、ある程度、注で補足したかもしれません。だけど、初版当時はまだたいした文献はなく、入手できるものはちゃんと調べて収集しておいてくれたものですから、私はそれを参考にしながら自分の考えを書いたというだけです。

**戸舘** 木谷先生は、勾留理由開示の制度目的自体は勾留の理由の開示そのものにあるけれども、そこから派生して不当拘禁からの救済も副次的な効果としてある以上、その理由の内容や開示すべき理由についても踏まえるべきだといったことをおっしゃっています。それは先ほどお話になったご経験もあってということでしょうか。

**木谷** そうですね、それは影響しています。制度がある以上できる限り意味のあるものとして活用しなければならない、ということが私の基本的な考え方です。できる限り制度を有効に活用するべきという発想が基にあるから、当然これは不当勾留からの解放を視野に入れたものだと考えまし

第1章　勾留理由開示制度は、なぜ機能不全に陥ったのか　157

た。そういう発想は、素直に私は出てくるんですけど、多くの人はそうじゃないんです。私の意見はだからまったくの少数説でした。結局皆さんの意見は、こんなものあまり意味がないんだから、あまり活用されない方向に持っていくべきだという意見なんです。発想の仕方が私とは正反対んです。

**戸舘** 私も、制度としてあるのに使われていない現状は、制度の趣旨から離れているのではないかと感じています。今の先生のお話だと、先生自身少数説だとおっしゃられていて、実際どうかはともかくとして、多くの裁判官はそういう制度として見ているのではないかということですよね。

**木谷** そうですね。だからもうそういう方向に持っていこうとした大きな力があると思うんです。そういう力があって、だんだんそういう方向になってきて今は何かもう思考停止というか、もうそういうものだと頭から決めつけて、面倒なことは考えずに、組織の決定に従い「型通り」にやっている人が多いんじゃないかな。何の疑問も持たないで、事務的にやっている人が多いんじゃないかなという気さえします。裁判官は本当にモノを考えなくなっちゃったので、もうちょっと考えてくれよと言いたいんだけど。困っちゃいますね。

**戸舘** どういった経緯でそういう認識が生まれてしまったのだと先生はお考えですか。

**木谷** それは、わかりませんね。

**戸舘** 勾留理由開示がある種、闘争の場と化していることについては、裁判所にとっては非常に不快感がある、法務省も当惑しているといった論文も書かれているくらいです。そこで、なるべく政策的に理由開示を形式的なものに留めようと。10分間の意見陳述の制限などを入れ始めた立法の動機だったと理解しています。裁判所としても、そういった流れのなかで勾留理由開示自体を機能させないようにすることが、むしろよろしいんだという話になっていったということなのですかね。

**木谷** そうでしょうね。でも、それはもう僕が裁判官になる前の話です。もうメーデー事件のころですから。ただ、その後もそういう方向で進められていったのではないでしょうかね。

158　インタビュー編

# 5　裁判官の思考が固定化することへの危惧

**戸舘**　理由開示の問題について、木谷先生は他の裁判官と議論されたことはあるのですか。

**木谷**　それはあまりないような気がするなあ。あとになって思うと、私の考え方は裁判官としては相当変わってるんだね。もう大多数の裁判官は僕のようには考えないわけだから。僕はやっぱりかなり変わっていたのじゃないですか。

**戸舘**　そうなんですかね。でも真っ当な思考だと思います。

**木谷**　僕はそれが正しいとは思うんだけど、裁判官のなかではやっぱりかなり変わっている方なんでしょうね。

**戸舘**　木谷先生が書かれた論稿の中でも憲法34条後段自体は刑事手続に限らず広く人身保護というか、ヘイビアス・コーパス的なものとしても活用可能であるという見解までは取られていませんよね。副次的な効果として取消制度を見ようという穏当な立場ではあるのですけど、それすら裁判官の間では共有されていなかったということなんですよね。

**木谷**　そうですね。その後もこんな議論をしている論文はないでしょ。「私は木谷説に賛成する」なんていう意見は見たことない。

**戸舘**　裁判官は取っていないのでしょうね、おそらくこのあと令状関係は裁判官が『判例タイムズ』の別冊でたくさん論文を書かれています。そのあと『令状実務詳解』が出版されました。

**木谷**　僕もちょっと見たけども、問に対する「正解」みたいなことが書いてあるんだよね。

**戸舘**　答えしか書いてないです。

**木谷**　もうどうしようもないじゃないですか。そこまでいっちゃうと。

**戸舘**　先生方が書かれた『令状基本問題』を踏まえつつ、やたら問題数は多いのですけど、内容はだんだん薄くなっているのではないでしょうか。

**木谷**　そのとおりだね。

**戸舘**　いろいろ検討された形跡というよりも、どちらかというと結論の

第1章　勾留理由開示制度は、なぜ機能不全に陥ったのか　159

みが示されている。だからあれが実務のスタンダードになることを、私は危惧はしています。

**木谷** 相当怖いですよ。ちょっとどころじゃないです。若い人がみんな、もうそれを正解、すなわち金科玉条として頭のなかにインプットしていったら、もう発展性はまったくありません。

**戸舘** ちょっと出たとこついでですけど、あの本はやっぱりきちんと批判的に検討したほうが良さそうですね。

**木谷** そう思います。もう広く範囲を広げているわけです。放置すると、これが裁判官全体の考えみたいになってしまいますよね。あそこで示された見解と異なる見解は「間違っている」という思考に行きやすいですよね。

**戸舘** ああいうのが出てしまうと教科書的に従わないといけないというお話になってしまいます。

**木谷** 正解ばかり覚えてしまうというやり方ね。

**戸舘** まだ『令状基本問題』は、いろいろな見解が紹介されていて、執筆者の個性はあるにしろ、考える素材にはなっていたと思うのです。しかし、『令状実務詳解』は、そうじゃないんですよね。問いと答えが一義的に決まるみたいな。

**木谷** そうなんです、びっくりしました、あれ。

**戸舘** 勾留理由開示という制度は憲法34条に書いてあるという点につきて、そこから考えると理由に関しては、現状の非常に抽象的な、最近では紋切り型は避ける人も増えてはいるのかもしれません。しかし、基本的には罪証隠滅なら罪証隠滅としか言いませんよね。

**木谷** そうなんですね。

**戸舘** あと、重要な情状事実に関して関係者に働き掛けるとか、定型化された理由が述べられてはいます。ただ、私は勾留理由開示法廷で裁判官と求釈明でやりとりしたときに、もう少し具体的に言ってくれとよく言っています。関係者に対しての働き掛けというのは誰に対してどのような対応で、どんな想定される在所が隠滅されるのかという話をすると、裁判官はそれ以上になると決まって捜査の秘密に関わるとか、捜査の密行性と

160　インタビュー編

いった理由をよくおっしゃるのですね。

**木谷** 言いますね。

**戸舘** そういった理屈に出てくることについて、木谷先生はどうお考えですか。

**木谷** 誰がこんなこと言っているとか、そういう証拠の中身まで述べてしまうとそれはまた問題かもしれませんけど、想定されるその罪証隠滅の方法を述べるのに、どうして捜査の秘密が関係してくるのかわかりません。

**戸舘** 一般論として、捜査の秘密というものは、重視すべきものなのですか。

**木谷** 捜査中の段階ではまだ証拠は未開示なわけですから、捜査官がそれまでに集めた証拠の中身まで喋ってしまうのはまた問題だろうと思います。

**戸舘** なるほど。では、どのあたりまでは開示すべきなのでしょうか。

**木谷** 具体的にはうまくは言えませんが、被疑者の供述態度からすると、重要な点について関係者の誰々に働き掛ける可能性が強いとか、そのようなことは言ってもいいのでしょうね。

**戸舘** 勾留の問題を考えるときに、罪証隠滅ということはやはり防ぐべきものだという発想だと思うのですが、どういった危機感を抱いて被疑者・被告人を勾留するという発想になっているのでしょうか。現実的に想定される罪証隠滅行為とかがある程度は浮かんできたうえで、勾留やむなしという判断をされているのですかね。

**木谷** それはある程度は想定していますよね。

**戸舘** 逆に言うと、それが想定できないと却下の方向で考えるということなのですかね。

**木谷** そうなのでしょうけど、僕だってどこまで厳密にやっていたか今となってはあまり自信を持って言えません。

**戸舘** さっきのキセル乗車の話もありましたけど、こんなケースで勾留なんてというのは、発想としては出てくるのですかね。

**木谷** 私も本当に驚きました。

第1章　勾留理由開示制度は、なぜ機能不全に陥ったのか　161

**戸舘** 逆に言えば、それすらも意識しない裁判官もいらっしゃったということなのですか。

**木谷** どうなんだろう、そのあたりのことはわからないよね。その後、多くの裁判官のやり方を見るチャンスはありましたけど、だいたいやっぱり勾留請求は、基本的にはもう却下なんて考えられないんだという感覚の人が結構多かったように思います。だから、僕は浦和の部総括当時、弁護人からも準抗告があって、勾留の裁判をずいぶん取り消しました。僕が裁判長をやったのは、浦和の４年間だけなんですけど、もう少しやらせてもらえたら、実務に多少は影響を与えられたのではないかと、やや残念に思っています。当時、なぜこんな事件で勾留したんだと思う事件がずいぶんありました。つまり、勾留請求を却下するということは、およそ頭にないという人が多かったように思います。

**戸舘** それは浦和時代でも準抗告で取り消すということが多かったのでしょうか。

**木谷** ずいぶんありました。僕が裁判長として弁護人の準抗告に基づき勾留裁判で取り消した事例は、当時の『判例時報』とか『判例タイムズ』にかなり掲載されています。

**戸舘** それは合議事件だと思うのですけど、他の右陪席や左陪席の裁判官もそこはきちんと考えてくれていたのですか。

**木谷** 右陪席は、少し実務のやり方に慣れてしまっているから、最初は、なかなか僕の意見について来られないようだったけど、左陪席は、実務のやり方を知らないから、私の意見にすぐ順応してくれました。最近、袴田事件の弁護団に入った水野智幸さんは、僕の初代の左陪席なんです。２年間僕の陪席をしてくれまして、彼と合議を組んだ無罪判決がいくつかありますが、準抗告でもずいぶん弁護人の意見を通す決定を出しました。僕の考え方を素直に受け入れてくれる人がいたので、そういう左陪席と組んだ場合には、右陪席も強く反対すると単独意見になってしまうので最終的には同調してくれました。なかには、右陪席で、「ええ。こんなことやるんですか」とびっくりしている人もいました。右陪席の中には、無罪判決なんて見たことも書いたこともない人がいて、そういう人は僕のやり方

162　インタビュー編

を見て驚いていました。

**戸舘** 右陪席の裁判官は、積極的に反対意見を述べられるのですか。

**木谷** 右陪席ではっきり反対した人もいたけども、だいたい左陪席と僕の意見が合っちゃうと強烈に反対する人は多くなかったような気がするね。

**戸舘** それは準抗告が上がってきたときもそういう感じですか。

**木谷** 当時弁護人で高野隆さんがいました。まだあの人が駆け出しの時代で、アメリカの留学から帰って間もなくの頃でしたが、彼が舌鋒鋭くやると、なかなかそれを論破するのは難しいわけですよ。

**戸舘** それは裁判所から見ても説得的だったんですか。

**木谷** と思いましたね。だけど僕が行く前、彼は、いくら言っても裁判所は全然言うことを聞いてくれないということで、それでもう絶望してアメリカへ行ってしまったわけです。帰ってきたら、彼が弁護していた「浦和の嬰児殺事件」がまだ係属していて、その後僕が最終段階で引き継いで無罪になりました。そして、そのあともちょくちょく無罪が出るようになった。彼は後日述懐していましたが、木谷さんが来るまでは、いくら強いボールを投げても壁にぶつかって強い球が返ってくるだけだったが、その後は強いボールを投げたら、何か結構いい感覚で裁判所からボールが返ってくる事件が増えたそうです。そして、高野さんの影響もあって、今や浦和は大変人権意識の高い、いい弁護士会になったようです。

**戸舘** 木谷先生と当たらなければ、高野先生もずっと大変な思いをされていたかもしれませんね。

**木谷** そうかもしれません。当時の彼は絶望していましたよ。

**戸舘** 絶望してアメリカに行かれたという。

**木谷** そうそう。だから最初のうちは僕に対してもずいぶん懐疑的でしたよ。

**戸舘** じゃ、何度か木谷先生に当たるうちにわかってきたということですね。

**木谷** だんだんね。だいたい考え方がわかってきて。彼の主張を全部通したわけじゃなくて排斥したこともあるのですけど、理解可能な理屈だっ

たのでしょうね。

**戸舘** 準抗告の話に戻せば、準抗告で審査する際は、やはり一から記録を見ながら考えるということだと思うのですが、木谷先生の場合は余計なことを考えずに純粋に勾留の要件があるかどうかを淡々と見ていくというスタンスだったわけなんですかね。

**木谷** それはそうですね。

**戸舘** これ細かい話ですけど、左陪席や主任に当たる方が検討されるという感じですか。短い時間ですけど。準抗告の場合は。

**木谷** そうだと思うね。あまり詳しい記憶はないけど、たぶんそうだと思います。

**戸舘** で、一緒に合議しながら考えるという感じなのですかね。

**木谷** そうですね。

**戸舘** 理由開示とかは特になかったのですか。

**木谷** なかったです。

**戸舘** 通常の令状も、部総括でもされていたのですか。

**木谷** あれはどうだったかな。普通の勾留当番はやっていない気がする。また、夜間令状は市内在住者の所へ行くことになっていました。僕は東京の自宅から通っていたものだから、夜間令状には参加しなかったと思います。

**戸舘** そういった配慮はあるんですね。

**木谷** 東京から通っていると、夜間令状を担当するには、裁判所に泊まらなきゃいけなくなっちゃうから。


# 6 「できない」のではなく、「やりたくない」

**戸舘** 最近、法廷内での手錠・腰縄は外すべきではないかという議論が起こっています。大阪では特に熱心に取り組まれています。裁判員の場合は、手錠・腰縄を外すけれども、通常事件の場合にも広げていくべきではないのかという問題意識が徐々に出てきています。理由開示の問題を考えるときもそれを、ちゃんと運用しようと言ったとしても、やはり被疑者段

階で勾留されている方の場合は法廷には出てこないことがほとんどで、た
まに出てきたときにそういう姿が公開の法廷で晒される状態になること自
体が苦痛であるということについて問題があります。

　裁判所とやり合って、認めない場合は弁護人が大きなシーツを持ち込ん
で、手錠・腰縄されている姿を隠して、法廷で着脱するところを見せない
ようにするといったことを実践されている方もいます。そういったことに
ついて木谷先生は、何かお考えはありますか。

**木谷**　はっきり言って、僕はそういう問題については大変鈍感でした。
昔からやっているようにやっていました。だから被告人が法廷で手錠・腰
縄で出てくるのは当たり前のことだと思っていました。今は弁護人の前に
席を置きますよね。それは最低限やるわけでしょ。でも、当時はそうじゃ
なくて、法廷の真ん前に、弁護人から孤立した真っ正面に１人でいたんで
す。それがもう当たり前だったんです。その後、弁護人から「弁護人の前
へ席を移してくれ」と言われるようになり、そのように移したことはあり
ました。だけども、手錠・腰縄が傍聴人から見えないようにしてくれとい
う要求は出ませんでした。弁護人自身も、そこまでは問題意識がいってな
かったのではないかな。そういう問題は弁護人のほうがもっと早く問題意
識を持って裁判所に要求をして交渉をする必要があったのですね。私も恥
ずかしいけども、そこは正直に申し上げて、問題意識がありませんでし
た。

**戸舘**　今でもそう考えている人が多いですけど、日常的な光景で、私自
身も結構、手錠・腰縄の問題は指摘されるまで勾留されているから仕方が
ないかなくらいにしか考えていませんでした。弁護士自身も結構鈍感に
なっているところはあるのかなと思います。ただ、ご本人にしてみれば結
構切実な問題ですよね。

**木谷**　それはそうでしょうね。

**戸舘**　あと最近、傍聴人を入れる前に被告人を入れて、手錠・腰縄を外
してから傍聴人を入れるということを経験しました。そうすると別に逃亡
防止といった弊害はなくなるので、できなくはないとは思うのです。

**木谷**　そうですね。それはいい方法ですよ。

第１章　勾留理由開示制度は、なぜ機能不全に陥ったのか　165

**戸舘** ただ、この間、東京地裁でそういう対応をとるように掛け合ったら、できないと言われました。できない理由はたいして教えてもらえなかったのですけど。そこはやはり粘り強い交渉が必要ですね。

**木谷** 裁判所としては、面倒くさいというだけだと思うね。

**戸舘** 普段と違うことをやることに対する違和感があるのでしょうかね。

**木谷** できないのじゃなくて、やりたくないんですよ。

**戸舘** それは裁判所という組織だからなのですかね。

**木谷** いやあ、どうかな。それは人によるんじゃないですか。

**水谷** 先ほどご指摘のあった、どんどん勾留理由開示手続が形骸化していったというのは、おそらくそういう意図の下にシステムが変えられたのではないだろうかというご指摘をいただきました。その背景に裁判所側のどんな意図があると先生は理解されていますか。

**木谷** 荒れる法廷がありましたね。荒れる法廷でガンガン責められて困るというのがひとつです。法廷で理由を詳しく説明していると、ああでもないこうでもないと弁護人に突っ込まれて、裁判官が立ち往生したり、やり込められたりする場面が出てきます。事案については弁護人の方がよく知っていて、裁判所は記録をざっと見ているだけですから、いくら説明しようと思っても、被疑者、弁護人を納得させるような理由を言えるはずがないんです。そういうことで、結局やり込められちゃう。で、裁判官が法廷で立ち往生しちゃう。特に若い裁判官はそれでやり込められて困るということがあって、そういうことになると、裁判所の権威に関わるからできるだけ喋らないですむようにすべきだろうという考えだったのではないですかね。

**水谷** 情報を開示しなければ突っ込みようもないから、終わってしまうということですかね。

**木谷** そうですよ。刑訴法60条1項2号の事由があると、それだけ言えばいいという理屈なんだから。

**水谷** おそらくそうじゃないかなと僕らも想像はしていたのですけど、やっぱり先生が中からご覧になっていてもそういう意図をお感じになった

166　インタビュー編

わけですね。

**木谷** そうじゃないですかね。僕も想像するだけですよ。

**水谷** ただ、非常に説得力のあるご見解だと思いました。憲法34条の条文からすると、たとえば、不利益処分に対する防御権行使という観点からも、やはり不利益処分を課した理由は具体的に開示されてしかるべきで、それがちゃんとわからないと戦いようがないという渕野先生のご見解に得心を得まして、最近、準抗告のたびにそれを書いています。その観点からすると防御権の行使の実効性を高めるためには、やはり勾留理由というのは具体的に現実的に開示されてしかるべきであると。反論のチャンスを実質的に保証するということにもつながるのかなと考えています。

**木谷** それはそう思いますよね。

**渕野** 今のお話との関連で、理由開示の前提として勾留理由というか、身体拘束の理由をそれぞれの裁判官がどのように判断しているのかというところがあるのではないかと思うのです。木谷先生は、「逃亡すると疑うに足りる相当な理由」とか、あるいは「罪証を隠滅すると疑うに足りる相当な理由」という要件を判断する際にどういった事実があれば、こういう疑いがあると判断できると考えられていたのでしょうか。

**木谷** 「逃亡のおそれ」はやっぱり、罪の重さが相当大きく占めています。殺人や強盗殺人なんかだと、やっぱり逃げてしまうのではないかと思いますよ。そのように判断していると思います。罪証隠滅のほうが難しいですよね。さっきの鉄道営業法違反なんて、いわゆるキセルですが、こんなもので逃亡するやつはいないだろうと思ったのですけど、やっぱりそういう事案で勾留理由があるとされた苦い経験があるものですから、人によってずいぶん違うのだと思います。罪証隠滅のほうもやっぱり、罪の重さの点が相当大きいですよね。それで重罪、重大事件だとやっぱり少しでも軽くなりたいからいろいろなことをするのではないかということを推定するわけです。犯罪自体を認めてる場合には罪証隠滅のおそれは少ないと私なんかは思うんですけど。その犯罪事実自体については認めていても、情状の事実について罪証隠滅のおそれがあるなどと言い出すわけです。そういうことを上から教えられるので、そのように判断している人が多いで

第1章　勾留理由開示制度は、なぜ機能不全に陥ったのか　167

すね。だけど、僕は、あまりそういう細かな事情に関することを言い出すと、もうほとんど全部の事件について罪証隠滅のおそれがあることになってしまいますから、もう少し厳格に考えるべきだと思っています。

**淵野** 今、お話しいただいたことにちょっと関連をするんですけど、被疑者や被告人の供述態度といいますか、否認しているとか、黙秘しているとか、あるいは認めている、こういった事情を逃亡や罪証隠滅を判断するにあたっては重視されるわけですかね。

**木谷** それが大きいのですよ。

**淵野** 私はまったく実務を知らないので空理空論的な発想なのかもしれないのですけれども、否認や黙秘をしているから必ずしもそれが逃亡するとか、罪証隠滅するということに直結しないのではないかなと思うんですけど。

**木谷** それはしないと思いますよ。

**淵野** でも、それは考慮されているのですね。

**木谷** 一般的にはそう考えられていますね。やっぱりかなり大きいと思います。黙秘の場合はもうちょっと微妙ですけどね。ただ、認めている場合と比べると、やっぱり隠滅のおそれがあるんじゃないかという議論をしていました。

**戸舘** 最近の準抗告したときの裁判所の判断を見ると、判でついたように罪証と関連する重要な情状事実についても対象と決まって言うのですよね。勾留理由開示のときにも。だから、おそらくそれがさっき木谷先生がおっしゃった、完全に認めたとしても重要な情状事実について罪証を隠滅するのではないかという裁判官の思考は、弁護人の立場からすると、認めたこと自体も罪証隠滅の可能性がなくなることでは使えない、重要な情状事実も隠滅する可能性があるんだと言われてしまうと、もうなすすべもないような感じがします。いろいろなファクターを出して、これも罪証隠滅と関連していくといった最高裁の議論が罪証隠滅を理由にする勾留を固定化するような役割を果たしてしまっているのではないでしょうか。

**木谷** 最高裁と言っても事務総局ですからね。裁判をしている最高裁判所じゃないんですよ。あくまで事務局なんですよ。だけど、それが結構影

168　インタビュー編

響力を持ってしまうのでしょうね。

**戸舘** 当事者はそもそも対等なのだから、一方当事者だけ罪証隠滅を理由に不利益な形で利用されるということ自体がおかしいのではないかということを、平野龍一先生も昔から言われていたと思います。また、少数の学説ですがそもそも罪証隠滅を勾留の要件とすること自体が憲法違反ではないのかといった議論もあります。そういった議論はどうお考えですか。

**木谷** そこまでは今まで考えたことはなかったね。だけど、厳格に考えないといけないということは思っています。ともかく、法律の要件は「罪証隠滅のおそれ」ではないのですよ。「罪証を隠滅すると疑うに足るに相当な理由」なのですから。それを「罪証隠滅のおそれ」とか言い替えるからいけないのです。「罪証隠滅のおそれがないとは言えない。よって、勾留する」とか言うじゃないですか。そのこと自体がいけないんです。「ないとは言えない」って、勾留理由開示でそれ言ったら突っ込まれるからね。

**戸舘** 勾留理由開示でも場合によっては証拠開示があってしかるべきではないかと思います。証拠開示、類似の制度として捜査機関側の証拠自体も流動的ではあるんですけど、弁護側からすると一切情報が与えられていないなかで、何らかの形で証拠が見れる機会があれば、その被疑者段階の弁護に資するのではないかとは思ってはいます。なかなかその点について裁判所には、受け入れられにくいというのはどうしてなのでしょうか。

**木谷** その辺は、裁判官が弁護士の経験がないからです。だからそういう意味では、裁判官が弁護士を経験して、私だって当時弁護士をやっていれば、やっぱりそういう感覚になっていたと思います。だけど、裁判官だけやっていると、どうしても、捜査の秘密ですという考え方に行きやすいです。弁護人が防御方法を考えて反証を展開していくというのがいかに大変かということを理解してないからです。だから裁判官にはそういうことの想像がつかない。法曹一元というか、裁判官も弁護士経験を必ず必要とすると。難しい事件を自分で弁護する経験を持ったうえで、また裁判官をやるということが必要なんだね。

**戸舘** 裁判官は、結局、勾留審査に当たっても検察庁からどかっと送ら

第1章 勾留理由開示制度は、なぜ機能不全に陥ったのか　169

れてくる一件記録を見れるわけですよね。その辺の感覚なんですかね。弁護士は一切そこにアクセスできないじゃないですか。裁判官はすべての資料をとりあえず見ることが可能な状態にあるので、それが当然の感覚ということになってるのですかね。

**木谷** そうかもしれませんね。それはよくわかりません。

**戸舘** 勾留理由開示に関しては重要で、もう少し利用できるようにしなければならないと思っています。しかし、結局やっても無駄じゃないかとか、やったところで裁判官はたいした理由を言ってくれないし、する意味はないのではないかといった諦めムードが弁護士の中では蔓延しています。その諦めムードが勾留理由開示請求が低調な原因だと思っています。

**木谷** 裁判所の術中にはまってますね。勾留理由開示請求をして法廷で争うのも結構、時間を取られるし、精力も取られる。で、あまり効果もないというのだったらやる気を失いますよね。裁判所の思うつぼなんです。

**戸舘** だから何とかその術中にはまらないように理論面でも実践面でも補強できればとは思いますので、ちょっと引き続き先生にもまたご協力をいただきながら、成果物を出していきたいと考えておりますので、またこれからもご協力いただければと思います。

**木谷** あまりたいした話もできないで申し訳ありません。

**戸舘** いや、貴重なお話をありがとうございました。

**木谷** どうも失礼しました。


## 木谷明（きたに・あきら）

1937年神奈川県生まれ。東京大学法学部卒。司法修習15期。1963年判事補任官。最高裁調査官、水戸地裁所長などを経て、2000年東京高裁部総括判事を最後に依願退官。2004年から2012年まで法政大学教授。その後、弁護士として活動。2024年11月21日、86歳で逝去。

## 木谷明さんと勾留理由開示

　木谷明さんが、2024（令和6）年11月21日に亡くなられた。本書所収の座談会の校正刷りを確認したすぐ後であったという。

　そして、その座談会の内容は実に興味深い。木谷さんが裁判官に任官直後、東京地裁令状部に配属されたときの勾留判断や勾留理由開示の実情と、間もなくそれが大きく変容していった状況を教えてくれている。「人質司法」と呼ばれる問題の根本にある裁判官の身体拘束に関する考え方・姿勢が、ここで決定的に変わってしまったのだということが具体的に語られている。恥ずかしい限りであるが、その変容後の検察官追認型の裁判官の姿勢を語っているのが私（水野）の座談会のパートである。

　座談会でも引用されている『令状基本問題』中の木谷さんの論稿は、本制度が「不当勾留からの救済」の狙いを持つものであるとの観点から、詳細な解釈論を展開したものであり、それは今でも説得的である。熱い理想を緻密な論拠で構成していく、この木谷流から生まれたのが、本書の若い各氏の論稿である。

　勾留理由開示制度は、裁判官・裁判所の頑なな態度をなかなか克服できないでいるのが実情ではあるが、それでも本書執筆陣などの積極的な試みを受けて、この制度を憲法・刑訴法の趣旨に少しでも近づけて運用していこうとする若い裁判官も現れるなど、明るい兆しも見えてきているようである。木谷さんは、このことと、勾留理由開示に関する初めてのまとまった書籍である本書の刊行を、きっと喜んでいると思う。

水野智幸

# 第2章
# 裁判官にとっての
# 勾留理由開示制度の運用実態
## ——水野智幸元裁判官に聞く

## 1　勾留理由開示との関わり——自己紹介を兼ねて

**戸舘**　水野先生は1988年に任官されて2012年まで裁判官を務められていたということですが、その中での勾留や勾留理由開示との関わりについて、まずは簡単にお話しいただければと思います。

**水野**　まず最初、当時の浦和地裁に左陪席として入りました。そのときは令状審査を週に2～3日やっていたという感じです。勾留審査は日常的にやっていたことになります。ただ勾留理由開示は、浦和という場所柄だったのかもしれませんが、あまりありませんでした。私は浦和地裁での2年間でおそらく3件ぐらいしかやっていないと思います。

**戸舘**　浦和にいらっしゃったころは、まだ未特例判事補で、ひとりで公判を切り盛りするということは基本ないわけですよね。そういうなかで理由開示を担当するにあたって、裁判所内部では指導してもらえたのでしょうか。あるいは何かマニュアル的なものが存在したのでしょうか。

**水野**　担当したときは本当にすごく大変で、頭が真っ白になりそうな思いをしましたけれども、左陪席の先輩に聞いて、あれこれ指導を受けました。何かマニュアルみたいなものは、なかったように覚えています。

**戸舘**　どんなアドバイスを受けましたか。

**水野**　「変なことを言わないように気をつけろ」みたいな感じですかね。あとは、新関雅夫ほか『令状基本問題』（一粒社、1986年）などを見て、自分であれこれ考えました。勾留理由開示なんだから、理由をちゃんと説明しなきゃいけない、できれば被疑者や弁護人にわかってもらいたいけれど、なかなか難しいな、と思いながらやっていました。

**津金**　言わないように気をつけるべき「変なこと」っていうのは、具体

172　インタビュー編

的にはどういうことでしょうか。

**水野**　たとえば、捜査の密行性を害すような、被疑者や弁護人はたぶん知っていないようなものがあって、それを明らかにするようなことは言わないようにしようなどということですね。

**戸舘**　浦和の後は、どうでしたか。

**水野**　浦和の後の赴任地でも勾留審査はやっていましたが、勾留理由開示については、かなり後に東京地裁の令状部にいたときに１回やったという感じです。

　東京地裁では、勾留理由開示は勾留した裁判官が必ずやるということではありませんでした。５日以内にやらなくてはいけないなどの理由からでしょうが、理由開示の配点表があって、左陪席の若い裁判官がやることが多いという感じを受けていました。

**戸舘**　私も、東京では勾留状発付をしていない裁判官が理由開示に毎回出てくるなと思っていました。そのあたりのことは裁判官と結構お話はするのですが、裁判官の中にも、それは如何ともしがたいというような感じで言う人もいれば、積極的に、それは全然不合理ではないのですよという人もいます。官署としての裁判所が行えば刑訴法上は問題ないということなのでしょうが、内部では、「あなたはこの日の担当」という形で決まっているということなのですね。

　実際のそういうマネージメントは、書記官が行っているのですか。

**水野**　そうだと思います。

**津金**　名簿に従って若い裁判官が理由開示を担当するときに、どれぐらいの準備をしているものなのでしょうか。担当になった裁判官は、たとえば一件記録を新たに読み込んだうえで発言するのか、それとも勾留した裁判官から引き継ぎメモみたいなのがあったりするのでしょうか。

**水野**　たぶん、一件記録を見て考えるのだと思います。

**津金**　そうすると、その開示担当の裁判官は、勾留決定した裁判官とは独自に発言されているということでしょうか。

**水野**　勾留決定の理由が刑訴法60条１項２号３号なら、理由開示する裁判官も刑訴法60条１項２号３号だと思ったうえで言うので、その開示した

第２章　裁判官にとっての勾留理由開示制度の運用実態　173

裁判官の心証を述べているのでしょうね。

**戸舘**　先ほど、理由開示にあたって先輩のアドバイスを受けたというお話がありましたが、水野先生ご自身はその後、後輩にアドバイスを求められたというようなことはありましたか。

**水野**　あまり具体的にはないのですが、東京地裁の令状部にいたときに、新任の判事補や修習生に傍聴席で見てもらうことはよくありました。こういうときにこういう制度があって、いろいろな制限はあるけれども、できるだけ被疑者や弁護人にわかってもらうように頑張ってやりましょう、というようなことは言いました。

**戸舘**　実際にやられた勾留理由開示で、何か印象に残っているものはありますか。

**水野**　浦和の左陪席のとき、ものすごく追及を受けて、結構つらかった思いはあります。

　その後、ベテラン裁判官の勾留理由開示を見たことがあるのですが、それが素晴らしいものでした。具体的に嫌疑から始め、罪証隠滅のおそれ、逃亡のおそれをかなりきちんと説明して、釈明にもちゃんと答えていました。「さすがにうまいもんだ、勾留理由開示はこういう形でやればいいんだな」と感心しました。それから歳を取ってきて、ある程度図々しくなるというか慣れてくるうえに、勾留の理由とか必要性とかが頭に入っているので、ベテランの真似をして結構うまくできたという記憶があります。

**戸舘**　そのベテラン裁判官や水野先生は、結構踏み込んだ理由も丁寧に説明されたということになるかと思いますが、そうではない、あまりうまく法廷が回っていかないような理由開示を見たことはおありですか。

**水野**　ありますね。本当に紋切り型というか、抽象的に「一件記録によれば被疑事実を犯したことを認めるに足りる相当な理由があると認めます」「これこれによれば、罪証隠滅でも認めます」ぐらいの感じで、釈明があっても「それには答える必要はありません」という形でやっているのも、もちろんありました。

**戸舘**　私が最近東京で理由開示請求をするときの印象で言うと、概して若い裁判官が紋切りで押し通すというような感じがあります。どこかにマ

ニュアルでもあるのではないかと思うような、皆さん判でついたように紋切り口調です。こちらがあれやこれや述べても「ご意見として承っておきます」というだけで、議論はしないのです。理由の程度に関しても、捜査の密行性があるとか、捜査の秘密があるとか、あるいは勾留理由開示手続は証拠開示手続ではないんだということで、これ以上は答えられませんという形で終わってしまい、弁護側としては非常に不満が残るのです。

**水野** 裁判官がそのような態度を取るのは、自信がないからですよね。自信があれば、結構言えるのですよ。自信がなくて、これ突っ込まれたらどうしようとか、また、検事からあとで文句言われたらどうしようとかいろいろ考えると、とにかく防衛的にいくということになるのだと思います。

**戸舘** 検事から文句という話が出ましたが、令状担当する裁判官に対しては、検察官からいろいろ言われる場合はあるのですか。

**水野** 直接的にはないですが、雰囲気としてはすごく感じます。

**戸舘** それは、準抗告されるというようなことですか。

**水野** それもありますし、あと、電話でいろいろ中身について聞かれるときの対応などで感じることがありますよね。


## 2　裁判官が感じる「アウェー」感

**戸舘** ちょっと話が戻りますが、先ほど話題になった、現状では勾留状を発付していない裁判官が勾留理由開示しているのがほとんどであるという点について、先日、木谷明先生に聞いたら（本書150頁参照）、木谷先生が新人の頃は東京地裁の令状部では、勾留状発付した裁判官が理由開示に行っていたということでした。いつのころかわからないけれど、その後令状部がその運用を変えたらしいね、ということをおっしゃっていました。

**水野** 裁判所が標的となった訴訟戦術、いわゆる「法廷闘争」と言われる場面では、裁判官がターゲットになるのですね。そのような場面での勾留理由開示というのは裁判官自身が責められるのです。だからその被害をできるだけ少なくしようと思ったら、とにかく形式的にすませようという

第2章　裁判官にとっての勾留理由開示制度の運用実態　175

方向にシフトしていったのではないでしょうか。現状ではそのような対立状況があるというわけではないと思いますが、形式的にすませようという方向がずっと続いてしまっているのかなと、私は思います。

**戸舘** 古い本ですが『逮捕・勾留・保釈―刑訴実務の綜合研究』(日本評論新社、1958年) という、横川敏雄先生が編者の本を最近眺めていました。そこに収録されている座談会を見ると、横川さんなどは、そういう「法廷闘争」が一番激しい時代を経験したからかもしれませんが、裁判官が追い詰められるような勾留理由開示は良くないから、立法してでもそういうあり方は変えるべきだとおっしゃっていました。裁判官は追及を受けるのではなくて、中立のところに置いておくべきだみたいな確固たる信念が、横川さんにはおありだと読んだのですが、一般的に裁判官には、自分が追及を受けることへの抵抗は強いのでしょうか。

**水野** そうですね。要するに勾留理由開示は「アウェー」なんです。裁判官は通常はアウェーに立たないのに勾留理由開示はアウェーなので、基本的に裁判官が嫌なものなんですよね。

**戸舘** 弁護人もそうだし、時として傍聴人全員も相手に回さなければならない、ということが「アウェー」と感じるということでしょうかね。

**水野** そうですね。正面からそのような話を裁判官同士でしたことはありませんが、そのように感じているだろうなということは、びんびん感じます。勾留理由を説明しても、本当に納得して「じゃあ喜んで勾留されます」という人はいないですよね。良くて、裁判所の考えを一応受け入れてくれるぐらいですよね。悪ければ、「あの裁判官は何も説明してくれない」という不満を抱かれることになるのであって、やはり、そのような場には進んで行きたいとは思わないところではあります。でも、人を拘束しているのですから、そのぐらいの責任は負わなきゃいけないという制度であることは、もちろんわかっているのですけどね。

**戸舘** 若い判事補などは特に、そこは身構えるというか、いろいろプレッシャーを感じるのですかね。

**水野** 裁判官は失敗できないというか、ちゃんと裁判を主宰しなければいけないんですね。仮に傍聴人から不規則発言があったら、それも適切に

処理していかなければならない。そのようないろいろなプレッシャーのなかで、踏み込んだ発言をしてそこまで全部対処するというのは、若い裁判官にとってはとても大変なことで、能力を超えてしまうのだと思います。だから、中身についてはすごくガードを固めて、言うことを決めて、あとは言わないというスタンスで臨んでいるのかなと思います。

**戸舘** 今のお話を聞くと、私がこれまでみてきた裁判官の振る舞いが、腑に落ちる気がします。たとえば、支援者が集まるタイプの、我々が「弾圧事件」と呼ぶような勾留理由開示では、傍聴人が元気じゃないですか。そういう場合の最近の若い裁判官を見ると、たいていの場合、退廷命令をばんばん出すんです。

**水野** それまでに至る、もうちょっとソフトランディングをするだけの余裕がないんですよね。

**戸舘** そこは、うまいことコミュニケーションすることを考えてもいいと思うのですが。

**水野** 多くの若い裁判官がそのような「うまいコミュニケーション」が取れないからこそ、勾留理由開示公判を裁判官が「アウェー」で戦える貴重な機会と捉えて、裁判官をどんどん鍛える場にすればいいのではないかと、私は思います。

**水谷** 我々、弁護人の側がこういうアプローチをしたら、もっと裁判官と意味のあるコミュニケーションができるんじゃないかというアドバイスはありませんか。

**水野** 『季刊刑事弁護』などで、とっても良かった勾留理由開示裁判みたいものを挙げるといのはどうでしょうか。裁判官が実質的に意味のあることを言ってくれたという事例を紹介して、その裁判官を褒め称える。こういうこともあるんだということで頑張ろうという裁判官は増えるんじゃないでしょうかね。

## 3 議論を避ける刑事裁判官

**戸舘** 民事の裁判官のほうが、ざっくばらんに議論には応じてくれる印象があります。法解釈は、立場の違いで変わってくるじゃないですか。そこで一応理屈のある議論をこちらが持ち掛けた場合でも、刑事の裁判官は、なかなか議論したがらない人が割と多いような気がします。勾留に関しても、原理的な問題から対立があるようなところをすっ飛ばされてしまうというところがあります。

**水野** ただ、平成26年最高裁判例（最判平26・11・17判時2245号124頁②事件、判タ1409号123頁②事件）などが出て、勾留理由の「罪証隠滅のおそれ」の程度などをもっと具体的に示すべきという流れがありますよね。だから、昔と同じではないということは言えます。先ほど言ったようないわゆる「激しい法廷」は、今はそんなにないと思うので、もっと普通に、「これで罪証隠滅のおそれに達しているんですか」などということが勾留理由開示の場で議論できるようになったら、いいと思いますよね。

**戸舘** その平成26年最高裁判例について、水野先生は『刑事訴訟法判例百選〔10版〕』（有斐閣、2017年）で、保釈率や勾留請求の却下率が少なくともあの時点で上がっているというのは、あの判例がそれなりにあと押ししているのではないかという評価をされていますね。

**水野** 最高裁があれほど示したというのは、大きいと思います。抽象的ではなく、具体的に罪証隠滅の現実的な可能性がないと勾留できないと言っているのですから、少なくともその判断があったことはきちんと説明しなければいけないと思います。

## 4 勾留審査で裁判官として気をつけていたこと

**戸舘** そもそも勾留審査にあたって、水野先生ご自身が気をつけていらっしゃったことはありますか。

**水野** やはり、個別具体的にこの被疑者を勾留していいかどうか、ということですかね。抽象的に罪名とか前科とか、そういうことだけで決めて

178 インタビュー編

はいけないなとは思っていました。そして、勾留請求だから基本的には勾留を認める方向に働くようなことがいっぱい書かれていることは確かなので、そうではないのではないかという視点は失わないようにしていたつもりです。

**戸舘** 勾留請求段階で弁護人が付いていると、意見や資料が出てくることは多いと思いますが、そのようなものがない場合も、一件記録を見ながら感じるところというのはあるのでしょうか。

**水野** 現行犯逮捕のときの感じが何かよくわからないとか、ちゃんと定職があって家族があって、これは放せないだろうかと考えるとか、そういう感じですね。

**戸舘** そういうときは、検事のほうにも事情を聞くのですか。

**水野** 聞きます。結構、電話をかけたりします。

**戸舘** 心証を固めていくみたいな感じなんですかね。

**水野** そうですね。

## 5 勾留理由開示が当たり前になると 裁判官の意識は変わるか

**戸舘** 現状では勾留理由開示が請求されることは、非常にレアケースですよね。でも、勾留理由開示請求が当たり前になって、多くの場合に理由開示をしなければいけないとなった場合に、その前の勾留状を発付する段階での裁判官の意識が変わるのではないかと、私は思うのです。つまり、裁判官が勾留理由についてもう少し具体的に言語化できる状態にまで至って、初めて勾留状を発付することになるのではないかという気がするのです。

**水野** 私もそう思います。私が裁判官の頃は、あまりそこまで勾留理由開示のことを考えていませんでしたが、今、考えてみると、勾留理由開示が結構ありえるとなったら、より慎重に考えることにはなると思います。

**戸舘** 私の経験からは、勾留延長の局面においても勾留理由開示の影響ってあるのかなと感じることがあります。たとえば勾留10日目ぐらいにぎりぎり勾留理由開示の期日が入ってそこでやり合っているようなケース

で、検察官から延長請求が出ても、延長却下はしないものの日数が短くなるということは、結構最近あるんです。たまたま勾留理由開示を担当した裁判官が延長の裁判も担当したというのが2回ぐらいあって、もしかしたら勾留理由開示をやった甲斐があったのかなと私は勝手に自己満足的には思ってはいたのですが、そういうことはあるのでしょうか。

**水野** そうですね。裁判官はもともと、延長請求があった場合には慎重に対処し、特に日数を減らすところは結構頑張ってやる傾向にあります。そのうえに、さらにそういう勾留理由開示があった事件ということになれば、より慎重になるようなことはあるでしょうね。勾留理由開示が影響を与えている可能性は高いんじゃないですかね。

**戸舘** 勾留延長はやはり、やむを得ない事由のある場合に限る。今の一般的な裁判官も、そこは厳格にしようという感じがあるんですか。

**水野** そうですね。そこは結構厳格に、1日でも2日でも少なくしたいと考えてやっているんじゃないですかね。

**戸舘** そこは却下するより、日数を短くするほうが抵抗は少ないんですかね。

**水野** そうですね、それはあるでしょうね。


## 6　捜査の密行性をどう考えるか

**戸舘** 勾留理由開示の中身の話に移ります。いわゆる「捜査の密行性」という概念が、たとえば、勾留理由開示の理由の範囲や捜査段階での証拠開示という議論が出てきた場合に、それらを制限する方向で出てきます。ただ、実際裁判官のなかで、捜査の秘密であるとか捜査の密行性というのが、勾留を考える場合にどの程度の重みを持っているのか、それが理論的にどう根拠づけられているのか、我々にはピンと来ていないところがあります。

**水野** 制限するほうに向けた重みは強いのかなという気はします。準抗告にしても、検察側は具体的なことをあまり書かないですよね。かなり抽象度の高い理由しか示さないので、それ以上はなかなか踏み込みがたいと

180　インタビュー編

いう感覚は、やはりあるのではないでしょうか。

**戸舘** ただ、我々からすると、捜査の密行性などは当然の前提であって、いまさらそれを根拠に勾留理由開示を制限するのはおかしいのではないかという感覚があります。

**水野** 私も、捜査の密行性というのもひとつの利益ではあるけれども、そんなに絶対的なものじゃないという感覚は、今はあります。ただ、そのように思うようになったのは裁判官を辞めてからかな、という気はしますね。裁判官のときは、捜査の密行性はかなり強いものとして、それを害さない限度でしか勾留理由開示等はできないという感じはしていました。

**戸舘** そういう感覚がどうして裁判官のなかで醸成されたのでしょうか。明確に文献があるわけでもない、教科書に書いているわけでもなさそうなので、非常に興味があります。

**水野** 別に誰かに明確に言われているわけではないのですが、「事件がつぶれちゃったらどう責任を取るんだ」みたいな、そそういう感覚はあるんじゃないかなという気はします。

**戸舘** 要は、「裁判官が何かしたことで捜査がポシャっちゃうと、それは良くないんじゃないか」みたいなことですか。

**水野** そうですね。ポシャるべきものがポシャればいいんだけれども、本来は最終的に処罰されて然るべき事件がポシャっちゃうのはやっぱり良くないという感覚があるのではないでしょうか。

**戸舘** 今のお話をうかがっていて思い出したのは、私が司法修習生だったときに、民事部の部総括が雑談で言っていたのは、令状当番で一番に考えなきゃいけないのは、いかに捜査の邪魔をしないかだと。

**水野** そのような感覚は、結構共通にある感じですかね。

**戸舘** 裁判官の意識としては、警察、検察の邪魔をしちゃいけないというような感覚なんですかね。ただ、なかなかそこは論文に堂々と書けるわけでもなく、空気として醸成されているっていう感じなんですかね。

**水野** そうですね。日本社会の「同調圧力」を利用したやり方かもしれないですね。

**津金** 最近出た田中康郎監修『令状実務詳解［補訂版］』（立花書房、2023年）

646頁で、開示の程度に関して、準抗告審の判示の程度は参考になると書かれています。我々からするとテンプレートでしかない、準抗告審の判示が、裁判官からすると「被疑者・被告人の証拠漁りや罪証隠滅にするようなことはない程度に具体的な開示」だという意識なんですね。

**水野**　もっとすごいのがありましたよね、「刑訴法60条1項1号2号3号が認められる」でいいというような説が。それに比べれば具体的に言ってますという感覚なんじゃないですかね。

**渕野**　「捜査の密行性」というだけできちんと理由を述べないのはおかしいというふうに批判するときには、我々もこれまではちょっと雑な議論をしてきたかなと思うところがあります。つまり、開示されると捜査がつぶれてしまうような秘密の内容というのは、嫌疑に係る事情なのか、それとも罪証隠滅とか逃亡に係る事情なのか、そこは区別されているのでしょうか。

**水野**　その罪証隠滅というのは、たぶん嫌疑と相当に絡みますので、そこは共通してくることが多いんじゃないかと思います。こういう嫌疑があると。で、結構重要な証拠に関して、こういうたとえば関係者がいるというときに、その人と被疑者や弁護人が接触してほしくないみたいな感覚があったら、それは両方に絡むのかなという感じがします。

**渕野**　私は実務経験はまったくないので、まったくの空理空論を言ってしまいますけれども、被疑者・被告人がその時点で知らない関係者には、罪証隠滅しようがないのではないかと思うのです。だからそこで、被疑者・被告人がまだ知らない関係者を教えてしまうと罪証隠滅をするかもしれないからという理由では、勾留を認めてはいけないのではないかという気がするので、そこのところをきちんと理論化しないといけないということを感じました。嫌疑については、その被疑者の有罪に使うような証拠をつぶされては困るという、そういう配慮はありうるかなとは思うのですが、罪証隠滅については、すでに被疑者が知っている関係者に働き掛ける可能性があるとしても、被疑者はもう知っているわけだから、どういう可能性があるのかというのを教えるっていうのがなぜ捜査がつぶれることにつながるのか、今ひとつピンとこないところがありました。そのあたりは

182　インタビュー編

裁判官は意識をしながら、ここまでは理由を出す、ここから先は理由を出さないという判断をされているのか、お聞きしたかったのです。

**水野** そうですね。今、渕野先生からお聞きして、たしかに被疑者が知らない人たちということになると、そうですよね。だからむしろ、知っている人たちのことを考えているのですかね。被害者、目撃者、それに関する情報はとにかく教えたくないということなのかなと、今、聞いて思いました。

**戸舘** 「新たな弁解を誘発する」みたいなものも恐れているのですかね。たとえば、防犯カメラがありましたとか、そういう情報があったりするじゃないですか。目撃者がいるとかいないとか、そういう情報も明かすのはやっぱり裁判官は慎重になってますよね、今。

**水野** そうですね。ちょっと見えにくいところに実は防犯カメラあったんですよみたいなことがあったら、やっぱりそれは言えないなっていう感覚はあります。

**戸舘** それは大雑把にくくれば、捜査の密行性、捜査の秘密を守るということなんですかね。

**水野** そうなるのですかね。でも本当にそれが決定的な嫌疑とかの証拠であったら、やはり言わなきゃいけないこともあるんでしょうね。だから密行性の要請は当然あるけれども、やっぱり本当はそんな絶対的なものじゃないのに、私も含めて裁判官、それが絶対的なものとして扱ってきたのかなっていう感じはあります。

　煎じ詰めると、証拠は誰のものかっていうことに行き着くんですよね。証拠開示でも散々議論されているところだと思いますが。


## 7　理由開示で裁判官に勾留判断を振り返ってもらう

**水谷** 私は大阪の弁護士ですが、実は大阪では、特に支部なんかは、勾留判断した裁判官と勾留理由開示に出てくる裁判官を分けるのではなく、むしろ判断した裁判官が勾留理由開示に出てくることが多いのです。なので、私が勾留理由開示請求をするときの実質的な目的としては、勾留の判

断をした裁判官に振り返っていただく機会にして、延長判断の際に却下や期間短縮としてもらいたいということがあります。意見書で私は、裁判官もここで勾留理由がないことがわかったでしょうから、このあと職権で取り消してください、というような意見書を出すのですが、実際、勾留理由開示をやることによって、裁判官が改めて勾留の妥当性を振り返る、といったような効果は期待できるものでしょうか。

**水野**　ええ、私はそう思います。裁判官にとって勾留は、いったん判断したらもう過去のこととなるのが普通です。でも、改めて可視化されて、そういう見方もあったか、改めて考えたら結果的に間違ったかみたいに思うことも、あると思うんです。そのような指摘を受けることは、延長などの判断への影響は絶対あると思います。

**水谷**　そういう効果を狙った手続として、他方には準抗告による勾留取消があります。そのような中で、勾留理由開示の現代的な意義をどのあたりに見定めたらいいのか、水野先生はそのあたり、どのようにお考えでしょうか。

**水野**　勾留の判断はどうしても密室で自分ひとりでやりますから、どうしても請求どおりにやっていく方向に流れがちです。でも請求とは違う考え方があるのだということを意識させるためには、ときどき理由開示があるのだということの意義は高いのではないかと思います。勾留の判断が適正化するほうに、それは絶対つながることだと思います。

**水谷**　「密室でひとりで判断する」ということをおっしゃいましたが、立法論的には、対審的な構造にしていくというのも、考えられますよね。

**水野**　それやるなら理由開示じゃなくて、勾留質問の段階を対審化するというのもひとつの手ですよね。そうすると、ひとりで判断する心もとなさ、本当これでいいのかなっていう感じは薄れますよね。

**水谷**　勾留質問を対審化する、あるいは、その勾留請求に対する検察官や弁護人の関与とか、情報提供の枠組みを作っていくほうが、より裁判官にとっても判断しやすくなるんでしょうね。

**水野**　そのような立法化はすぐには難しいということになれば、まずは今ある理由開示を充実化させるということに意味があるかと思います。

## 8 勾留決定する裁判官と理由開示をする裁判官が違うことをどう考えるか

**渕野** 私自身は、勾留決定する裁判官と理由開示をする裁判官が違うということについて、これは理論的にはありえなくはないかと思っています。判断基準値をどこに置くかということによって変わってくるかとは思いますが。ただ、いずれにしても勾留理由開示をする裁判官が勾留決定をした裁判官と意見が違った場合、つまり、自分は勾留の要件を満たさないと思うんだけどと思いながら、勾留理由開示をするということがありえるんじゃないかと思いますが、そのような場合に、裁判官はどのように、勾留理由開示裁判に対応されているのでしょうか。

**水野** 仮に勾留理由開示する裁判官の意見が違っていたとしても、勾留裁判官はこういう形で考えたんだろうなと想定することは結構たぶんできますので、それを淡々とやるのかなという感じがします。

**渕野** もしそういうことであると、やはり勾留決定をした裁判官が勾留理由開示をするほうが整合的かなということになるでしょうね。

**水野** 本来はそれが原則なんでしょうね、どう考えても。

**戸舘** 水野先生ご自身はまだ弁護人として、勾留理由開示請求はなさったことがないのですよね。

**水野** まだやったことはないです。やってみたいと今日、思いました。

**水谷** 水野先生の勾留理由開示公判体験記をぜひ読みたいです。

**水野** そうですね、書けることがあれば、ぜひ書いてみたいです。

**戸舘** 今日は裁判官の立場からの貴重なお話をありがとうございました。


**水野智幸（みずの・ともゆき）**

法政大学大学院法務研究科教授・弁護士。1962年生まれ、1986年東京大学法学部卒業、1988年裁判官任官、2012年裁判官退官、2014年から現職、2016年弁護士登録（第一東京弁護士会）。

第3章
# 捜査の現場から勾留理由開示制度を見る
──市川寛元検察官に聞く

## 1　勾留請求の現場

**戸舘**　弁護人の側からすると、見えているようで、実は、ほとんど見えてこない検察官のお考えを聞かせていただければと思います。

　まず、市川先生の簡単な自己紹介と、あと勾留に関して先生が思うところを簡単にお話ください。

**市川**　私は1993年に検事任官しました。司法修習は45期になります。検事時代の全キャリアを通じて、もっぱら現場で捜査と公判を半々ずつ務めまして、2005年の年末に辞職しました。2007年に弁護士登録して今に至っております。

　検事時代には、そんなに特異なことをやってきたつもりはないのですけれども、ひとつだけ自分なりに言えるのは、私は、勾留請求段階で被疑者を釈放した確率が高かった方だと思っています。というのは、司法試験で刑事訴訟法を選択していたこともあったのかもしれませんが、検事時代を通じて、自分なりに勾留請求というものの重みを意識していたつもりでした。「これは家に帰ってもらっても大丈夫だろう」と思う被疑者については、特に検事生活のなかば以降は、自分の意見で上司の決裁を通せる自信がついたこともあって、相当数の方を釈放していたと思っています。ただ、勾留理由開示請求には、検事時代に立ち会った経験が一度もないありさまです。こんな私ですが、よろしくお願いいたします。

**戸舘**　勾留理由開示についてですが、検察官時代、勾留理由開示が行われたこと自体が、そもそも担当していた事件でなかったのか、それとも、行われたけれども検事として特に立会いまではしなかったのか、お聞かせください。

**市川**　記憶の限りでは、そもそも開示請求自体がなかったと思います。

186　インタビュー編

何しろ辞めたのは2005年ですから、私の検事時代は、今と比べると捜査段階での弁護活動が活発な時代ではなかったという印象です。

**戸舘**　今も昔もおそらく年間500件くらいなので、おそらく出会わないのも無理もないのかなという感じはします。今、ちょうど出た話ですが、勾留請求するかどうか、被疑者が警察から検察官に送致された段階で、市川先生自身は割と釈放する場合も多かったということなんですが、どういう着眼点で被疑者を迎えたときに勾留請求するか、しないか。比較的短時間で結論を出さなければいけないとは思うのですが、どういった点を意識されていたのか教えていただければと思います。

**市川**　漠然とした意識になるのでうまく言えないかもしれませんが、まずはその事件に起訴価値があるかどうかを重視します。最終的に捜査がうまくいって、公判請求までできるのか、あるいは略式命令請求どまりなのか、この２つの段階的な考慮というのを、なるべく事件配点を受けた最初の段階でイメージできるかどうかだと思います。たとえば送致罪名が殺人だと、よほどのことがない限り、勾留請求するほかにどうしようもなく、他の措置の選択の余地はないでしょう。他方、送致罪名が強盗あたりだと、捜査の結果、窃盗と暴行に罪名が落ちる可能性もありますから、当該被疑者の前科の有無にもよりますけれども、殺人に比べれば、「はたしてこの事件は、捜査の結果、強盗のままで公判請求まで持っていけるだろうか」と見通しを考えるわけです。これを検察では「筋読み」と言っています。勾留して捜査を10日間なり20日間なりやって、最終的に公判請求できるかどうかは、勾留請求する段階では所詮は見通しにすぎない判断ですから、いざ勾留して捜査が始まった後、実際にどうなるかは送致を受けた時点では必ずしもわかりませんが、罪名自体が公判請求を予定せざるをえないもの、すなわち起訴価値、処罰価値が見込まれる事件は、なかば必然的に勾留請求を行うだろうと思います。あるいは、被疑者が暴力団関係者である場合もこれまた必然的に公判請求を狙って捜査を進めるのが警察・検察の常識ですから、この場合は送致罪名が比較的軽い罪であっても、勾留請求がおそらく必然になると思います。このように、第１次的には起訴価値すなわち公判請求を目指すべき送致罪名なのか、第２次的には当該被疑

者の属性すなわち暴力団関係者であるか否か、くらいが勾留請求の大きな基準だったように思います。

**戸舘** ありがとうございます。おそらく処罰価値とか起訴価値とか、殺人で勾留が付くのはやむをえないということは、弁護士としてもよくわかります。私が感じているのは、たとえば窃盗でも万引き事案が送致されてきましたとか、痴漢の事件とかですね。場合によっては公判請求がありえても、不起訴で終わる見通しも、否認ではなくてもありうるといった場合でも、多くの弁護士の感覚からすると、検察官は、とりあえずは勾留請求しているのではなかろうかという印象を持ってはいます。そのあたりは、市川先生が特異だったのか、あるいは一般的な検察官であるとか、あるいは、上司からはどういう形で指導があったといった事情があったのでしょうか。

**市川** 私が一般的な検察官かどうかについては、勾留するかしないかについて、同輩、先輩そして後輩の間で議論した記憶がありませんから、答えるのは難しいですね。ただ、検事時代に周りの検事たちのやり方を眺めてきた印象では、一番乱暴な表現で言うと、警察が「勾留請求してください」という意見をつけて送ってきた事件は、その通りに勾留請求するものだという、思考停止をしているような認識を持っているのが、一般的な検察官ではないでしょうか。あまり明け透けに言いたくはありませんが、少なくとも私の検事時代では、勾留請求が裁判官に蹴られることはまずありませんでしたし。先ほども言いましたが、私の検事時代は、捜査段階での弁護活動が、今と比べると雲泥の差どころではなかった時代というのもあります。このように、捜査弁護が低調という要因もあって、警察が勾留請求希望で持ってきた事件は、よほどのことがない限り、右から左に流すように勾留請求するといった感覚で、あまり頭を使わずに仕事をしていたというのが一般的な検察官ではなかろうかと思います。ただ私は、やっぱり身柄を拘束する以上は、万が一勾留請求が裁判官に蹴られたときに、準抗告できるかどうかという意識、準抗告の理由が1行でも2行でも書けるのかどうかという感覚的なものが頭にあるかどうかという、自分なりの基準は持っていたつもりです。勾留請求を蹴られたら、「ああそうですか」と

188　インタビュー編

そのまま釈放するというのは、そもそも請求してはいけない事件だったと反省すべきだという、一種の抑制的な考え方ですかね。勾留請求するからには、必ず勾留を付けてもらうという限りでは、結論的には一般的な検察官と同じではありますが、文字通りの漫然としたものではなかったという執務態度だったと思います。自分なりに、身柄を拘束する以上はそれなりに理由がなければまずいだろうという感覚は、話が広がるかもしれませんが、特に少年事件の場合はかなり意識して仕事はしていたつもりです。

## 2　検事には何を言っても無駄

**戸舘**　少年の場合も、法的にもやむを得ない場合でないと、そもそも検察官は勾留請求してはいけないとなっています。また、裁判官もやむを得ない事由がかかってくるので、建前上はかなり抑制的なんですけど、私が経験した範囲でも、あまり深く考えずに請求しているなと思います。一度、勾留請求段階で検事と掛け合ったこともあるのですが、あまり問題意識は感じられなかった印象もありました。

　次に、今の話の関連で、検察官が勾留請求するかどうかの判断で、上司の決裁が当然必要になってきますが、それはどの程度の決裁なのでしょうか。

**市川**　大規模庁とそうでないところでは、そもそも決裁に絶対的にかかる時間が違うという前提にはなりますが、それでもなお言いますと、勾留の決裁はほとんど事件記録の投げ込みだけなのです。つまり、いちいち事件記録を自分で上司に直接に持っていって対面形式でやるのではなくて、ほとんどの場合は事務官に上司へ書類を回してもらって、上司がそれを見て、何かあれば主任を呼びつけるというやり方でした。ただ、支部などのいわゆる主任立会制を取っているような小規模庁では、勾留請求の決裁も、直接主任が持っていく仕組みになっていました。いずれにせよ、今、戸舘先生がおっしゃったような真剣な吟味というのは、上司の側からはほぼなくて、極端な話、上司は決裁のためのはんこを持って待ち構えているような雰囲気です。「この事件は勾留について何か問題があるのか」「別

にありません」「ああ、そうか」っていう感じで、あっと言う間に決裁終了という感じだったのが実情です。

**戸舘** 逆に、市川先生の場合のように、勾留請求せずに釈放みたいな場合でも、割とスルーされる感じなのでしょうか。

**市川** 釈放となると一悶着あります。勾留する分には何も問題視されないのです。ところが、「私は、この事件は勾留請求すべきではないと思います」っていうときは、まず、事件記録を上司に投げ込みにはできません。自分で上司に直接に記録を持っていって、「この被疑者を釈放したいと思います」と言って、上司に議論を挑むという雰囲気でしょうか。もっとも、私の検事生活のキャリアのなかば以降は、たとえ釈放の方針でも結果的には決裁を通っていましたが。上司から「駄目だ、どうしても勾留しろ」と押し切られたことはないですね。ただ、そういう事件であっても、警察はどれも「勾留請求してください」という意見を付けていたはずなので、それを思うと、主任検事がそれなりに頑張ると言いますか、消極的な方針でもっと決裁に臨んでいれば、上司の決裁も釈放の意見で突破できたんじゃないかというケースは、相当数、埋もれていた気がします。

**戸舘** すると、やはり釈放するためには、それなりに労力というか、主任検察官にとって、ある程度の覚悟が必要だという感じなのでしょうね。

**市川** そうですね、主客転倒なのかどうかわかりませんけれども、勾留する分には決裁はあってなきがごとしですが、釈放する方向だと、上司を説得できる何かしらの材料、証拠や被疑者の供述などを把握していないと、決裁を通してもらえないということにはなるでしょうね。

**戸舘** ちなみに、勾留請求段階で、最近は逮捕時から弁護人が付く場合も出てきてはいるのですが、そこでよく我々は、「検事に勾留請求するな」と意見書を持っていったり、身元引受書などの疎明資料を付けて交渉に挑んだりすることもあります。そういったものはどの程度考慮されるのでしょうか。検察官の側からは、今述べた弁護人の活動がどう見えてるのか気になります。

**市川** 私が現職の頃は、そもそも今、先生がおっしゃったような弁護活動をする人がほぼ皆無だった時代なのです。ですから、自分の検事時代の

190　インタビュー編

感覚を今、ただちに申し上げたところで、あまりお役には立てないと思うのですが、それでも想像、つまり「もし自分がそのような弁護活動をされていたらどうだったか」という意味で言いますと、たぶん、ほとんど書面や直接の要望は考慮しなかったと思います。なので私は、こうした自分の感覚を引きずっているので、弁護士になった今でも、検事に勾留請求しないでくれと言いに行くことはまずありません。裁判官とは交渉しますが、検事には何を言っても無駄だと考えているのです。かつて自分が結構、消極方向でも処理した経験のある検事でありながら、検事とは交渉してもしょうがないと思っています。検事の勾留請求は放置しても、裁判官のところで勾留そのものを止められれば、何とかなるだろうという感覚で仕事をしているのが実情です。

戸舘　それはなぜなのですか。期待していないということがあるということですけど。もう少し言うと、どういった考慮なのですか。

市川　やっぱり、自分の検事時代の経験、それも周りを眺めてきた経験として、大多数の検事は何も考えずに勾留請求してしまっていたので、おそらく今もそうだろうと思うのです。検事の頭は勾留請求で凝り固まっているだろうと考えているからです。要は、検察は警察の言いなりなんですよね。もっと刺激的な言葉を使えば、警察が勾留請求してくれって言ってきたものは、検事は自動的に勾留請求するという感覚が染み付いている気がするのです。そもそも勾留請求の判断に限らず、検事は警察のやることをあまり批判的、弁護人的には見ていないという感じがします。こうした検事と警察との密接すぎる距離感に比べれば、裁判官の方がずっと検事との距離感があるはずなので、裁判官なら弁護人の意見に耳を傾けてくれるんじゃないかというのが、私の肌感覚的なスタンスになっています。もっとも、実情は、裁判官も検事との距離感があまりないので、結果的には裁判官と警察とも距離感がないことになってしまいますが。

戸舘　ありがとうございます。ちょっと話がずれるかもしれないのですけど、これも私の実務的な感覚で、たとえば土日休日に送致された場合は、実際には捜査を担当しない当番の検察官が弁解録取しているという話を聞いています。その場合は、これも感覚的なのですが、「とりあえず勾

留請求」感が増すのですが、先生の感覚もそんな感じなのでしょうか。何かあれば教えていただけたらと思います。

**市川** それはもう、私の現職時代から今に至るまで、まったくもっておっしゃるとおりです。休日当番の検察官にはまるで悩みがないというか、もう自動販売機どころではない。釈放するということはまず考えないんじゃないですかね。

**戸舘** もし、勾留請求しなかった場合は、あとから何かしら言われるのでしょうか。

**市川** 私が現職の頃は、土日に勾留当番になって、当該被疑者を釈放してしまうと、その事件は休日明けに当番だった自分の手持ち事件として配点されるのです。私が勤務した庁はほぼそうでしたね。この仕組みが何かしらの規定によるものかどうかは、調べたことがないのでわかりません。となると、休日に被疑者を釈放すると、在宅事件を自ら1件余分に抱える羽目になるわけです。それは当然、検事にとってはあまり面白くない話です。ところが、勾留請求してしまえば、月曜日に別の主任が決まりますから、その事件は自分の手を離れる。しかし釈放すると、自分が最後までその事件の面倒を見なきゃいけないという、おそらく全国的にそういう運用がされていたんです、私の検事時代は。なので、休日の当番検察官はますます勾留請求をしたがる。実際、請求さえすれば現に勾留も付きますし。あとは、土日や祝日は、決裁官が検察庁に出勤してこないのです。なので、釈放したいとなると、当該土日・祝日の当番決裁官に電話をかけて許可を得なければならない。これはちょっと煩わしい。あるいは、本当は休日で休んでいるはずの上司に、「お休み中のところ申し訳ありません」という言葉で始まる電話をかけなければならないという、かすかな心理的抵抗もあったかもしれません。そういう側面もあって、なおさら土日・祝日は、もう他の選択肢はないという感じで勾留請求していたと思いますし、今もおそらくそういう運用ではなかろうかと思います。

**戸舘** 嫌な方向に予感は当たってしまっているのですが、やっぱりそうなんですね。そうなった場合、構造的に検察官の中では、勾留請求する方向には特に心理的抵抗は少ないけれども、釈放する方向では、いろいろな

ハードルがあって、休み中の上司に電話をかけるのも、ひとつの心理的な障害になっているのかなとも思います。そういうのがやっぱりあるのだなと思いました。

## 3　準抗告や勾留理由開示で捜査が遅れるのか？

**戸舘**　勾留が付いた場合に、弁護人が準抗告することがあります。私は都市伝説だと思うのですが、準抗告をしたことに対して、検察官が「記録が裁判所に持っていかれるから、捜査がその分遅れるんです」と被疑者本人、時には弁護人に直接言う場合があるそうです。実際どうなのでしょうか。

**市川**　まず、先ほどお話ししたとおり、私自身が検事時代にそういうことをやられたことが、ほぼないのです。おそらく準抗告が１回か２回あったかどうかくらいなのです。そのため、統計的な意味合いがある形で申し上げることはできないのですが、私も戸舘先生のおっしゃることは、先生のご見解どおり、どちらかと言えば都市伝説に近いのではないかと思います。というのは、たしかに準抗告などで事件記録は裁判所に持っていかれますから、その日１日は検事が記録を読めないという程度の嫌がらせになるとは思います。だからといって、検事に嫌がらせをするためだけに準抗告とか勾留理由開示をしても仕方がないと思いますし、今の検事はパソコンで調書を作っていますから、ひょっとしたらすでに作成したPS（検面調書）の原稿がまだパソコンに残っている可能性もあります。なので、事件記録は読めないと言ってもたかが知れています。また、警察から送られてくる記録については、裁判所に持っていかれるのは事実でしょう。けれども、警察は警察で間違いなく事件記録のコピーを持っていますから、どうしてもほしいのであれば、そのコピーを臨時に持ってきてもらってしのげるはずなのです。あるいは、事件記録を裁判所に持っていかれると言っても、１週間も２週間も持っていかれるわけではないので、それで検事が困るとはとても思えません。もっとも、勾留何日目にそういうことをされるかにもよりますが、事件記録を読み込んでおけば、大概のことは頭の中

第３章　捜査の現場から勾留理由開示制度を見る　193

に入っていますし、そういう一種の間隙を突いて勾留理由開示請求なり準抗告なりされたときに決裁を受ける羽目になったとして、持っていかれた記録の間隙を突くような質問をされて答えに窮したとしても、そこのところは決裁官も大目に見てくれるはずでしょうから、結局のところ、私は準抗告や勾留理由開示で捜査が遅れるというのは、ありえないと思います。むしろ、その程度の事態で捜査が遅れているような捜査は、元来起訴できない捜査と言うべきでしょう。ですから、準抗告なり勾留理由開示なりを申し立てられた際に、事件記録が手元を離れるから、処分が遅れるとかの発言をする検事がいるとしたら、それこそ弁護人に脅しや、はったりをかましてるんじゃないかという気がします。

**戸舘** やっぱり、はったりなんですね。私は、複数回言われたことがあります。準抗告して特別抗告までやった事件で、検察官から嫌みっぽく、「早く釈放されたいのであれば、弁護人がいろいろするのはかまわないのですが、それで捜査が進まなくなって、それでもいいんですか」と言われたことがあります。また、弁護士が書いた刑事弁護の書籍に、それをすることで記録が持っていかれて結果的に釈放が遅くなるリスクがあると書いてあるものを読んだことがあります。それはおかしいんじゃないかと思ったのですが、他方で、それを信じている弁護士側が準抗告をしない理由のひとつに挙げているきらいもなくはありません。今の先生のお話をうかがって、やっぱり、はったりをかまされて脅されているのかなと思いました。弁護士は検察庁の内部のことを基本的には知らないですから、そう言われてしまえば、そうなのかなと思い込んでいる人も結構多いのでしょうね。たしかに、警察はコピーを取っているし、捜査資料自体は入手可能な状態ですからね。

**市川** あとは、重大事件の場合、主任検事以外の応援に入っている検事たちが、全員同じ事件記録をコピーで持っている可能性もありますから、主任の手元にあるメインの1冊だけ裁判所に持っていかれても、他の応援に入っている検事が記録を主任に貸すという可能性も多分にありますよね。もちろん、たとえば勾留満期頃を狙って準抗告などをすることはゼロリスクだとまで断言するつもりはありませんけれども、検事の気概として

は、「それで捜査が遅れるわけがないだろう」というくらいに、むしろ胸を張って否定すべきところであると思います。

**戸舘** 罪証隠滅要件を判断するのは、裁判官の側の問題なのかもしれないのですけど、検察官としても、そのあたりは割と具体的に、罪証隠滅要件を念頭に置きながら慎重に吟味されているものなのでしょうか。

**市川** 少し難しいお尋ねですね。私の検事時代から今に至るまで、勾留請求の理由については、勾留請求書に鉛筆でほんの少し添え書きして勾留請求していると思うのですが、勾留延長するときは活字レベルで延長理由の文書を書いて添付していますけれども、一番最初の勾留請求レベルだと、鉛筆で一言二言書いてるだけで、たとえば極端な話、「被疑者取調べ未了」とか、よくよく考えると、法的に問題のある訳のわからないことだけを書いてすませている検察官が大多数ですよね。この記載を検事の立場になって限りなく善意解釈すれば、「被疑者をまだ取り調べていない、だから罪証隠滅の危険がある」と裁判官に読み取ってくれというサインなんでしょうけれども、本当は明らかにおかしいじゃないですか。もちろん、実情は最終的に検事が被疑者を取り調べないことには起訴・不起訴を決められないことは、弁護人も裁判官も知っている事情ではありますが、だからと言って、検事が表立って作成する勾留請求書という文書に、「被疑者取調べが必要」という事情を勾留請求の理由にしてはいけないと、私は思っていました。検察の公的見解と言いますか、検察の組織としての考え方を言えば、被疑者は被告人と違って当事者ではなく、むしろ証拠方法の一つという位置づけなんですね。だから、重要な証拠である被疑者の供述が得られていないからには、罪証隠滅の危険を認めて、勾留請求の根拠にしているのだと思います。私は、初めの勾留請求の段階では、「被害者の（再度の）事情聴取未了」とは書いても、「被疑者取調べ未了」と書いたことはなかったはずです。が、勾留延長請求書には、数々の延長理由、正確に言うと「まだ終わっていない捜査」を列挙していく最後に、「被疑者取調べも未了」とは書いていました。おそらく、私がやっていた実務は、今もさほど変わってはいないと思いますが、立場が変わってから検事の仕事を悪し様に言うのは、現職検事にとってはアンフェアかもしれませんけ

第3章　捜査の現場から勾留理由開示制度を見る　195

れども、鉛筆で一言「被疑者取調べ未了」とだけ書いての勾留請求なんぞは、たまには裁判官が毅然と却下するなりしないと、検察の組織的な思考パターンを変えていくことはできないと思います。

**戸舘** ちなみに、市川先生は、勾留請求をして裁判官から勾留請求却下されたことはあるのですか。

**市川** 新任のときに、何かの事件で、上司と準抗告するかしないかでもめたような気がしますけども、記憶ではそのくらいです。だから、勾留請求を蹴られたという経験はほぼ皆無のはずです。ただ、延長請求に関しては、電話がかかってきて、「なんでこんな事件を延長請求するんだ」みたく怒られたうえで、結果的に認めてもらった経験があります。

**戸舘** それは誰から電話がかかってきたのですか。

**市川** 裁判官です。勾留延長請求をするまでに、被害者の検事調べすらせず、文字通り何の補充捜査もしないで10日間延長請求してしまった事件があったのです。このケースについて言い訳をすれば、配点された事件数が多すぎてまったく首が回らなくなっていた時期だったのです。すると裁判官から激しいお叱りを受けまして、でも結論としては延長を付けていただいたという、経験がありました。最初の10日間のうちに、検事が被害者すら調べないで延長請求するというのは、いくらなんでもまずいと、請求した時点でわかってはいたのですが。

**戸舘** ちなみに、却下されれば、準抗告は基本検討するのですかね。

**市川** それは上司のスタンスによるのではないですかね。もちろん、勾留請求が却下されたことを報告には行かなきゃいけないので、そこで準抗告するかしないかは、上司の個性によるところが大きいと思います。あっさりと「やめとけ」と引き下がる人もいるでしょう。あとは事件の個性にもよりますから、これは傾向的なことを簡単に言うのは難しいと思います。

196　インタビュー編

## 4　検察の証拠開示に対する恐怖感

**戸舘**　勾留理由開示をするときには、裁判官が送られてきた一件記録を基に開示することになるのですが、そこでしばしば問題になるのが、割と細かく突っ込んでこちらが求釈明で聞こうとすると、裁判官が、「それは捜査の秘密に関わることだから、これ以上は言えない」「捜査の密行性があるからこれ以上は明かせない」「証拠の内容や存否に渡るところまで話してしまうのは、証拠開示手続ではないからできない」と理由の開示を拒絶する場合が今でも結構あります。それは、裁判所の側からすると、捜査側の利益に配慮したうえでそういうことを言っているのだということになります。検察官の立場からすると、捜査の秘密や捜査の密行性というものにどれだけ価値を置いているのでしょうか。もっと言えば、捜査機関は、警察とかもそうですけど、必要があれば意図的に捜査情報をリークしている状況です。捜査の密行性や捜査の秘密というものは検察官はどう捉えているのでしょうか。

**市川**　今の先生のお言葉にもあったように、証拠を見せるに等しいようなところまで勾留理由を開示されるのは嫌がるでしょうね。というのは、検察が総じて証拠開示を嫌がる理由につながってくると思うんですけど、「被疑者・被告人に証拠を見せると、その証拠に沿った弁解をあとから創作される」という警戒を非常にしていますから。逆に、そのような事態に至らなければ、捜査の密行性といっても、たとえば顔見知りの間で被疑者・被害者になっていれば、被疑者が被害者を知っているのは当たり前になりますし、被害者の連絡先もわかっている事件っていうことになりますから、そういう場合でも「捜査の秘密」といって抵抗するのは理屈が通らないですよね。ただ、裁判官がそうやって、ある意味で検察に配慮して、いろんなことを盾になって守ってくれているっていうのは、別に検察にとって悪い話ではないので、あえて現状の裁判官の姿勢に反対する必要はないっていう感じなのではないでしょうかね。

**戸舘**　証拠開示の話でもよく言われる、被疑者・被告人側の新たな弁解作出を誘発するっていう趣旨で証拠を見せたくないという検察官側の意見

第3章　捜査の現場から勾留理由開示制度を見る　197

があり、そこはやっぱり根強いというか、具体的な危険として、それは取調べがしにくくなるみたいな話につながってくるのですかね。

**市川** 取調べに関しては、録音録画の施行がそれなりに定着して以来、私が検事だった頃に比べると、あくまで全般的には、という前置きをつけますが、しゃかりきになって自白を取ろうとしてはいないように見受けられます。どちらかというと、自白獲得が困難になることより、否認や黙秘が続くことによって、公判が紛糾することが嫌なんじゃないですかね。証拠を見せた後、その証拠に矛盾のないような弁解を出されてしまうと、公判で有罪にできない。早い話が、刑事手続全体を通じて、常に検察官が後出しできる構造にしておきたいという感覚じゃないですかね。刑訴法を読めば、被疑者・被告人の人権を守るために、むしろ被疑者・被告人に後出しを認めているはずなのですが、現実に後出しをやられてしまうと、公判が持たないという検察の組織的な恐怖感は今でもあると思いますし、むしろそちらの方に、証拠開示に対する恐怖感の軸足が移ってるんじゃないですかね。

**戸舘** 今後、公判、起訴後の証拠開示がもっと進んでいくことになれば、捜査段階でも、のちのちそれは開示されるべき証拠なのだからということで、前倒しに見せてもいいんじゃないかとは思うのですけど、先に見せて、新たな弁解を被疑者側に作らせるのは、検察官は非常に嫌がるということなんですかね。

**市川** 私は、そういう感覚が根強く残っているのではないかと思います。

**戸舘** 検察官からすると、公判で立証がきつくなるということなのですかね。

**市川** と思います。

## 5　勾留請求における検察と警察の関係性

**水谷** 今日は非常に貴重なお話、しかも率直な、本音の部分をお聞かせいただいて、本当に参考になるなと思って、ありがたくお聞きしていま

198　インタビュー編

す。勾留理由開示そのものではなくて、冒頭お話いただいた、勾留手続の関連でいくつか教えていただければと思うのですけれども。検察官としては、裁判官がどんな事案でも勾留を付けてくれるからという理由である意味緊張感がそれほどないまま勾留請求していても、全然問題なかったんだというお話をいただきました。現在、弁護人として刑事事件に携わることもおありだろうと思うのですけれども、検事でやっておられた頃と、弁護人として勾留手続に関わる今とで比べて、裁判官の、いわゆる「自動販売機スタイル」について、変わってきたという感覚はお感じですか。

**市川**　弁護士になってからの経験でも、圧倒的に勾留されてしまったケースばかりですから、統計的にはほとんど変わってないという言い方もできますし、そうは言いながら、数少ない事例ではありますけれども、勾留請求を蹴ってもらえたケースも経験しているので、検事時代に勾留を蹴られた経験が皆無だったことと単純に比較すれば、それなりに変化はあるのかもしれないっていうことにもなりますかね。

**水谷**　去年、現役の裁判官、現役の検事と私とで、「人質司法はこの世に存在するのかどうか」という趣旨の紙上座談会をやったのですけれども、その際大阪の公判部や刑事部の副部長さん、口をそろえておっしゃるのが、「裁判所が勾留却下することによって、被害者、特に性犯罪の被害者が、加害者がお礼参りに来るかもしれないと言って怖がるんだ」ということです。これはおそらく保釈の問題も含んでのお話だと思います。もちろん刑訴法60条には被害者保護とかそういうのは入ってないわけですけれども。検事の感覚としてはやっぱり、被害者保護、さらに言うならば、被害者が訴える制裁的な身体拘束。一時「被害者にともに泣く検察」といった素朴な正義感をスローガンとして掲げておられたわけですけど、実際上、被害者に対する配慮、制裁前倒しを要求する配慮は、考慮要素としてあったのでしょうか。

**市川**　そうですね。それは先生のおっしゃるとおりじゃなかろうかと思います。

**水谷**　そうなんですか。

**市川**　先生のお尋ねからは少々話がずれますが、たとえば、私が検事の

頃、「結論的にはこの事件は起訴できそうにない事件だけれども、被疑者はヤクザだから、じゃあ懲役20日っていうことでやりますか」、つまり、起訴はしないけれども被疑者勾留を目一杯20日間つけよう、なんていう台詞を、当該被疑者の逮捕前の警察との打合せで、平然と話していたこともあるくらいですから、起訴こそできなくても、せめて20日間は被疑者を留置場に入れて痛めつけようという発想があるのは、今も否定できないんじゃないかと思います。

**水谷**　やっぱりそうなんですね。今のお話で触発されて思い出したのが、5年、10年くらい前ですと、たとえば山口組の組長が、身分を隠してゴルフ場でゴルフをしたということで、詐欺で一斉に10〜20人逮捕されました。ほとんど不起訴になるのですが。逮捕して捜索差押許可状を取って組事務所に行ってという。弁護人からすると、それは事務所にガサ入って、名簿を取ったり、別件の証拠を探したりしていたんじゃないかな、と勘繰ってしまいます。そういった運用が、現実としてもありうることなのでしょうかね。

**市川**　おおいにありうると思います。

**水谷**　表立っては言わないと思いますけど。

**市川**　警察も同じですが、検察では、相手がヤクザとなると、そうでない人とは全然話が違ってきますね。極論すれば、暴力団員であること自体が独立の構成要件みたいなもので、被疑者がヤクザだからというだけで、いろいろな場面で法的にまずい方向に舵が切れちゃうって言うか、普通の人が相手ならやらなくても、ヤクザならやってもいいか、っていう感覚になるのは、警察はもちろん、検事としても普通なのではないですかね。

**水谷**　「わざわざ自分から反社会的集団にいるのだから、その分、人権を放棄してるでしょ」という感じなんでしょうか。

**市川**　そういう言い方もできるでしょうね。そういう意味では、対暴力団員の場合は、検察と警察が歩調を合わせ過ぎているっていうところが良くないんでしょうね。そうでない人が被疑者・被告人の場合は、検察が警察の捜査にブレーキをかけるのが眼目のはずなのに、被疑者・被告人がヤクザになった途端、そのブレーキがはずれてしまう、とでも言いましょう

200　インタビュー編

か。

**水谷** 一方で、実働捜査機関である警察がちゃんと動いてくれないと、検察としては起訴のための証拠が集まらないという意味であまり強くものを言える状態ではないというところもあって、不承不承ながら、警察の要求に応じているという側面もあるのでしょうか。

**市川** それもまったくもって先生のおっしゃるとおりで、身柄事件が送致されてきた後、当該被疑者を勾留請求しないで在宅事件にすると、警察はもはや検事の指示する補充捜査はほとんどやってくれません。だから検事は独力で捜査を遂げないといけなくなってしまうのですが、どうしてもマンパワーの問題があって、検事の独力では捜査が進まないんですね。警察はもっぱら身柄事件をさばくのを最優先にしていますし、割ける捜査員の数も、向こうは向こうなりの事情があって限界がありますから。なので、勾留請求をする、しないの時点で警察と変にやりあっちゃうと、警察に逆恨みされて、その事件以外の別の事件でやんわりと報復される恐怖感というのも、検事は持っていると思います。

**水谷** そうなのですね。いやまさに、そういうところ、オフィシャルの現職の方だと、思っていても言えないようなところも率直に教えていただけて、すごく参考になりました。

**津金** 2点質問させてもらえたらと思います。まず1つ目が、先ほどの先生のお話の確認なんですけども、その勾留の理由でどれほど書いたってときに、鉛筆で一言、二言程度だよというお話があったと思います。で、一応、松尾浩也監修『条解刑事訴訟法［第5版］』（弘文堂、2022年）152頁とか読む限り、罪証隠滅って対象と態様と実効性が客観面であってというところがあると思うのですけど、そういった具体的にどういう隠滅が想定されるとか、そういうことは書かないという理解でいいでしょうか。

**市川** 書かないですね。私には書いた記憶がないです。

**津金** そうすると、裁判官はもうそれで、空気を読んでというか、勾留してしまうということがわかりました。で、もう1個の質問が、先ほど検察官が釈放するときは、ちゃんと決裁をしなければならないということで、その釈放方向の判断はすごく検察官にとって大変で、勾留請求は全然

投げ入れれば決裁されるようなシステムというお話だったのですけど、た
とえば、検察官が勾留請求をして、で裁判所が勾留請求を却下したとき
に、たとえばその人事評価に影響するとか、検察官側のサンクションとい
うか、そういったことは何かあるのでしょうか。

**市川**　いや、それは聞いたことないです。

**水野**　水野です。先ほど、市川さんが、それなりにちゃんと考えて、勾
留請求しないケースもあったということなんですけども、当然そういうと
きは警察を何とか説得しなければならなくなると思います。その際、どん
な感じで話をするのか、そして、警察はそれに対してどのように対応する
のでしょうか。

**市川**　これは、結局、自分がよく一番使ったのは、結局裁判官のせいに
してしまうというか、「これ、勾留請求しても通らないよ」という言い方
を、実は最初にしてしまうのです。本当は通るかもしれないのですが、こ
れは通らないと。「日頃から裁判官と接している俺が言うんだから間違い
ない」ということで、言わば警察をだまくらかしてしまうような感じでし
た。で、警察の側は、それこそ不満を露骨に口にする人もいましたが、
「ああそうですか」と、すぐに折れてしまうことも多くて、意外と警察
に、頑強に抵抗されたという記憶はありません。

**水野**　先ほど「在宅事件になると、その事件がつぶれる」といった話
は、要するに警察の方が、身柄事件に人員を投入しているということが一
番大きいということなのですか。

**市川**　私はそのように思っていました。

**水野**　検察官としては、在宅なら在宅でも別に、やろうと思えば時間は
かかるけどできるという感じなのでしょうかね。

**市川**　それはそのとおりですね。ただ、検事が指示した補充捜査を、警
察がいつになったらやってくれるのかという不安がありまして、指示から
時間が経ち過ぎると、検察の内部事情、たとえば事件送致から３カ月以上
経過すると、なぜ処理ができないのかの理由を報告書として上司にあげな
ければならず、その報告書にまともな遅延理由が書かれていないと、上司
から詰問や叱責される仕組みになっているのです。警察もおそらくこの内

部事情をわかっているので、在宅事件では検事の指示どおりに動かずにいて、間接的に検事を警察の思う方向に動かそうと目論んでいた可能性はあります。

**渕野**　市川先生がお話されていた、一番最初のところで、勾留請求をするかしないかの判断で、公判請求できる見込みがあるかどうかということがひとつの判断基準になっているというお話をされたかと思うのですけれども、そこで出てきた話が、殺人だったら無理だけれども、強盗だったらちょっと考えるという例を出されていたと思います。この勾留請求するか、しないかの判断が、そうすると嫌疑の濃さ、嫌疑の濃淡から来る公判請求できるかどうかということよりも、犯罪の重大性というか、軽重が大きく影響しているのかなとうかがったのですけれども、その場合に、刑訴法で定められている勾留要件のどこに引っ掛けて、その殺人は勾留請求する、窃盗は勾留請求しないという説明を、裁判官に対してはほとんど説明しなくても通るみたいですけれども、一応説明しようとするとどういう説明の仕方になるんでしょうか。

**市川**　罪名が重たければ、早い話が、捜査すべき事項が増えるという感覚ですかね。たとえば、強盗で事実を認めている事件であったとしても、一応公判請求を前提にすれば、被害状況、被害後の状況から始まり、さらに犯行に至る経緯や犯行の動機といった、10日間ないし20日間で捜査を遂げなければならない事項が多いはずなんですよね。これが窃盗なら、たとえば犯行に至る経緯までを詳細に調べなければならないわけではない。公判でそこまでの立証を求められていないからです。となると、捜査段階でやらなければいけないことが多いということは、そうした捜査命題に対応する形で、罪証を隠滅するポイントも増えてくるということになるはずですから、結局、捜査すべき事項の多さに比例するような格好で、罪証を隠滅すると疑うに足りる相当な理由が、相対的に高まりやすいという感覚で、私は考えていました。やや話がずれるかも知れませんが、「10日間のうちにこれだけ捜査しないと起訴・不起訴が決められない」とか、「20日間の間にこれだけやらないと見極めがつかない」というポイントが、罪名が重たくなればなるほど増えてくる。それはつまり、重い罪名の公判で

は、審理、解明すべきポイントが増加していくからです。あるいは、深化するとも言えるかも知れません。

**戸舘** 釈放した場合に警察からのやんわりとした報復を恐れるというお話があったのですが、そのやんわりとした報復とはどんなものなのでしょうか。差し支えのない範囲でお聞かせいただければと思います。

**市川** それは、当該釈放した事件と別の事件で、検事が警察に「これをやってください」と指示しても、なぜか、いつもと比べて捜査にやたら日数がかかるとか、電話でのらりくらりと対応されて、そもそもレスポンスが悪くなるという形でやってくるのです。で、当初の証拠関係や罪名などの要因から、起訴しないといけないはずの事件で、補充捜査の指示に対する警察の反応が悪くなるという経験をしています。すると、警察に頼らずに自分でやらなければならないと追い込まれていくわけです。たとえば、犯行の目撃者などは、検事が自ら取り調べて調書を作成するのは当然ですが、目撃者などに比べるとやや重要度の低い参考人がいる場合に、こうした参考人を取り調べて、調書を作ってくれませんかという指示をする際に、「はい、わかりました！」という具合に、打てば響くような捜査をしてくれるかどうかは、日頃からいかに検事の側が警察のニーズに応えているかにかかってくる、言い方を刺激的に変えれば「日ごろ、警察を喜ばせているか」、つまり、なるべく勾留請求する、なるべく起訴する、ということに関わってくるということですね。そうではなくて、日ごろから、どちらかというと警察に対して辛く当たっている、つまり、やたらと釈放する、やたらと不起訴にするとかいうことがありますと、今言ったような、「この参考人の調書をそちらで巻いてくれませんか」というときに、「そう言われましても、こっちも都合があるんです」などと露骨に口答えされたりとか、「調書は無理ですね、やるとしても報告書止まりですね」とか、抵抗してくるわけです。で、こっちが頭に来て「何だ、それなら不起訴にしてやるぞ」と言いたくなっても、不起訴にはできない、絶妙なタイプの事件を、ちゃんと警察は選んでサボタージュするのです。私は、警察からこんな感じの嫌がらせを受けるという経験を若い頃にしているので、その辺はちょっとナーバスになっていました。

**戸舘** そう考えると、力関係的には、現場の検察官の感覚だと、別に警察の上に立っているという認識はあまりないのですかね。

**市川** 実のところ、上に立っている認識はないですね。ただ、自分自身が、もう少し検事としてキャリアを積んでくると、今言ったようなサボタージュにあったとき、ちゃんとまともな理屈で正せるようになっていきます。ただ、総じて言えば、まさに先生がおっしゃるとおり、実は力関係としては、現場レベルでは警察の方がどうかすると上かもしれないという感じはしています。

**戸舘** 指示して調書を取ってもらわないといけない場合もあるけれども、動いてくれないと始まらないからということになってしまうのですね。

**市川** そうですね。そういう場合にやむをえず自分で調書を作成してしまうと、その検事の本当の負けになってしまいます。すると、警察は図に乗って、どんどん、自分がやるべき仕事が増えてしまうわけです。やがては、警察を動かせない、動かし方を知らない検事になってしまいますから、その次の事件も、そのまた次の事件も、警察の言いなりになりかねないという感じですかね。

**戸舘** あと、前から気になっていたのですけど、今も市川先生は、身柄事件だから時間制限が、20日で捜査を遂げないといけないという意識を非常に感じておられるように思うのですが、私も修習時代に、検察教官から、身柄事件の場合は最大23日間しか時間が与えられていない中での検事の仕事は非常にハードなものだと教えてもらいました。ただ、素朴な疑問として、だったら釈放して在宅事件でゆっくり捜査すればいいのではないかとずっと思っています。そうはいかない検察側の事情はどのあたりにあるのですかね。

**市川** そこは、「ずっとそういう実務的な慣習で回り続けているから」としか言いようがないと思います。法的根拠を突き詰められると、先生のおっしゃるとおりで、処分保留釈放してゆっくりやるという手もありますが、そうした事件の補充捜査で警察を動かせるかどうかという、先ほどの話と同じになりますよね。処分保留釈放した時点で、警察は、当該身柄事

第3章　捜査の現場から勾留理由開示制度を見る　205

件捜査のために投入していた捜査員を次の身柄事件のために割いてしまい
ますから、釈放した事件の捜査は、途端に歩みがのろくなるわけです。す
ると、処分保留釈放した後の補充捜査がまともにできないから、もう不起
訴にするしかなくなる。そうした事態が昔から積み重なったからか、「処
分保留釈放イコール不起訴」というイメージが検察・警察の間に共通認識
されている。だから、処分保留釈放した途端に、警察は「不起訴になる事
件のためには動かない」となりますし、検察の上司も「不起訴にするため
に警察を使ってはいけない」、つまり不起訴方向の証拠を集めるために警
察に補充捜査を命じてはいけないと教育していますから、検察から見ての
悪循環と言いますか、釈放後の捜査には期待できないから、要するに勾留
期間内に起訴まで持っていけないといけなくなるわけです。

**戸舘** 処分保留釈放してしまうと、事実上警察はほとんど動いてくれな
くなるから、逆に言うと、事件自体がもう永久に立たなくなってそのまま
不起訴で終わると考えるということなのですか。

**市川** はい。何か尻すぼみって言いますか。ただ、それが当たり前、そ
ういうふうにしてやるのが当たり前だと、誰か検察や警察の偉い人が「処
分保留釈放後の在宅事件の捜査もきちんとやれ」とでも号令をかけて、一
斉に制度を変えるとかいうことをやれば、また別なんでしょうけれども、
個別の事件での処理でそういうことをやろうとしても、実務的な慣習と言
いますか、事実上の決まりごとがそうではない以上は難しいでしょうね。

**戸舘** ありがとうございます。あと、本のメインテーマである勾留理由
開示のことをちょっと触れたいのですが、現実に、私がこれまで何十回か
した勾留理由開示の期日に、検察官が立ち会ったことは1回もありませ
ん。水野智幸先生は、「裁判官の立場からすると、まさに捜査機関側のあ
る種代弁者的な立場に立たされて、しかも弁護人側から攻撃されるとい
う、非常にアウェイ感の強い、しかも攻撃を受ける場になっている」と
おっしゃられていました。理想論からすると、勾留の要件を公開の法廷で
明らかにするということは、弁護人側と対立当事者である検察官側からの
意見を出させて、裁判官が公平にジャッジできるような立場においた方
が、より実質的な議論ができるのではないかと思います。そうであればな

206 インタビュー編

おのこと、検察官も勾留理由開示公判が必然的に将来到来することになるとわかれば、請求する段階でもう少し勾留の要件を吟味して、説明可能な状態にしておくのではないかという淡い期待があります。そのあたり、市川先生は、どのようにお考えになるのか、感想を聞いてみたいのですけど。

**市川** 今、先生がおっしゃったようになれば、勾留理由開示制度はだいぶ良いものになるでしょうね。少なくとも、裁判官がそういう、本当にやらなくてもいいことをやっているという状況はよろしくないことですし、検察はそうした裁判官の苦悩を知ってか知らずか、甘えているのではないかという気がしてきました。現状では、裁判官が取り越し苦労でいろいろなことを考えすぎて、不必要に頑張っているような気もします。先生がおっしゃるように、裁判官が、本来あるべきである判断者として振る舞えるように、検察官が、まさに当事者として背負うべき事柄を背負うようになれば、裁判官が本来やるべきことにエネルギーを傾注できるってことになるとは、私も思います。


## 市川寛（いちかわ・ひろし）

1965年生まれ。中央大学法学部法律学科卒業。1993年に検事任官し、横浜地検、大阪地検、佐賀地検等で勤務。2001年、佐賀地検において背任事件の被疑者の取調べの際、「ぶっ殺すぞ」などと暴言を吐き、その事実を法廷で証言したことなどから2005年に辞職。現在は、第二東京弁護士会に所属。著書に『検事失格』（毎日新聞社、2012年）、『ナリ検　ある次席検事の挑戦』（日本評論社、2020年）。

## コラム④

## 勾留理由開示の意見陳述はどうやるの？

　勾留理由開示期日での10分間の意見陳述をどのようにするか
は、弁護人の創意工夫でいろいろなバリエーションがありうる。

　弁護人の意見陳述は、公判審理における弁論のようなものであ
る。オーソドックスなスタイルは、弁護人席から10分間、意見
を述べ続けるというやり方である。この場合も事前に用意した意
見書を読み上げるパターンもあれば、事前の準備を踏まえたペー
パーレス弁論スタイルで行うことも考えられるし、筆者のよう
に、まったくのアドリブで行うこともできる。各自がケースバイ
ケースで自分にあったやり方で行えばよいと思われる。

　筆者が、東京地裁で見かけたある弁護士の勾留理由開示の意見
陳述は、弁護人席ではなく、法廷の中心の証人席の前に弁護人が
立ち、裁判官と正対する形で意見を述べ始めた。裁判官に語り掛
けるように勾留の不当性を訴えるその弁護人の姿は、とても感動
的なものであった。このように、法廷内のどこに立つのかも完全
に自由なのである。

　被疑者・被告人本人やその他関係者の意見陳述の場合も、用意
した原稿を読み上げてもらうパターンもあれば、その場で弁護人
が質問をして答えてもらうといった問答方式の意見陳述もよくみ
られる光景である。たまに問答方式の意見陳述に難色を示す裁判
官もいるが、法律上、問答方式を否定する根拠はまったくなく、
10分間の時間制限内であれば問題なく認められるはずである。

　意見陳述は、裁判官による勾留理由の開示が不十分なもので
あった場合にその点を指摘し、批判をして、勾留そのものの不当
性をアピールする絶好の機会である。また、弁護人が裁判官に対
して毅然とした態度で意見を述べる姿を被疑者・被告人本人や傍
聴席にいる家族らに見せることで弁護人に対する信頼を一層深め

るきっかけにもなる。

　また、意見陳述が失敗したからといって、弁護活動において顕著な支障が出ることはないのが勾留理由開示のひとつの特徴でもある。弁護人は、失敗を恐れず、自由にのびのびと意見陳述の時間を楽しんでほしい。

戸舘圭之

## むすびにかえて

　「勾留理由開示は憲法34条が求めている制度である。しかし、実務はそうなっていない。罪名と刑訴法60条各号所定の事由を告げれば足りるとされている。憲法にまで定められた手続なのに、これは非常に問題である。勾留の根拠となっている事実、さらには証拠も開示されるべきだ。」

　刑事訴訟法の講義等で、このように勾留理由開示について説明しながら、私自身は一種の「虚しさ」を感じていた。もちろん、実務に問題があると認識に迷いがあったわけではない。ただ、憲法の要請の具体的内容を示す努力を怠って「憲法が勾留理由開示を定めていること自体」を過度に重視しているのではないか。つまり、「憲法が言っているのだぞ！！」といっているに過ぎない主張を繰り返しているのではないか。そういった「虚しさ」である。

　このような「虚しさ」は、一向に変わらない実務状況にも起因していた。私自身、勾留理由開示については、非常にわずかだが研究も行っていた。ドイツにおける記録閲覧制度を研究する中で知ることになったヨーロッパ人権裁判所2001年2月13日判決は、身体拘束の適法性を争う手続は対審的なもので、検察官と被拘禁者との間における武器対等原則が保障されたものでなければならないと判示した。そのうえで、身体拘束の判断の基礎となった証拠資料はすべて被拘禁者に開示されなければならない、とされたのである。同判決は、捜査の実効性確保や捜査における秘密保持の必要性は認めつつ、身体拘束の場合には、上記の要請が「常に」優先されるとした。身体拘束という重大な権利侵害を根拠とした、この判断の論理は、ヨーロッパ人権条約とほぼ同内容の自由権規約を批准する日本でも参照されるべきではないか、憲法34条が存在するのであればなおさらである、と考えるようになっていた。[1]上記のような内容をある場で報告した際、裁判官を経験された方から、「まったく賛同できない。日本には捜査の密行

---

**1**　その内容は、斎藤司「強制処分と証拠開示」法政研究76巻4号（2010年）363頁以下としてまとめた（のちに、同『公正な刑事手続と証拠開示請求権』〔法律文化社、2015年〕337頁以下に所収）。

性原則があるからだ」との趣旨の意見をいただいた。私の報告にも問題は
あったのだろうが、実務のいろいろな意味での岩盤の厚さを感じ、どうす
れば変わるのかとの「虚しさ」を感じた。

　このようにいくつかの「虚しさ」を感じ、他方でそれ以上の研究を進める
ことがなかなかできないなか、戸舘弁護士の活動を知った。SNS、特にX
等でやり取りを行う中、刑事弁護実務にも、「虚しさ」を感じる方が多くい
ること、それにもかかわらず何とかこれを打開しようと奮闘するエネル
ギーが存在してることを知った。それを支える理論的な支えを提供した
い。これが本書を執筆しようと考えたきっかけであった。それは、私に
とって「虚しさ」を打開する再チャレンジでもあった。

　私自身は、憲法34条はもともと何を要請していたのか、これを受けて刑
訴法はどのような論理で作られたのか、実務のある種の「魂」ともいえる
「捜査の密行性」とは何なのかを、本書で明らかにしたつもりである。これ
が実務状況の打開の１つの支えになれば望外の幸せである。

　本書作成の過程での戸舘弁護士をはじめとする優れた、そしてさまざま
な経験を持たれた弁護士のみなさま、渕野貴生さんとのやり取りからは、
多くの発見と刺激を得ることができた。心から感謝申し上げたい。ただ、
私自身の怠惰により原稿提出が遅れ、そのため本書の公刊が遅れることに
なった。このことについては、心よりお詫びするほかない。なによりも、
本書作成にも重要な関与をしてくださった木谷明先生が他界されたこと
は、私だけでなく、本書の執筆メンバーにとって悔やんでも悔やみきれな
いものであった。

　木谷先生のご恩に報いるためには、本書を公刊するだけでなく、これに
基づいた成果をさらに発展させるしかない。まずは、本書が、勾留理由開
示、そして身体拘束をめぐる実務や議論に少しでも良い影響を与えること
を切に願う。

2024年12月21日

執筆者を代表して　斎藤司

**【巻末付録1】**
# 勾留理由開示の改正経過

戸舘圭之（とだて・よしゆき　弁護士）

## 勾留理由開示制度の変遷

　勾留理由開示は、日本国憲法が制定され新刑訴法により制度化されてから数度にわたり刑訴規則、刑訴法の改正により、制度が改変されて現在の勾留理由開示制度に至っている。細かい技術的な部分の改正もあるが、総体としてみれば、裁判所サイドが考える勾留理由開示制度の「濫用」に対する権力側による統制的な改正という色彩が強い一連の改正である。

　現状の勾留理由開示制度の利用の低調傾向は、これらの一連の改正の影響であるという一面もたしかにあると思われることから知識として勾留理由開示制度の改正経過についても一応押さえておきたい。

## 改正の背景

　勾留理由開示が規定されている刑事訴訟法（昭和23年法第260号）及び刑事訴訟規則（昭和23年最高裁規則32）は昭和24年1月1日に施行された。当初勾留理由開示の件数は、昭和24年は勾留人員が約9万4,000人に対して年間約521件（約0.5％）だったが、昭和25年は年間約5,407件（約5.6％）に急増した。

　これを受けて最高裁は昭和25年刑訴規則を改正し、意見陳述の人数と時間（各10分）を制限した。昭和25年刑訴規則改正により勾留理由開示の件数は、昭和26年は年間1,842件、昭和27年は年間2,111件と減少したが最高裁はさらなる対策をする必要があると考え昭和28年刑訴法改正に至る。

## 昭和25年刑訴規則改正
### （昭和25年12月20日最高裁規則28、昭和25年1月4日施行）

### 1　刑訴規則81条の改正

　従前の刑訴規則81条は「勾留の理由の開示の請求は、書面でこれをしなければならない。但し、公判期日においては、口頭でこれをすることができる。この場合には、その請求を調書に記載しなければならない。」と規定されていた。

　昭和25年刑訴規則改正では、刑訴規則81条を下記の通り改正した。

　　第1項　勾留の理由の開示の請求は、請求をする者ごとに、各別の書面
　　　　で、これをしなければならない。（但書は削除）
　　第2項　法第82条第2項に掲げる者が前項の請求をするには、被告人
　　　　との関係を書面で具体的に明らかにしなければならない。

　この規則改正は、複数の請求者による意見陳述を阻止する目的で行われたものと考えられている。

### 2　刑訴規則85条の2の追加

　昭和25年刑訴規則の改正により刑訴規則85条の2が追加された。

　　法第84条第2項に掲げる者が開示期日において意見を述べる時間は、
　　各十分を超えることができない。

　この改正により、意見陳述が10分間に制限されることとなった。[1]

---

1　その後、昭和28年改正で刑訴規則85条の2が追加されたため、現在は、刑訴規則85条の3
　となっている。

### 3 刑訴規則86条の2の追加

さらに昭和25年刑訴規則改正により刑訴規則86条の2が追加され「勾留の理由の開示の請求を却下する決定は、これを送達することを要しない」と規定された。

### 4 昭和26年刑訴規則改正

刑訴規則86条は、従前は「開示期日における手続については、調書を作り、裁判長が、裁判所書記とともに署名押印しなければならない」と規定されていたが昭和26年改正後は、「開示期日における手続については、調書を作り、裁判所書記官が署名押印し、裁判長が認印しなければならない。」と改正された。

### 5 昭和28年刑訴法、刑訴規則改正

**（1）「開示の手続」とされていた文言を「勾留の理由の開示」に改める改正**

昭和28年刑訴法改正により、従前は刑訴法法83条、85条、86条において「開示の手続」とされていた文言を「勾留の理由の開示」に改める改正がなされた。

**（2）法84条2項の改正**

改正前の刑訴法84条2項は「被告人及び弁護人並びにこれらの者以外の請求者は、意見を述べることができる。検察官も同様である」と規定されていたが、昭和28年改正刑訴法84条2項は「検察官又は被告人及び弁護人並びにこれらの者以外の請求者は、意見を述べることができる。但し、裁判長は、相当と認めるときは、意見の陳述に代え意見を記載した書面を差し出すべきことを命ずることができる」と定めた。

**（3）昭和28年刑訴規則改正**

昭和28年刑訴規則改正により、刑訴規則85条の2として「開示期日において被告人又は弁護人が許可を受けないで退廷し、又は秩序維持のため裁判長から退廷を命じられたときは、その者の在廷しないままで勾留の理由の開示をすることができる」が新たに定められた。

この改正により従前の刑訴規則85条の2は、刑訴規則85条の3となっ

た。


**【参考文献】**
○　吉利用宣「勾留理由開示制度制定の経緯─勾留理由開示制度序説Ⅲ」九州工業大学研究報告.
　　人文・社会科学48号（2000年）158頁以下。
○　横井大三『改正刑事訴訟法概説』（立花書房、1953年）14頁以下。

**【巻末付録2】**
# 勾留理由開示を極めるためのブックガイド

### 戸舘圭之（とだて・よしゆき　弁護士）

　勾留理由開示について論じた文献は多数あるが、その中でもぜひとも参照する価値があると思われるものをいくつか紹介する。本書の各論稿もこれらの先行業績に負うところが大きい。勾留理由開示について、さらに研究を深めたい場合にまず押さえておくべき文献を紹介する。

## 書籍

① 新関雅夫＝佐々木史朗ほか『増補　令状基本問題（下）』（判例時報社、1996年）

　勾留理由開示に関する込み入った問題が生じたらまず手に取るべき1冊である。別冊判例タイムズ、令状実務詳解が登場する以前は、令状実務に携わる裁判官が必ず参照する書籍であった。現在においても、令状実務に関する論文としては理論的水準も極めて高く、参照する価値はある。勾留理由開示に関しても考えうる論点を網羅的に取り上げており、とりわけ木谷明執筆部分は必見である。

② 高麗邦彦＝芦澤政治編『別冊判例タイムズ34号　令状に関する理論と実務 I』（判例タイムズ社、2012年）

　裁判官が執筆した令状実務に関する論稿集であり勾留理由開示についても実務的に問題になる論点はほぼ網羅的に取り上げて検討を加えている。執筆者が現職の裁判官であることから裁判所の見解を知るうえでは有益である。また、各論点について比較的詳細に論じられており弁護側の理論武装にもそれなりに使える。

③ 田中康郎監修『令状実務詳解 [補訂版]』（立花書房、2023年）

　現役裁判官らが執筆した令状実務に関する論点を網羅的に取り上げた非

常に分厚い書籍である。おそらく現在の裁判官は、もっぱらこの本を参照して令状実務を行っていると思われるという意味では必携の書籍である。勾留理由開示に取り組むに当たって各論点について裁判官がどのように考えているかを知るには有益である。しかし、見解の当否以前の問題として各論点の論述が非常に薄い。

**④ 大阪弁護士会人権擁護委員会捜査弁護マニュアル編集委員会編『捜査弁護の実務〔第2版〕』（大阪弁護士協同組合、1992年）**

　捜査弁護の実務全般についての実践的な解説本だが、正直に言って、本書編者らが嫉妬してしまうほど勾留理由開示の記述が充実している。20頁以上にわたり勾留理由開示について解説しており書式や勾留理由開示調書の例など資料的価値も極めて高い。古本や図書館等で入手して参照する価値は非常に高い良書である。なお、同書には第3版（2009年）もある。

**⑤丹治初彦『捜査弁護覚書』（現代人文社、2005年）120頁以下**

　刑事弁護人として著名な丹治初彦弁護士による捜査弁護に関する論文集である。「第6章　積極的弁護活動」において「捜査弁護において、被疑者の防御上、最も活用されていない手続のひとつは、勾留理由開示であり、もう1つは証拠保全であろう」と述べて勾留理由開示の積極的活用を説いている。著者の経験に裏打ちされた勾留理由開示における弁護活動の留意点など7頁にわたって詳細に解説されている。

### 論文、雑誌の特集等

**① 堀田尚徳「勾留理由開示制度の現状」広島法科大学院論集18 号（2022年）71頁**

　刑事訴訟法研究者による最新の勾留理由開示をテーマにした論文である。勾留理由開示の歴史的経過について詳細に記述されており、著者なりの勾留理由開示制度が利用されなくなった原因についての見解が示されている。インターネット上で入手可能な論文である。

② 吉利用宣「勾留理由開示制度序説Ⅰ～Ⅳ」九州工業大学研究報告. 人文・社
　会科学48号（2000年）95頁以下

　日本国憲法、人身保護法、刑事訴訟法の制定過程をたどり勾留理由開示
制度の解釈と運用について検討を加えた論文である。インターネット上で
入手可能な論文である。


③「特集　勾留理由開示をめぐって」法律時報32巻11号（1960年）

　1960年8月1日の東京地方裁判所の飯守裁判官において被疑者の意見陳
述を認めず、傍聴人全員退廷させるなどした訴訟指揮を直接の契機とする
勾留理由開示が紛糾する「荒れる」法廷問題を踏まえて、法律時報が刑訴法
研究者、実務家らからの意見や論文を集めた特集である。東京地方裁判所
刑事第14部の現在における運用を知るうえでも現在においても参照の価値
がある論稿が多数収められている。

**【巻末付録3——勾留理由開示調書①】**

令和4年（む）第●号

# 勾留理由開示調書

被疑者　●●●

被疑事件名　大麻取締法違反、麻薬及び向精神薬取締法違反

開示年月日　令和4年●月●日

開示した裁判官　東京地方裁判所　裁判官　高嶋諒

裁判所書記官　●●●

検察官　西貴之（欠席）

出頭した請求者兼弁護人　戸舘圭之

人定質問

　氏名　●●●

　生年月日、住居及び職業は勾留状記載のとおり


## 勾留理由の開示

裁判官

　　1　勾留状記載の被疑事実の要旨を告知した。

　　2　勾留の理由を次のとおり告知した。

　譲受人を含む関係者の供述調書、鑑定嘱託書、鑑定書、各種捜査報告書、被疑者の自宅において、植物片、液体、各種錠剤、白色結晶、チャック付ビニール袋、種子、電子秤といった物が発見されて差し押さえられたこと及びその際の被疑者の言動等を内容とする捜索差押調書といった一件記録に含まれる書類に加え、被疑者が、麻薬取締官による弁解録取及び取調べ、検察官による弁解録取並びに勾留質問のそれぞれにおいて、本件各被疑事実をいずれも認める内容の供述をしており、麻薬取締官による取調べに対しては、23歳になった頃から違法薬物の売人の仕事を始めたとも供述していることなども踏まえると、本件勾留の時点において、被疑者が本件被疑事実を犯したと疑うに足りる相当な理由が

認められた。

　また、本件は、被疑者が、営利の目的で大麻及び麻薬であるLSDを譲渡したという事案であり、そのような事案の性質及び内容に加え、被疑者及び譲受人の各供述内容等に照らすと、被疑者が譲受人を含めた関係者に働きかける、あるいは通謀するといったことについての客観的可能性が存在する。これに加え、本件勾留の時点における被疑者や関係者の供述状況・内容、本件被疑事実が営利目的の大麻及び麻薬の譲渡という相応に重い罪であること、被疑者が麻薬取締官による取調べに対して暴力団を自称している知人がいると供述していることなどに照らすと、被疑者が被疑事実について一応認める内容の供述をしていることを踏まえても、本件勾留の時点において、被疑者を釈放した場合、罪体や、犯行に至る経緯等の重要な情状に関する事実について、被疑者が自ら又は第三者を介して譲受人に働きかけるなどして、罪証を隠滅すると疑うに足りる相当な理由が認められた。

　被疑者向けに若干かみ砕いて伝えると、本件被疑事実は、大麻やLSDといった、取引を行うことが法律上禁止されている物に関する取引に関するものである。つまり、例えば白昼堂々スーパーマーケットに出向いて野菜を買って自らの名義のクレジットカードで決済し、レシートを受け取るといった通常の商取引とは異なり、取引の際には、他人の目に触れないことや、取引に関する客観的記録が残らないようにして行うといった性質がある。このため、本件被疑事実のような取引があった事実については、おのずから証拠が残りにくいこととなる。例えば、本件被疑事実には「LSDをレターパックライトにより発送し」といった内容が含まれているところ、レターパックライトには品名を記載する欄があるが、品名に「LSD」と書かれているといったことも考えにくい。このようなことからすれば、被疑者が、大麻やLSDについて、それと分かったうえで譲受人に対して譲り渡したという被疑事実を立証するためには、被疑者の供述に加え、被疑者との間で大麻やLSDの取引を行ったとされている譲受人の供述が極めて重要な意味を有することになる。被疑事実の内容を前提とすれば、被疑者は同一の譲受人との間で２回にわたって取

引を行っていたのであり、少なくともこの時点においては譲受人との間では何らかの接点を有していたことになるから、被疑者が、そのような接点を持つ譲受人に対して働きかけを行うことは十分に可能であると考えられる。また、被疑事実の罪体それ自体から離れたものについても、例えば、それぞれの薬物の入手先も含め、被疑者が本件犯行に至った経緯がどのようなものであったかという点は、検察官の本件についての終局処分や、起訴された場合の量刑等に影響を及ぼすところ、これについても、被疑者の供述に加えて、譲受人を含めた関係者の供述が重要となることは同様である。

このようなことから、被疑者を釈放した場合には、罪体の主要部分や重要な情状事実に関する罪証を隠滅すると疑うに足りる相当な理由があると認めた。

次に、本件被疑事実が営利目的の大麻及び麻薬の譲渡という相応に重い罪であること、被疑者が現在無職であり、単身で生活していることを含めた被疑者の身上状況などに照らすと、被疑者に前科前歴がなく、被疑者が被疑事実について一応認める内容の供述をしていることを踏まえても、本件勾留の時点において、被疑者を釈放した場合、被疑者が逃亡し、又は逃亡すると疑うに足りる相当な理由が認められた。

なお、以上の点に加え、一件記録から認められる諸般の状況に照らして、勾留に伴い被疑者に一定の不利益が生じることを考慮してもなお、勾留の必要性もあると認められた。

よって、刑事訴訟法第207条が準用する同法第60条第1項第2号及び第3号に該当するものと判断した。

**求釈明等**

請求者兼弁護人

2022年●月●日付け「求釈明」と題する書面記載のとおりです。

なお、同書面記1については、勾留状を発付した裁判官が勾留理由開示手続を担当されていますので撤回します。

裁判官

同書面記2ないし5については、先ほど開示したとおりです。

同書面記6については、全ての証拠について、個々の証拠の具体的な内容等を明らかにするように求める趣旨の求釈明であるものと理解しますが、勾留理由開示の手続は、証拠開示の手続とは異なりますので、先に疎明資料としてどのようなものが存在するかについて開示したことに加えて、個々の証拠の具体的内容についてまで明らかにすることは手続上予定されておらず、その必要はないものと考えています。

　同書面記7については、この手続は、勾留の裁判をした理由を開示する手続であり、接見禁止等の裁判をした理由を開示する手続ではありませんので、この点の求釈明について回答することはいたしません。

　なお、本件につき、被疑者には、自ら又は第三者を介して関係者に働きかけるなどして罪証を隠滅すると疑うに足りる相当な理由があると認めたことやその根拠については、先に述べたとおりです。

請求者兼弁護人

　罪証隠滅に関し、接見禁止は勾留理由開示の対象ではないと言われましたが、少なくとも勾留の要件として罪証隠滅が理由としてあります。裁判官のご回答では、第三者を介することを含めて本件譲受人を含めた関係者への働きかけにつき客観的な可能性があるとおっしゃられました。この点につきまして、本件事案は特定の人に対して大麻とLSDを譲り渡したという事案で少なくとも特定の譲受人1名がいますが、この方はおそらく一件記録から既に逮捕され必要な供述調書を取られており供述が固まっていると思います。その中で、例えばですが譲受人に対する働きかけによって供述が変更されて証拠が棄損されるというか証言が変えられるといった形での罪証隠滅に関しての客観的な可能性、勾留の要件に該当する罪証隠滅の程度、さらには接見禁止の裁判が必要とされるほどの程度もあると思いますが、客観的可能性があるとおっしゃった趣旨が理解しにくかったので、その点について答えていただければと思います。

裁判官

　前提として、譲受人が身柄拘束されているか否か、どういう供述をされているかという点は個々の証拠の内容に入ってしまいます。譲受人も

含めた関係者の供述調書も踏まえたというのは先ほど述べたとおりですが、身柄拘束されているかどうかが明らかになるものが一件記録中にあったかも含め、その状態については、この場での回答は差し控えさせてもらいます。一般論としては、身柄拘束にも流動性がありますので、働きかけの対象として想定される者が身柄拘束中か否かということで罪証隠滅のおそれに関する判断が大きく変わってくるということはないと思っています。譲受人の供述がどうなっているかということについては、個々の具体的なことは差し控えますが、先ほどかみ砕いてお伝えしたように要は被疑事実には少なくともお二人しか登場してこないので、二人にしかわからないということがありますから、仮に先行して譲受人の供述がある程度あったとしても、捜査が始まったばかりで被疑者がどういう供述をされるのかということがありますが、供述をされたときに最終的にどちらの供述がより裏付けがあって信用できるかというのは、この段階で必ずしも即断できるものではないと思います。そうすると譲受人の供述が一定程度先行して存在しているとしても罪証隠滅のおそれについて直ちに現実的可能性、客観的可能性がないというようにはならないと一般論を含めて考えています。

請求者兼弁護人

　現実的な可能性について一般論も含めてお答えになりましたが、それが本件の被疑者と相手方となっている方との関係では起こり得るんだという心証をとられたという理解でよいのですか。

裁判官

　先ほど述べたことと重複しますが、実際に譲受人は被疑者との間での取引で接点があった人ですので、そういう可能性はあると結論としては考えたということです。

請求者兼弁護人

　そことの関係で罪証隠滅を考える場合に、隠滅対象となる罪体であったり重要な情状事実であったりその対象が問題となると思いますが、罪体に関しては今おっしゃった部分なのかとは思いますが、重要な情状事実についておっしゃってたように聞こえたのですが、そこに関しては当

該大麻ないしはLSDの量に関する部分の事実関係なのか、あるいは具体的にどういった情状事実が勾留しなかったことによって棄損されるとお考えになったのかという点についてもう少し詳しくお聞かせいただきたい。

裁判官

　何が重要な情状事実かは事案により変わるところがあります。この手続の中でそれをどこまで明らかにするかということもありますが、先ほど述べたとおり、被疑事実は複数回薬を譲り渡した点について、どうして譲り渡したのかという経緯の点、一般論や極端な例も含めて申し上げますと、例えば譲受人に脅されて売ってくれないとひどい目に合わせるぞと言われ仕方なく譲り渡したという事案と、被疑者が職業的に常習的に薬を譲り渡すことをやっていて、その中の一環として今回の被疑事実の譲り渡しがあったということでは、譲り渡しという被疑事実は同じであってもその評価は変わってくると思いますので、そういった例を含めて犯行に至る経緯といった重要な情状事実が罪証隠滅の対象として考えられると申し上げたのです。

請求者兼弁護人

　そのあたりの事情というのは、むしろ被疑者本人の供述が変遷するというか内容次第であって、譲受人やほかの関係者との関係で変わり得るものではないんじゃないですか。

裁判官

　経緯というものも、結局は譲渡人と譲受人との間でどういったやり取りがあって譲渡になったのかという話になりますので、そこのところの関係で譲受人がどう言ってるのかという経緯のところの認定でも全く関係のない話ではないと思っています。

請求者兼弁護人

　逃亡に関してですが、被疑者への説明の中で事案としてはそれなりに重い罪であり、被疑者に仕事がなく単身であるということを挙げられ、一般的な意味合いで逃げることに対する心理的抵抗と社会的な立場からの傾向として類型的にそういう属性があると言われましたが、被疑者の

場合、無職であったとしても直前まで仕事をしていたとか、新しい仕事を探している段階であるとか、単身ではあるが真剣に結婚を考えている方がおり独り身でふらふらしているのではないという事情があります。一件記録を見ていないのでわかりませんが、被疑者がそういう供述をし証拠化されていると思います。そういった事情を加味すれば、単純に重い罪で無職で単身だから逃げやすいという判断につながらない気がしますが、どのように整理して判断したのか敷えんして説明していただきたい。

裁判官

単身で生活していて仕事がない人であれば常にどのような事案でも逃亡のおそれがあるかどうか、あるいは逃亡のおそれがあるとしても勾留の必要性があるかどうかを事案ごとに判断するということはご指摘のとおりです。本件につきましては、被疑者が麻薬取締官に対して身上をかなり詳しく話をされ証拠としてありました。この法廷は公開の手続なので詳しく説明はしませんが、それを踏まえたうえで本件が軽い事案でないこととのバランスを考えたうえで逃亡のおそれを肯定せざるを得ないと最終的に判断したということです。

## 意見の陳述

請求者兼弁護人

勾留状を発付した裁判官からかなり詳細に開示していただいたと認識していますが、勾留及び接見禁止の裁判に関し勾留理由開示の対象となっていないと言われましたが、法の趣旨に照らして接見禁止も併せて勾留理由開示の中で触れられるべきであると考えますので意見を述べます。

最初に、前提問題として開廷前に手錠腰縄を着けた状態で被疑者が入延し、傍聴人の目に触れた点について意見を述べます。検討された結果として、先に傍聴人を入れ、次に被疑者を入廷させ、傍聴人が見ることができる状態で手錠腰縄を解くことが行われたことに関して、私も見ていましたが、そのような状況を公開の法廷で行うこと自体被疑者をさらし者にする状況であります。仮に逃亡の防止とか何らかの弊害防止の観

勾留理由開示調書①　225

点であったとしても、先に被疑者を入れ解錠したうえで傍聴人を入れるなど傍聴人と被疑者を入延させるタイミングをずらすだけで解消可能なことでありますし、現にそのようなことは他で行われていることであります。おそらく裁判官の考えは、特段に見せてはいけないような身内がいた場合に例外も考慮するといった趣旨で午前中検討していただいたのだと思いますが、第三者の方々が傍聴に来るということを考えれば、訴訟指揮の在り方としては不当なことではないかと考えます。弁護人としては今回の裁判官の措置はおかしいのではないかという意見を述べさせてもらいます。

　次に勾留の要件に関することですが、本件は営利目的の大麻あるいは麻薬の譲り受けという事案であり、一般的な意味合いで罪証隠滅あるいは逃亡のおそれが高いんだと判断しているのだと思われますが、先ほど来、特に罪証隠滅に関しましても関係者に働きかける客観的可能性があると、それは個別具体的に先ほど読み上げた証拠を検討のうえ裁判官が判断したのだと思いますが、やはり本件の場合は、とりわけ譲受人に関しては既に供述が証拠化されておりますし、それ以外の関係者と呼ばれる方々に対しても、被疑者において具体的に接触の可能性があるのか、あるいは接触した場合に立場的な関係もあるとは思いますが、その者の供述が変更される現実的な危険性があるのかどうか、そのあたりはより一層限定的に踏み込んで検討すべきであると思います。抽象的な形で、釈放されたことによりその人が移動して人に接触するという可能性では足りずに、それまでの人間関係であるとか、あるいは被疑者自身の意図であるとか、それまでの行動を踏まえ具体的に接触して証拠となり得る供述に変更をもたらす可能性があるのかどうか、そういう意味合いでの現実的危険性というものを踏まえたうえで勾留の要件としての罪証隠滅を判断すべきであると考えます。

　加えまして、接見禁止についても弁護人としては意見を述べさせてもらいます。仮に百歩譲って罪証隠滅の可能性があったとしても、被疑者を勾留することによって達せられると考えるのが通常ですので、それにさらに上乗せをする形で弁護人以外の者との接見、手紙の授受、面会を

禁止すべきではないと思われます。理論的にもそうですし、当然のこと
ながら罪証隠滅に関しては先ほど述べた罪証隠滅の客観的な可能性以上
の可能性がなければいけない。勾留をしているだけではそれが達成でき
ないだけの具体的、現実的な可能性がなければいけない。具体的に言え
ば接見禁止を認めなければ具体的に想定される人物がいる、あるいは被
疑者自身が過去にそのような行為を行っている、あるいは変更を迫る積
極的な動機が一件記録等から明らかにうかがえるといった場合に初めて
接見禁止を付すことが可能であると考えます。勢いこの種の薬物事案の
場合は、入手経路等を踏まえ一定の組織が絡んでいるのだと疑うこと自
体はやむを得ないことではありますが、少なくとも大麻や麻薬に関して
は、現状ではよいことか否かはともかくとして一般の若者でも東京都内
の繁華街とかインターネットを通じて、比較的容易に入手し得る状況に
あります。そういった場合に一律に大麻や麻薬の薬物事犯であるからと
いうことで接見禁止を付す合理的理由に関しては、今一度精査すべきで
はないかと思われます。この点については、罪証隠滅との関係では勾留
の理由を考える場合においても、今言ったように残念ながらもう少し踏
み込んだ形できちんと検討していただければと考えています。その点は
置いておくとしましても、少なくとも接見禁止との関係での罪証隠滅に
関しては、より制限的に考えるべきであり、本件の被疑者に照らしてみ
た場合、被疑事実を見た場合であったとしても、そこから接見禁止をし
なければいけないのかという点については慎重に吟味する必要があるの
ではないかと弁護人としては考えます。

　最後に逃亡に関してですが、先ほどの釈明の中でお答えいただきまし
たが、行為自体は昨年の●月、●月の話で、被疑者はこの間１年以上社
会人として生活を送り、今後は新たな生活を営むための具体的、現実的
な見通しをもって準備をし、過去の過ちは過ちとして責任を取ったうえ
で正して生きていこうと決めている状況にあります。その点についても
裁判官の方で一件記録に入っているということは先ほど述べられており
ますので、そうであればなおのこと、罪体は罪体ではありますが、犯罪
が重たいといったことのみをもって逃亡の可能性を肯定するのではな

勾留理由開示調書① 227

く、現実的な可能性として、麻薬取締官に対して素直に全部自分の知っていることを認める供述しており逃げも隠れもしませんと言っていること、犯した罪に関してはきちんと向き合い刑事的な責任をとったうえで今後の自分の人生に生かしていくんだということも考えているという状況下で、逃亡のおそれを疑うに足りる相当な理由を考えるうえでも、重い罪であることを重視したということではありますが、勾留に関してはより制限的に考えるべきではないかと考える次第であります。

　まとめますと、勾留に関しては、本件被疑者に関しては在宅で調べて、あるいはその後検察官の最終処分を決めるということ自体十分可能ですし、その点についても必要であれば今後弁護人の方でも必要な法的措置をとっていきたいと考えています。

裁判官

　弁護人の意見に関して念のために申し上げておきます。先ほど逃亡のおそれに関して申し上げたのは、被疑者の身上に関する供述の内容についてまとまったものを私が読ませていただき判断したということで、あくまで被疑者が麻薬取締官に供述をしそのまとめたものを見たということですので、被疑者を取り巻く状況について、弁護人の方で把握されている状況と私が把握しているという点は完全に同じかどうかはわかりません。

被疑者

　今回の件に関しては、本当に心の底からやっちまったなという反省の気持で一杯で一週間を過ごしました。先月末で有休を使い前の職場を退職し、その有休期間中に今の新しい住居を借りました。その理由は、運命の人と言える人にやっと出会えたので、結婚に向けて職場、仕事自体も新しくしようと。キャリアアップ、これからの自分の人生を見つめたうえで、幸せにしたい人ができたので、心機一転環境を変えようという気持ちで引っ越しをして、そこでこれから暮らしていこうと。捕まった当日は、就職活動中で実は面接の日でした。その日に捕まっちゃったのを逆に言えばよいことだと本当に思っています。過去の清算をできる、自分がやってしまったことについては心の底から反省の気持ちで一杯で

すが、ここで反省できてよかったと思っています。これで次に何の暗い気持ちもなしで進める。罪を全部認めているので、言われていることについては嘘偽りもなく正直な気持ちで麻薬取締官さんの捜査に対しても向き合っているつもりです。黙秘してもいいんだよともちろん言われてますが、黙秘することは正直言ってないです。正直に全部話してきっちりと全部清算し、罪を認めて刑を受ける気でいます。逃げるつもりも隠すつもりもありません。これからは愛する人を幸せにしないといけないので、逃げるつもりも毛頭ありませんし、今回捕まってしまったのもよいことだとすら思っています。これからはもう何もしないだろうと自分で確信したのは、この一週間のおかげです。お金よりも時間の方が大事だということに本当に気付きました。このタイミングで捕まってしまい畜生とも思いました。捕まった日の次の日が彼女のお誕生日パーティーで上京する予定でした。連絡もできないどうしようと思いましたが、神様が会っちゃいけないよということだったんかなと今は思います。このタイミングで捕まえてくれて逆にありがとうというくらいの気持ちです。これから罪をちゃんと捜査してもらい、罪を受け入れ、それを全うするつもりです。反省してきっちり終わらせるつもりです。今後は、悪い人たち、薬物に関わる人、暴力団関係者、悪いことに関わっても何の意味もないということに今回気付き、人生にとって今回かなりプラスだったので逆に捕まってよかったと思ってます。本当に反省し、逆に感謝もしています。

令和4年●月●日
東京地方裁判所刑事第14部
裁判所書記官　●●●

勾留理由開示調書①　229

**【巻末付録3──勾留理由開示調書②】**

令和4年第●号

# 勾留理由開示調書

被疑者　●●●

被疑事件名　大麻取締法違反、覚醒取締法違反、麻薬及び向精神薬取締
　　　　　　法違反

開示年月日　令和4年●月●日

開示した裁判官　東京地方裁判所　裁判官　足立洋平

裁判所書記官　●●●

検察官　西貴之（欠席）

出頭した請求者兼弁護人　戸舘圭之

人定質問

　氏名　●●●

　職業　無職

　生年月日及び住居は、勾留状記載のとおり


**求釈明**

裁判官

　　請求者兼弁護人作成の2022年●月●日付け「求釈明」と題する書面の第
1項に関し、私が本件において勾留理由開示を行うことが適法であるこ
とを示す限度において回答しますが、まず、憲法には、弁護人の指摘す
る憲法34条も含め、勾留理由の開示を行うべき主体について何ら規定さ
れていません。憲法に基づき定められたとされる刑事訴訟法上の勾留理
由開示に関する各規定を見ても、刑事訴訟法207条1項所定の「勾留に関
する処分」には、同法82条以下の勾留理由開示に関するものも含まれる
と解されているところ、その処分に関し権限を有する主体としては、
「勾留の請求を受けた裁判官」であると規定されており、それは、勾留請
求のあった国法上の裁判所に所属する裁判官と解されています。

そして、勾留状を発布した裁判官とは別の裁判官が、一件記録を検討することにより、勾留状発布当時の勾留の理由を合理的に推しはかり、それを踏まえて勾留の理由を開示することは十分可能であること等からすると、事件を迅速かつ適切に処理するとの観点から裁判所内部の事務分配の結果として、実際に勾留状を発布した裁判官以外の裁判官が勾留理由を開示することに違法な点はないと考えます。

請求者兼弁護人

　東京地裁以外の他の裁判所では、勾留状を発布した裁判官がほぼ例外なく、勾留理由開示に出てきますが、それは憲法34条後段の勾留理由開示の趣旨を考えれば、憲法というのは勾留という人権制約の最たるものの場合には令状主義の下、裁判官の厳格な審査によって、勾留の裁判をするかどうかを決するという、あえて公開の法廷でしなければならないと憲法が言っている趣旨は、当該勾留の裁判をした裁判官がどのような理由で裁判をしたのかということを公開の法廷で説明することで裁判の適正さを担保するという点にあるのはおそらく異論はないのではないかと、そう考えた場合に、勾留理由開示をする裁判官が勾留状を発布した裁判官であるというのは極めて当然、ただし今裁判官がおっしゃったのは、裁判所も色々な事情がありますし、勾留理由開示が必ずしも被疑者段階で行われるとは限らないと、そういった場合に、例外は認められませんかといった場合に、違法ではないといった理屈は導けるかと思われますが、そもそも憲法34条後段の趣旨に照らせば、勾留状を発布した裁判官が勾留理由開示をしてその理由を説明しなければならないと。でも今、足立裁判官がおっしゃったのは勾留状を発布した裁判官とは別の裁判官が「推しはかって」という言い方をしましたが、結局のところ、主体ではない裁判官が行うとどうしても無理が出てくると、もっと言ってしまえば、事務分配という点からしても、刑事14部には裁判官がたくさんおります。確認するだけで10人以上、もっといるんですかね、その中で、事務分配という観点から考えたとしても、●月●日に勾留状を発布した花田裁判官が時間をやりくりして、花田裁判官が勾留理由開示を行うことは可能であるのに、私の経験上、おそらくは勾留状を発布した裁

勾留理由開示調書②　231

判官であるかどうかは考慮せずに、機械的に勾留理由開示の裁判官を事務分配であてるという扱いが、憲法34条や刑事訴訟法の勾留理由開示の趣旨にかなうものなのかということが、そのあたりは裁判官はいかにお考えなのですか。適法であるかどうか、例外が認められるかではなくて、先日私が行った勾留理由開示のときはたまたま勾留状を発布した裁判官が出てきましたが、そうでない場合は殆んど機械的に勾留状を発布した裁判官でない裁判官が担当するようになっている、そういった取り扱いが裁判官個人で決められていることなのかどうなのかと、私が知っている限り、東京地裁刑事14部が戦後長らく令状専門部としてありますけど、当初の段階では当然勾留状を発布した裁判官が勾留理由開示に出てきたと、著名な裁判官で刑事14部にいたこともある木谷明元裁判官から直接聞きましたが、その後運用が変わったというのであれば、独立した主体としての裁判官が、自分が勾留状を発布したわけでもない裁判であるにも関わらず、勾留理由開示をするのは素朴におかしいと感じないのですかというところなのですけど。

裁判官

　東京地方裁判所の事務分配の当否についての意見としては伺っておきます。私としては東京地方裁判所内部の事務分配の当否についてここで何か意見を表明するという立場ではありません。事件の配点を受けた私としては、そういった事務分配を前提として、私がこの場で勾留理由を開示することが適法であるかどうか、適法であれば開示すると、そういう立場であるところです。それで私が開示することについては適法であるというのは先ほど述べたとおりです。先生のご意見はご意見として伺っておきますし、先生のおっしゃるご趣旨はよくわかるところですが、私としてはこの勾留理由開示は適法であると考えております。あと、私の言ったことをより正確に申しますと、「推しはかる」といったところがあったと思いますが、私が言ったのは、「勾留状発布当時の勾留の理由を合理的に推しはかり、それを踏まえて勾留の理由を開示することは十分可能である」と言っています。

請求者兼弁護人

これで最後にした方がいいのかもしれませんが、今の裁判官の言葉、「事務分配は私の判断ではない。」と聞こえましたが、私が疑問を呈しているのは、勾留状発布当時の裁判官ではない裁判官が勾留理由開示期日に出てきて勾留理由開示が適法に行われるのかどうかということと、事務分配で指示を受けて呼ばれたので足立裁判官がここにいるというのであれば、裁判官として事務分配に関しても独立した主体として意見すべきではないのかということ、勾留理由開示の趣旨がわかるのであれば自分は担当できない、なぜならば私は勾留状を発布していないからと、勾留状を発布した花田裁判官を呼んできてくださいよと、花田裁判官に他の仕事があるんだったら私が代わるからと、そう言えばいいだけの話ではないですか。

裁判官

　事務分配について、私が仮に問題意識を持っていたとしても、この場で披瀝すべきことではありません。この場ではあくまで配点を受けた私が勾留理由開示をすることが適法であるか否かということを示す限度では理由を開示しますが、私個人が裁判所の事務分配に対してどういう意見を持っているのかは、この場では披瀝すべき性質のものではないと考えております。あくまでも適法に手続が行われているということを手続の主催者として担保するということですから、それを先生はご理解いただけますか。

請求者兼弁護人

　……全然、理解できません。

裁判官

　では、この話はここで終りとしておきます。これ以上述べられると、訴訟指揮に関する処分に対する異議として扱いますので。

請求者兼弁護人

　はい。

裁判官

　なお、請求者兼弁護人からは、令和4年●月●日付「期日請書」の中で、被疑者の入廷についての訴訟指揮権の行使に関して、申し入れがあ

勾留理由開示調書②　233

りましたが、本件においては、請求者兼弁護人の指摘するような措置は
とらないこととしました。

## 勾留理由の開示

裁判官

　　1　勾留状記載の被疑事実を告知した。

　　2　勾留の理由を次のとおり告知した。

　被疑者の自宅から押収された物件について鑑定が行われ、その結果、
今述べた種類、数量の薬物が検出されたこと等からすれば、被疑者が本
件被疑事実を犯したと疑うに足りる相当な理由が認められる。

　次に刑事訴訟法60条1項2号所定の罪証を隠滅すると疑うに足りる相
当な理由について述べます。

　本件は、被疑者が自宅において、大麻、覚醒剤、LSDという薬物を所
持したというものである。この事案の性質及び内容のほか、被疑者が大
麻以外について自己の物であることを否認していることなどからすれ
ば、本件被疑事実に係る各薬物については、その入手経緯や所持の主
体、目的等の罪体及び重要な情状に関する事実について、十分に捜査を
尽くすべき必要が認められる。

　そして、被疑者の供述内容、とりわけ本件被疑事実に係る各薬物が自
宅に所在するに至った経緯についての供述内容や、客観証拠の収集状況
等も踏まえれば、被疑者が、本件の関係者に働きかけるなどして、上記
捜査を尽くすべき事項について罪証を隠滅することは十分可能であっ
て、本件の罪質に照らすと、罪証を隠滅すると疑うに足りる相当な理由
が認められる。

　次に、刑事訴訟法60条1項3号所定の逃亡ないし逃亡すると疑うに足
りる理由について述べます。

　本件が、大麻、覚醒剤、LSDの所持という相応に重い罪であること、
被疑者が現在無職であり、単身生活していることなどの事情に照らせ
ば、逃亡し、又は逃亡すると疑うに足りる相当な理由が認められる。そ
して、以上の点に照らせば、勾留の必要も認められます。勾留の理由は
以上です。

## 求釈明

裁判官

　　次に、請求者兼弁護人から2022年●月●日付で「求釈明」と題する書面が提出されていますので、これに対し、必要な限度で回答します。

　　「求釈明」第1項については先ほど回答したとおりです。

　　「求釈明」第2ないし5項及び第7項に対する回答

　　第2項ないし第5項及び第7項については、すでに開示した以上のことを明らかにはしません。

　　「求釈明」第6項に対する回答

　　この記載は、検察官が勾留理由開示にあたって裁判官に提出した全ての証拠について、その内容を明らかにするように求める趣旨の求釈明であるものと理解しますが、それでよいですか。

請求者兼弁護人

　　はい。

裁判官

　　その趣旨なのであれば、勾留理由開示の手続は、証拠開示の手続とは異なりますので、個々の証拠の具体的内容についてまで明らかにすることが手続上求められているわけではありません。そして、開示の程度については、個々の事案の性質、内容に応じ、刑事訴訟法47条の立法趣旨等を考慮し、検察官の意見をも参酌しながら、理由を開示する裁判官が合理的な裁量により決めるものと解されますが、その上で、私は、先に疎明資料としてどのようなものが存在するかについて開示したことに加えて、明らかにする必要がないと考えています。求釈明に対する回答は以上です。

請求者兼弁護人

　　あまりにも今のお話ですと抽象的過ぎて、具体的な勾留理由というのはもう少し開示してしかるべきかと思いますが、薬物事犯だから罪証隠滅のおそれがあるとか関係者に働きかけると言っているのに等しいと思われますが、そのあたり、もう少し具体的に本件に即して、隠滅対象となる関係者とは具体的にどのような人物が想定されるのかとか、入手経

勾留理由開示調書② 235

路についてどのような隠滅対象が考えられるとか、どのような捜査を考
えているとおっしゃるのかとか、もう少し具体的に述べていただかない
と、勾留理由を開示することは一般の方々が傍聴する公開の法廷で勾留
理由を明らかにして勾留の裁判の公正さを担保するという趣旨ですの
で、今の話では聞いていてもさっぱりわからないので、もう少し具体的
に説明していただければと思うのですが。

裁判官

　先程述べたとおり、どの程度開示するかというのは個々の事案の性
質、内容に応じ、刑事訴訟法47条の立法趣旨等も考慮して、検察官の意
見も参酌しながら、理由を開示する裁判官が合理的な裁量により決める
ものと解されております。その上で私は先程述べた程度の理由を開示し
ました。では、もう一度述べますか。

請求者兼弁護人

　いや、もう一度述べてもらっても困るので。

裁判官

　では私は先程述べた以上の理由については明らかにしません。

請求者兼弁護人

　弁護人といたしましては、勾留理由開示は裁判の一種と考えられます
ので、そもそも勾留状を発布していない裁判官が行っていること自体が
違法、不当であると考えますし、今の勾留理由開示の裁判官の態度に照
らしても、到底公正な裁判、公正な手続に従って、勾留理由開示をする
という姿勢は全く皆無であると考えますので、刑訴法21条に照らして忌
避の申立てをいたします。

裁判官

　それは不公平な裁判をする虞があるから忌避事由にあたるということ
ですか。

請求者兼弁護人

　はい。勾留理由開示においても忌避はできるものと考えますので、足
立裁判官に対する忌避の申立をします。

裁判官

勾留理由開示の裁判に関しては、不公平な裁判をする虞があるからという理由で忌避を申し立てることはできないと考えますので、刑訴法24条の規定に準じて却下します。

## 意見の陳述

被疑者

　結局、何で僕が勾留されているか、まったくわからなかったです。僕を勾留した裁判官さんがこの場にいないのもよくわからないですし、その人から、こういう理由で勾留しましたと、言われるために今日連れてこられたのかなと思っていたんですけど、何にもわからずじまいのままなので、ちょっと悲しかったです。以上です。

請求者兼弁護人

　先程述べたとおり、そもそも足立裁判官はこの場にいるべき人ではないと考えます。勾留した花田裁判官が来るべきだと考えますので、そもそもこの勾留理由開示期日自体、憲法および刑訴法に従った適法な手続ではないと考えますので、法的には無効な手続を今この場で法廷の場を借りてやっていると、事実上、裁判官らしき人が、ここにいて、弁護士である私と被疑者が連れてこられて、勾留理由開示期日手続的なものに付き合わされているだけに過ぎないと考えます。それはさておき、今回、手錠腰縄付きで入廷させられているのは、被疑者段階で無罪の推定が及ぶ存在である中、勾留理由開示を行うにあたって、手錠と腰縄を付け、いかにも犯罪者らしき姿で、法廷に入廷させるということ自体、これは極めて人権侵害的ですし、無罪の推定が及ぶ存在である以上は一般の人と変わらない形で公平な審理を受けると、ただ刑事手続上、相応な理由の下、勾留がされているに過ぎないという存在でありますから、法廷の場では手錠、腰縄が解かれると刑訴法にありますが、入廷時においても、手錠腰縄で入廷させる必要は全くないと考えます。逃亡のおそれがあるというのであれば、傍聴人を入廷させる前に、被疑者を入廷させて、傍聴人が入る前に手錠腰縄を解けばすむ話、あえて傍聴人、不特定多数の赤の他人に手錠腰縄の姿を晒す必要は全くないと考えます。事前に申し入れをしたのにも関わらず、先程そのような措置をとる必要性は

全くないと裁判官がおっしゃった点に関しても、極めて不当であると考えます。続きまして勾留状を発布していない裁判官が、今回勾留理由開示をしているという点についても、改めて述べればやはりおかしい手続であると考えます。憲法34条後段に勾留理由開示の請求権を与えた趣旨は、勾留という裁判は極めて人権侵害が強いという手続です。いくら犯罪の嫌疑がかけられたとしても、日常生活から遮断されて、接見禁止がついていれば弁護士以外とは自由にやり取りができない状態で、警察の留置施設に閉じ込められていると、そのような裁判を行うにあたっては厳格な理由の下、刑訴法の極めて限定的な運用がされなければいけないと、憲法上も国際人権法上も身体不拘束の原則があるといわれていますが、そのような原則があるからこそ、法は勾留の理由を公開の法廷で、勾留をした裁判官が自ら開示することを通じて適正さを担保していると、この一般論自体は多くの裁判所では認めていると、だからこそ東京地裁以外の裁判所では、ほとんど例外なく勾留理由開示請求がなされたら、当番で民事の裁判官が勾留をした場合でも、その裁判官が開示を行うというのは私も修習時代に何度か見たことはあります。そうやって勾留状を発布した裁判官が開示をすることで初めて勾留理由開示が意味をなすと、にも関わらず東京地裁の刑事14部、令状の専門部には複数の裁判官がいるにも関わらず、勾留理由開示を請求した場合にはなぜだかわかりませんが、勾留状を発布していない裁判官が、開示の時にほぼ例外なく出てくると、なぜなら、事務分配によって勾留状を発布した裁判官か否かに関わらず、勾留理由開示を配点させているからにほかなりません。ですからたまたまくじ引きのルーレットのように勾留をした裁判官が勾留理由開示にあたることはあったとしても、今の足立さんの言い方によれば、裁判官が関与することがない状況で、勾留理由開示を担当する裁判官が決まっていること自体、やはりゆゆしき問題でありますし、そのような事務分配をしていること自体が、いくら裁判所の裁量とはいえ、憲法上、勾留理由開示の重要性をかんがみれば、憲法34条後段の規定に違反の疑いすらあるのではないかと考えます。改めてこの東京地裁の運用はおかしいし、違憲ではないかとも考えます。以上を前提に、足

立裁判官が勾留理由を開示すると宣言し、勾留理由らしきものを何か述べられましたけれど、それはやはり、勾留理由開示に足りる内容とは到底言えず、抽象的決まり文句をちりばめただけで、具体的に罪証隠滅とはどのような態様によって証拠が壊されるのかとか、関係者の働きかけとはどこの誰によって汚染されるのかとか、具体的現実的可能性を検討して初めて勾留の理由足りうるものと考えますが、今の足立さんが述べられた理由というのは、極めて抽象的で、一定の類型の事件であれば、どのような事件であってもこのような説明が可能となってしまうような理由の説明としか聞こえませんでした。その証拠に先程の被疑者の意見としてさっぱりわかりませんでしたと。少なくとも被疑者の前回の勾留の時の裁判官による勾留理由開示ではかみ砕くように説明してくれました。それに照らしても足立裁判官の先程の理由開示というのは憲法の定めている勾留理由開示には足りえていないと、まあそれも無理もないことであって、何故ならば足立さん自身は今回の勾留状を発布していないからで、勾留状発布当時に一件記録を見て、勾留質問をして、勾留の理由があるか否かを検討していないから開示できないのは無理もない話だと思います。以上の次第ですから、あらためて、今回の勾留理由開示期日は無効な手続で、「らしきもの」は行われていますが、手続としては存在していないものと弁護人は考えますし、百歩譲って一定の手続がなされたと考えた場合であっても、勾留理由の開示としては極めて不十分でありますし、であるから、先程足立裁判官は忌避に価する不公平な裁判をする虞のある裁判官と考えざるを得ません。ひいては今回の勾留自体が不明確なあいまいな理由で勾留状が発せられているとしか考えられませんから、勾留自体が違法であると、勾留の理由を満たさないから速やかに被疑者自身の勾留自体を取消すべきだと考えます。以上です。

裁判官

　今の意見の中に、私の訴訟指揮に対する異議や勾留取消の請求は含まれていないと理解していいですか。

請求者兼弁護人

　それは含まれていません。別途、申立てます。まあこの手続、無効で

すから。

令和4年●月●日

東京地方裁判所刑事第14部

裁判所書記官　●●●

**【巻末付録４──書式①「勾留理由開示請求書」】**

●●●●被疑事件

<h1 style="text-align:center">勾留理由開示請求書</h1>

●年●月●日

東京地方裁判所刑事部　御中

被疑者　●●●●

請求者弁護人　●●●●

ＴＥＬ　●●●

ＦＡＸ　●●●

　上記被疑者に対する上記被疑事件について、東京地方裁判所刑事第14部裁判官●●●●は、本年●月●日、被疑者に対して勾留状を発付したところ、弁護人は、勾留状を発付した裁判官による勾留理由開示を請求いたします。東京地方裁判所刑事第14部はこれまで一貫して勾留状発付をしていない裁判官によって勾留理由開示期日を行うことは刑訴法上「許容されている」ことを根拠に裁判所内部の事務分配において機械的に担当裁判官を決定する運用を正当化していますが、刑訴法上「許容されている」からといって、ほぼ一律に勾留状発付裁判官による理由の開示がなされない事務分配の定め方は、裁判所に事務分配上の一定の裁量が認められるとしても、憲法34条が勾留理由開示を被疑者・被告人の権利として保障している趣旨（勾留という人権制約を伴う裁判の理由を公開の法廷で開示させることにより、手続の適正を担保し、裁判の理由を開示して批判を受けることを通じて当初の勾留の裁判の審理を慎重ならしめる）に照らせば、勾留理由開示は当該勾留の裁判を担当した裁判官が行うことが憲法上要請されているというべきであり、全国的にも稀な東京地方裁判所刑事第14部のかかる運用は事務分配という裁量の問題と考えたとしても憲法上許容されないと思料いたします。

書式①「勾留理由開示請求書」　241

なお期日指定にあたっては、弁護人は●年●月●日（●）●時を希望いた
します。

【巻末付録４──書式②「期日請書・求釈明書」】


●●●被疑事件

# 期日請書・求釈明書

●年●月●日

●●●●裁判所刑事部　御中


被疑者　●●●●

弁護人　●●●●


　上記の者に対する上記被告事件について勾留理由開示期日を●年●月●日午後●時●分と指定されましたのでお請けいたします。なお、求釈明事項は以下の通りです。


1　被疑者が「罪を犯したことを疑うに足りる相当な理由」があると判断した具体的な根拠を証拠とともに明らかにされたい。

2　被疑者がどのような証拠をどのような方法で隠滅すると疑うに足りる相当な理由があると言うのか明らかにされたい。

3　裁判官が被疑者にそのような相当な理由があると判断した具体的な根拠を明らかにされたい。

4　被疑者が逃亡すると疑うに足りる相当な理由を肯定した根拠は何か。具体的に明らかにされたい。

5　被疑者に逃亡および罪証隠滅すると疑うに足りる相当な理由があることを証明する証拠として、検察官が裁判官に提出した一切の証拠の閲覧謄写を求める（勾留理由開示手続は証拠開示を行う手続ではないと考えるかもしれないが、刑訴法上、勾留理由開示手続において証拠の閲覧、謄写を禁止する規定はなく、上記勾留理由開示制度の趣旨に鑑みれば裁判官は積極的に証拠の閲覧謄写を行うべきである。もし許

書式②「期日請書・求釈明書」　243

容しないのであれば許容できない法的根拠を示されたい。)。[1]

6　刑訴法81条は、勾留された被疑者につき接見等禁止を行うことができる旨定めるが、かかる接見禁止の制度は、被疑者が勾留されていることを前提とし、勾留だけでもまかないきれない逃亡又は罪証隠滅を防止するためのものである。以上の法の趣旨にてらせば、接見禁止が許される場合とは、勾留によっては達成できない程度の強度の逃亡又は罪証隠滅の可能性がある場合に限られる（大阪地決昭和34年2月17日下刑集1巻2号497頁参照）。

　本件において、仮に、勾留の要件としての罪証隠滅をすると疑うに足りる相当な理由があると裁判官が判断したとしても、なお、接見禁止等の裁判を正当化するに足りる罪証隠滅をすると疑うに足りる相当な理由は別途明らかにされなければならない。この点について具体的根拠とともに勾留の裁判におけるそれとの違いを明示しつつ明らかにされたい。

---

**1**　平野龍一博士は「法廷において、裁判長は勾留の理由を告げなければならない（84条1項）。勾留の理由とは、広義のものをいう。60条1項各号のどれで勾留したのであるかを示すのでは足りないのは勿論、その事由を具体的に述べるだけでも十分でなく、その事由の存在を証明する証拠を示さなければならない。」（平野龍一『刑事訴訟法』〔有斐閣、1958年〕101頁）と正当にも指摘する。

**【巻末付録４──書式③「入廷時の手錠・腰縄について配慮を求める申し入れ書」】**


●●●被疑事件

# 入廷時の手錠・腰縄について配慮を求める申し入れ書

●年●月●日

東京地方裁判所刑事第14部　御中

被疑者　●●●●

弁護人　●●●●

　上記の者に対する上記事件について勾留理由開示請求をしております
が、期日において法廷内に被疑者を入室させる際には、手錠・腰縄を装着
させない状態で入室させるよう求めます。

　そもそも被疑者は無罪推定法理の下、犯罪者として扱われることは許さ
れず、公開の法廷内において手錠・腰縄をつけた状態で入廷すること自体
が被疑者の権利を侵害します。

　この点について、近時の裁判例（大阪地判令和元年５月27日）は
「手錠等を施された姿を傍聴人に見られたくないとの被告人の利益ない
し期待は、憲法13条の趣旨に照らして法的保護に値する人格的利益であっ
て、裁判長が法廷警察権を行使するに当たっては可能な限り尊重されるべ
きであること、具体的な方法として、①法廷の被告人出入口の扉のすぐ外
で手錠等の着脱を行うこととし、手錠等を施さない状態で被告人を入退廷
させる方法、②法廷内において被告人出入口の扉付近に衝立等による遮へ
い措置を行い、その中で手錠等の着脱を行う方法、③法廷内で手錠等を解
いた後に傍聴人を入廷させ、傍聴人を退廷させた後に手錠等を施す方法が
考えられ、いずれかの方法を選択することにより適切な措置を講じること
は可能であると認められることに加え、既に平成５年には最高裁判所事務
総局刑事局と法務省矯正局との間において、戒具を施された姿を傍聴人の
目に触れさせないようにするための方策について協議がされ、特に戒具を
施された被告人の姿を傍聴人の目に触れさせることは避けるべきであると

いう事情が認められる場合の具体的な運用について協議が整い、最高裁刑事局長等書簡及び法務省矯正局長通知によって全国の裁判所及び矯正施設に周知されていたことにも照らすならば、少なくとも、本件刑事事件1及び2の公判期日が開かれた時点においては、法廷警察権を行使すべき立場にある裁判長は、被告人又は弁護人から手錠等を施された被告人の姿を傍聴人の目に触れさせないようにしてほしい旨の要請があった場合には、かかる被告人の要望に配慮し、身柄拘束についての責任を負う刑事施設と意見交換を行うなどして、手錠等の解錠及び施錠のタイミングや施錠及び解錠の場所をどうするかという点に関する判断を行うのに必要な情報を収集し、その結果を踏まえて弁護人と協議を行うなどして具体的な方法について検討し、具体的な手錠等解錠及び施錠のタイミングや場所について判断し、刑務官等に対して指示することが相当であったというべきである。」と判示しています。

　したがいまして、本件におきましても、上記の判例に従い、被疑者の入廷時における手錠・腰縄については傍聴人に見えることのないような適切な措置を講ずることを要請いたします。

　なお、以上の被疑者の権利ないし利益は、傍聴人に親族関係者が来るかどうかにかかわらないと思料いたします。手錠・腰縄姿を傍聴人の面前にさらされる不利益は、傍聴人が親族であろうと第三者であろうと変わりはないからです。

**【巻末付録4──書式④「依頼者向け説明文書」】**

## 勾留理由開示って、どんな手続?

勾留理由開示とは、あなたを10日間勾留する決定をした裁判官に対して、その理由を公開の法廷で明らかにしてもらう手続です。

これは憲法があなたに保障している権利です(憲法34条)。

勾留の理由は、あなたが見せられた勾留状という書類に一応書いてありますが、①住居が定まっていないのか②証拠隠滅する可能性があるのか③逃亡する可能性があるのか、のどれに当たるとしか書いてありません。

これでは、本当に、正当な理由であなたが勾留されているのか確かめようがありません。そのため憲法は勾留理由開示という制度を用意しています。

勾留理由開示の手続は、裁判所の法廷で行われます。時間はだいたい30分間程度で終わります。

最初、裁判官からあなたに対して人違いではないか確かめるために氏名や住所、職業などを尋ねられます。

その後、裁判官からあなたに対して被疑事実の要旨とあ

なたを勾留した理由の説明があります。

あなたの弁護人は、裁判官の説明が不十分な点に対して問い質したり（求釈明）してさらに説明を求めることができます。

裁判官から理由の説明があった後、弁護人とあなたは、各10分ずつ意見を述べることができます。

あなたの家族などが勾留理由開示を請求した場合、その請求した人も10分間意見を述べることができます。

勾留理由開示の手続は、公開の法廷で行われますので誰でも傍聴することができます。接見禁止がついている場合でも、あなたの家族や友人など会いたい人に法廷に来てもらうことができます（話をすることはできませんが、顔を合わすことはできます。）。

裁判官から説明される勾留の理由は、とてもそっけなかったり、ちゃんとした理由を話してくれないことも多いですが、それでも、公開の法廷に裁判官が出てくることには、とても大切な意義があります。

勾留理由開示の手続について、わからないことや心配なことがあれば、あなたの弁護人になんでも相談してください。

## 編集代表

### 戸舘圭之（とだて・よしゆき）

弁護士（第二東京弁護士会）。1980 年生まれ。静岡大学人文学部法学科卒業。渕野貴生ゼミで刑事法を学び、小川秀世弁護士（現袴田事件弁護団事務局長）から影響を受け学生時代から袴田事件支援運動に参加。2006 年司法修習（60 期）、2007 年弁護士登録、袴田事件弁護団に加入。日本弁護士連合会刑事法制委員会副委員長。著作に「袴田事件第二次再審請求審における理論的課題―再審事件における科学的証拠の評価方法に関する一考察」犯罪と刑罰 25 号（2016 年）115 頁、「冤罪者を弁護するということ―袴田事件弁護人の経験から」季刊刑事弁護 88 号（2016 年）80 頁、「被告人に不利益な目撃証言の信用性を肯定しながらも無罪を言い渡した事例」同 84 号（2015 年）81 頁、「略式手続は違憲である―弁護人として違憲主張に挑む」同 93 号（2018 年）186 頁など。

## 編著者

### 斎藤司（さいとう・つかさ）

龍谷大学法学部教授。1978 年徳島県生まれ。2001 年九州大学法学部卒業、2003 年九州大学法学府修士課程修了、2006 年九州大学法学府博士後期課程単位取得退学。2015 年博士号（法学）取得（九州大学）。2006 年愛媛大学法文学部専任講師、2009 年龍谷大学法学部准教授を経て、現職。2014・2015 年ドイツ・ゲッティンゲン大学客員研究員。主な業績として、『公正な刑事手続と証拠開示請求権』（法律文化社、2015 年）、『刑事訴訟法の思考プロセス』（日本評論社、2019 年）など。

### 津金貴康（つがね・たかやす）

1985 年長野県生まれ。2010 年東京大学法学部卒業。2013 年早稲田大学大学院法務研究科卒業。2015 年 1 月に弁護士登録。法テラスのスタッフ弁護士として、1 年間関東の事務所で鍛えられた後、和歌山市で 4 年間、尼崎市で 2 年間勤務。2021 年末に法テラスのスタッフ弁護士を退職し、以後京都で弁護士として活動。刑事弁護に取り組んでおり、接見等禁止の裁

判に対する準抗告棄却決定に対する特別抗告事件（最決平31・3・13集刑325号83頁）の弁護人の1人を務める。本書出版時、京都弁護士会、近畿弁護士会連合会、日本弁護士連合会の刑事弁護関係の委員会の委員を務めるほか、季刊刑事弁護編集委員も務める。

## 渕野貴生（ふちの・たかお）

立命館大学大学院法務研究科教授。1970年大分県生まれ。1993年東北大学法学部卒業、1995年東北大学大学院法学研究科博士課程前期2年の課程修了。博士（法学）立命館大学。1995年東北大学法学部助手、2000年静岡大学人文学部助教授、2005年静岡大学大学院法務研究科助教授、2007年立命館大学大学院法務研究科准教授を経て、2009年より現職。勾留関係の業績として、「供述の自由保障としての黙秘権と立会権」川崎英明＝小坂井久編『弁護人立会権—取調べの可視化から立会いへ』（日本評論社、2022年）、「未決拘禁の清算」井田良ほか編『浅田和茂先生古稀祝賀論文集（下）』（成文堂、2016年）など。

## 水谷恭史（みずたに・きょうじ）

1972年生まれ。大阪弁護士会所属（修習期：新61期）。1996年大阪大学人間科学部卒業、毎日新聞社入社。2003年毎日新聞社退社。2007年京都大学法科大学院修了。2008年弁護士登録。2015年しんゆう法律事務所（現：後藤・しんゆう法律事務所）に入所。現在に至る。日本弁護士連合会刑事弁護センター幹事、近畿弁護士会連合会刑事弁護委員会委員長（2024年4月～）、大阪弁護士会刑事弁護委員会委員長（2024年4月～）。主な著作に、「NOON摘発の状況と弁護団の主張—風営法ダンス営業規制問題を考える」憲法理論研究会編『対話と憲法理論』（敬文堂、2015年）、『コンメンタール可視化法　改正刑訴法301条の2の読解と実践』（共同執筆、現代人文社、2017年）、「越境捜索と令和3年最高裁決定　刑事弁護実務の観点から—データ証拠の収集行為を統制し得ない現行刑訴法の限界」指宿信＝板倉陽一郎編『越境するデータと法—サイバー捜査と個人情報保護を考える』（法律文化社、2023年）など。

## 水野智幸（みずの・ともゆき）

法政大学大学院法務研究科教授・弁護士。1962 年生まれ、1986 年東京大学法学部卒業、1988 年裁判官任官、2012 年裁判官退官、2014 年から現職、2016 年弁護士登録（第一東京弁護士会）。勾留関係の主な業績として、「勾留の要件（最一小決平成 26・11・17 判時 2245 号 124 頁 2 事件、判タ 1409 号 123 頁 2 事件）」『刑事訴訟法判例百選［第 10 版］』（有斐閣、2017 年）、「第 1 部　弁護人立会権がなぜ必要か　第 2 章　元裁判官の立場から」川崎英明他編『弁護人立会権—取調べの可視化から立会いへ』（日本評論社、2022 年）、「無罪判決後の勾留（最三小決平成 19・12・13 刑集 61 巻 9 号 843 頁）」『刑事訴訟法判例百選［第 11 版］』（有斐閣、2024 年）。

## インタビュー編

## 木谷明（きたに・あきら）

1937 年神奈川県生まれ。東京大学法学部卒。司法修習 15 期。1963 年判事補任官。最高裁調査官、水戸地裁所長などを経て、2000 年東京高裁部総括判事を最後に依願退官。2004 年から 2012 年まで法政大学教授。その後、弁護士として活動。2024 年 11 月 21 日、86 歳で逝去。

## 市川寛（いちかわ・ひろし）

1965 年生まれ。中央大学法学部法律学科卒業。1993 年に検事任官し、横浜地検、大阪地検、佐賀地検等で勤務。2001 年、佐賀地検において背任事件の被疑者の取調べの際、「ぶっ殺すぞ」などと暴言を吐き、その事実を法廷で証言したことなどから 2005 年に辞職。現在は、第二東京弁護士会に所属。著書に『検事失格』（毎日新聞社、2012 年）、『ナリ検　ある次席検事の挑戦』（日本評論社、2020 年）。

## GENJIN刑事弁護シリーズ

### 29『ケース研究　責任能力が問題となった裁判員裁判　Part2』

◎責任能力の問題に直面する弁護士・裁判官・検察官・精神科医にとって必携の書。

**日本弁護士連合会・日弁連刑事弁護センター、日本司法精神医学会・精神鑑定と裁判員制度に関する委員会［編］**

2,500円＋税　978-4-87798-822-7　C2032

### 28『保釈を勝ち取る』

◎検察官が頑なに釈放を拒否しようとした事案の特徴や、それに対する裁判所の判断理由の特徴は何か？

**愛知刑事弁護塾［編］**　　3,600円＋税　978-4-87798-789-3　C2032

### 27『障害者刑事弁護マニュアル』

◎刑事弁護初心者から上級者まで広く使える基本書。

**大阪弁護士会 高齢者・障害者総合支援センター運営委員会障害者刑事弁護マニュアル作成プロジェクトチーム［編著］**

2,200円＋税　978-4-87798-734-3　C2032

### 26『ケース研究　責任能力が問題となった裁判員裁判』

◎裁判員における精神鑑定および弁護活動のあり方を検証する。

**日本弁護士連合会・日弁連刑事弁護センター、日本司法精神医学会・精神鑑定と裁判員制度に関する委員会［編］**

3,600円＋税　978-4-87798-743-5　C2032

### 25『Q&A見てわかるDNA型鑑定（第2版）』

◎DNA型鑑定を争う弁護活動の手引書。

**押田茂實、岡部保男、泉澤章、水沼直樹［編著］**

3,200円＋税　978-4-87798-725-1　C2032

## 24『刑事弁護人のための科学的証拠入門』

◎弁護人ならではの切り口とわかりやすさで、科学的証拠が怖くなくなる。

**科学的証拠に関する刑事弁護研究会 [編]**

2,700円＋税　978-4-87798-706-0　C2032

## 23『共謀罪コンメンタール』

◎弁護実務の視点に立って共謀罪を徹底分析。

**小池振一郎、米倉洋子、山田大輔 [編]**

2,700円＋税　978-4-87798-700-8　C2032

## 22『勾留準抗告に取り組む』

◎裁判所の考え方を知り、説得的な弁護活動に役立てる。

**愛知県弁護士会刑事弁護委員会 [編]**

3,500円＋税　978-4-87798-683-4　C2032

## 21『裁判員裁判の量刑 II』

◎判員裁判の量刑を罪種別に分析・検討し、いかなる弁護活動が必要とされるかを提示する。

**日本弁護士連合会刑事弁護センター [編]**

3,300円＋税　978-4-87798-677-3　C2032

## 20『実践！　刑事証人尋問技術 part2』

◎ダイヤモンドルールを意識することが、優れた尋問ができるようになる第一歩。

**ダイヤモンドルール研究会ワーキンググループ [編著]**

3,500円＋税　978-4-87798-680-3　C2032

## 19『コンメンタール可視化法』
◎改正刑訴法対応。施行前と施行後に、弁護士が何をすべきかわかる。

　　大阪弁護士会取調べの可視化大阪本部 編

2,000円　978-4-87798-660-5　C2032


## 18『訴訟能力を争う刑事弁護』
◎訴訟能力が問題となる刑事訴訟での弁護人の闘い方を、弁護士、研究者、精神科医が検討。

　　訴訟能力研究会 編

2,700円　978-4-87798-642-1　C2032


## 17『挑戦する交通事件弁護』
◎典型的な交通事故事案から珍しい事案の報告まで。さらに詳しい事情を聞いた座談会も収録。

　　高山俊吉、永井崇志、赤坂裕志 編

2,100円　978-4-87798-627-8　C2032


## 16『責任能力弁護の手引き』
◎精神科医と協力して、責任能力の基本を押さえ、実例を通して責任能力を争う裁判員裁判の弁護活動のポイントを解説する。

　　日本弁護士連合会刑事弁護センター 編

2,700円　978-4-87798-606-3　C2032


## 15『もう一歩踏み込んだ薬物事件の弁護術』
◎「薬物とは何か」「鑑定書の読み方」「社会復帰のための治療」など情報と知恵が満載。薬物事件量刑データベースCD-ROM付。

　　小森榮 著

3,700円　978-4-87798-503-5　C2032

※Amazonオンデマンドをご利用ください。

## 14『裁判員裁判の量刑』

◎裁判員裁判の量刑判断は、従来の裁判官裁判のそれとどう違うのかを罪種別に、分析・検討。

**日本弁護士連合会裁判員本部 編**

3,600円　978-4-87798-519-6　C2032

## 13『公判前整理手続を活かす〔第2版〕』

◎公判前整理手続の実務を解説し，効果的な用法をガイドする。

**日本弁護士連合会裁判員本部 編**

2,500円　978-4-87798-489-2　C2032

## 12『入門 法廷戦略』

◎裁判員裁判に役立つ法廷戦略立案力とプレゼンテーション力を身につける。法廷プレゼンテーションの実演DVD付。

**八幡紕芦史、辻孝司、遠山大輔 著**

3,400円　978-4-87798-435-9　C2032

## 11『実践！　刑事証人尋問技術』

◎刑事尋問で成功するための「ダイヤモンドルール」を抽出して，解説する。実演DVDつき。

**ダイヤモンドルール研究会ワーキンググループ 編著**

3,500円　978-4-87798-415-1　C2032

## 10『続・痴漢冤罪の弁護』

◎痴漢冤罪弁護に役立つ技術や事例の紹介の他，供述心理学や鑑定の理論的考察も。関係判例を収録したCD-ROMつき。

**秋山賢三、荒木伸怡、庭山英雄、生駒巌、佐藤善博 編**

3,500円　978-4-87798-397-0　C2032

GENJIN刑事弁護シリーズ30
勾留理由開示を活かす
勾留理由開示の理論と実務

2025年3月26日　第1版第1刷発行

編集代表　戸舘圭之

編著者　斎藤司、津金貴康、渕野貴生、水谷恭史、水野智幸

発行人　成澤壽信

編集人　北井大輔、齋藤拓哉

発行所　株式会社　現代人文社

　　　　160-0004　東京都新宿区四谷2-10八ッ橋ビル7階

　　　　Tel：03-5379-0307　Fax：03-5379-5388

　　　　Web：www.genjin.jp

発売所　株式会社　大学図書

印刷所　株式会社　シナノ書籍印刷

装　丁　Malpu Design（清水良洋）

検印省略　Printed in Japan
ISBN　978-4-87798-884-5　C2032
©2025　TODATE Yoshiyuki, SAITOH Tsukasa, TSUGANE Takayasu,
　　　　FUCHINO Takao, MIZUTANI Kyoji, MIZUNO Tomoyuki
◎乱丁本・落丁本はお取り換えいたします。

**JPCA**
日本出版著作権協会
http://www.jpca.jp.net/

本書は日本出版著作権協会（JPCA）が委託管理する著作物です。
複写（コピー）・複製、その他著作物の利用については、事前に
日本出版著作権協会（電話03-3812-9424, e-mail:info@jpca.jp.net ）
の許諾を得てください。